新青年读本

爱是难的，也是美的

Aishinande Yeshimeide

□ 武跃速 选编

北京大学出版社
PEKING UNIVERSITY PRESS

图书在版编目(CIP)数据

爱是难的,也是美的/武跃速选编.—北京:北京大学出版社,2006.1

(未名·新青年读本)

ISBN 978-7-301-10185-8

Ⅰ.爱… Ⅱ.武… Ⅲ.汉语-高等学校-课外读物 Ⅳ.H1

中国版本图书馆 CIP 数据核字(2005)第 136827 号

书　　　名:爱是难的,也是美的

著作责任者:武跃速　选编

丛 书 统 筹:许迎辉

责 任 编 辑:许迎辉

标 准 书 号:ISBN 978-7-301-10185-8/G·1803

出 版 发 行:北京大学出版社

地　　　址:北京市海淀区成府路 205 号　100871

网　　　址:http://www.pup.cn

电　　　话:邮购部 62752015　发行部 62750672　编辑部 62752824
出版部 62754962

电 子 邮 箱:weidf02@sina.com

印　刷　者:北京宏伟双华印刷有限公司

经　销　者:新华书店

850mm×1168mm　32 开本　10 印张　199 千字

2006 年 1 月第 1 版　2008 年 1 月第 2 次印刷

定　　　价:19.80 元

目录

导　言

◎武跃速

我素来以为，世间万事，爱情属于最难叙说的事。在人的岁月之河，它该是生命的华彩乐段；在艺术审美之中，常为一种千古咏叹。或激情醉人，或深沉绵长，或长相守护，或瞬间飞扬，其间有欢乐甜蜜、情融意合，也有痛苦凄恻、惊愤怨恨，自然也常有对爱之境界的独自神往（春思或单相思）等。心灵上的曲曲折折，爱恋中的生生死死，万千况味只有被击中者自知。在爱神面前，日常语言显得笨拙了。

只有美的语言才能诉说。于是古往今来人们用诗歌、小说、散文、随笔、日记等各种方式尽情铺展着爱情的千姿百态，同时也倾注了作者本人的衷曲情性。

在这里只稍稍说明一下选文的缘由：

《读本》中的八首诗，是爱情的八种情态。法国浪漫主义诗人拉马丁，最擅长缠绵悱恻的抒情，其诗曾经在19世纪前半叶名噪一时，浸染许多人的情怀，以至福楼拜在《包法利夫人》中也让自己的主人公沉浸其中。《湖》一诗，在依然不变的山水和飞逝的时光中，忆念着飞逝的恋情，愁绪百转，惆怅万端，流淌着古典优雅的韵味。叶芝是20世纪爱尔兰诗人，1923年的诺贝尔文学奖获得者，文学史一般把他归于后期象征主义。其爱情名诗《白鸟》和《当你老了》是其早期诗作，明朗纯净，倾诉的是诗人的一段伤心佳话。叶芝在23岁时就对驻爱尔兰英军上校的女儿毛特·岗一见钟情，从此苦恋一生，为其写了许多的诗歌和戏剧。毛特·岗容貌气质绝佳，热心政治，对叶芝虽然好感但从未到达爱的程度，且理性清明，认为两人无论性情还是志向都不合适，多次拒绝叶芝的求婚。后来她献身爱尔兰民族自治运动。叶芝为了追求她，也一度卷入他并不擅长的政治事务，可见其深情。《白鸟》来源于叶芝和毛特的一次游历，当时有一对海鸥从头顶飞过，毛特说假如来世再生，她愿变做一只海鸥。几天后她便收到叶芝寄给她的《白鸟》一诗，表达了诗人对爱的祝愿，其中的“百合花”、“玫瑰”等意象应该是指毛特·岗所热衷的政治琐务，而“岛屿”等诗人赞赏的所在，应该是叶芝迷恋的艺术、美、爱的境界。尽管渴望与所爱的人一起远离现实，但叶芝从根本上是十分地理解毛特·岗的，因为他也目睹民族的纷乱与贫穷，也在民族文化的整合上身体力行，他曾写《凯瑟琳伯爵小姐》一剧，塑造了一个为救助万民而献身献魂的贵族小姐，那种灵魂的高贵也是叶芝所为之感泣的，两人事实上有异途同归的质素。因之有《当你老了》，在一种假想情景中抒发爱的深沉、朴实与从容。令人心动或心痛的是，诗歌中没有虚构，叶芝真的深爱一生，即使在知道对方另有所爱时依然如故。在我们为叶芝遗憾的同时，似乎还该说，遗憾所造成的距离不也是一种美丽么，正如拉马丁的惆怅？

大概这就是《最崇高的爱》。与上面两位赫赫诗人不同，卡特林·波兹的名字是陌生的，译者也感慨其“声名远不如她的成就”（罗洛语），这位现代女诗人的诗发表于身后，很多都找不到了。《最崇高的爱》诉说“我”——一个女人突然听到了几乎是来自宇宙深处的“爱情”之声，于是她感受到那种凤凰涅槃般的激动和喜悦，在这样一个时刻，“我”一下子进入一种晕眩的极致状态，“哪个太阳”，“我的全部时日”，“裂解”，“一千个碎块”，“重新造出”等，如此的“大”词语，如暴风骤雨，如烈火升腾，真正是生死境界。与此在程度上有些类似的是加拿大女诗人白蒂的《我爱你表列诗》。如果说《最崇高的爱》是一种爱的结果，那么《我爱你》一首则是爱的过程，两个生命在全方位地展示其内在的深邃、矛盾、渴求，互相搏击着、欣赏着，赤裸着灵魂呼求对方。这里的“我”似乎是一个性情如云心灵动荡不安的现代女性，大概在很多时候并不能被世人理解甚或了解，然而爱情铺天盖地而来，呵护、爱护直至覆盖她的每一种情性，她激动万端，看着爱执拗地穿越各种障碍而来，“子兮子兮，如此良人何！”只能说，我爱你！呓语一般的激烈、野性，显示了生命的深邃与光彩。

波兹与白蒂的诗表达的是那种令人晕眩的爱。也许并不是每个爱着的人都能够到达如此境地，有时，爱情的方式和个人性情有关，当然，表达的方式也和文化有关。台湾女诗人席慕蓉就比较温婉，其《夏日午后》是一种思恋，是对灌注着纯情年华的恋情的深深思念和祈祷，抚爱着这样一个“夏日午后”，晶莹湿润，是岁月的珍藏；而《灯下的诗与心情》，则是失掉了这样的珍藏后脱胎换骨般的一次次超越。是的，爱不在了，定是有它说得清和说不清的缘由，何必去恨呢？何不自求解救、自求解脱、自求超越？何不如叶芝所说，“激情在经历了千百个炼狱般的年头后，在一瞬间化成了智慧”？让时间来治愈伤痕，而生命阅尽辛酸终会露出丰润的微笑。而舒婷的《水杉》应该是一次美丽的心灵偶遇，不明就里，为深情的“一瞥”而“百环千解”，犹如读了一首绝句而落叶缤纷，而余音绕梁，不也至美动人？舒婷有很多写爱情和写失恋的诗，很美丽很忧伤，而独独选这一首，是想表明，人世间的爱恋并不一定完全属于山呼海啸、山盟海誓、生死相守的那一境，在一些时刻，爱可能也是朦胧难明的一个影像，一次过后或淡然或牵念的相遇，一段时间的想象情景，《水杉》即叙说了这样的时刻。

我很抱歉，本书中选进来的6篇小说，爱情的结局都是不幸和不圆满的。是否可以这样理解，幸福了的爱情本身有其单调的一面，因此作家不是写不好就是不去写。所以在这个世界上，最有名最动人的故事是梁山伯与祝英台，是贾宝玉和林黛玉，是罗密欧与朱丽叶，还有现代的《廊桥遗梦》、《魂断蓝桥》等。这些感天动地的故事都是无绝期的长恨歌。人们传说着这些不幸的爱情，给他们增加着色彩，寄托着圆满的永恒祈愿。我愿意这样认为。

斯达尔夫人是一位激情奔放的作家，曾经和拿破仑悉心对抗，并在现实生活中不断演绎着她的浪漫。其小说《柯丽娜》写一位才华横溢的艺术家的爱情悲剧。就故事来说其实并无新意，编者看重的是那样一位性情激烈的女人对待爱情的态度：在知悉爱人移情时，她也曾想到报复，也曾想到自戕，但最后还是选择了退出。这并不是什么高风亮节，而是对爱的深度理解。爱情是两个人的事，如果一方不够爱了，或者在需要克服障碍时不能够去克服障碍了，或者另有所爱了，等等，另一方怎么办，这是一个问题。现实生活中，多少人曾经遭遇如此痛苦，多少人为此辗转反侧，多少人从这里走向仇恨。在这样的时刻灵魂经受考验。在柯丽娜这里，她的选择见出灵魂的高贵和尊严，既尊重他人也尊重自己，更尊重爱情本身。作家用细腻、抒情、曲折的笔调，为我们演绎了主人公面对现实的勇毅和尊严。而她最后被爱情燃烧净尽的结局，则属于19世纪浪漫主义作家的时代情调。

艾伦·坡的《艾蕾奥瑙拉》，是对生命进程中感情世界的礼赞。15年的青梅竹马山盟海誓，但女孩15岁就死了，“我”在经历了心碎、思念之后，又踏进另一场爱的场景并且结婚。“我”背叛了誓言，“我”该受到“惩罚”吗？小说没有什么情节，多的是心理情绪的抒写和分析，在自然风景中诉说心灵深处的苦恼。这应该不是一个问题。逝去的去了，活着的活着，是生命总要爱，爱着很美，不是么。

这是青年的恋情。那么中年人呢？这里进入理性区域，同时涉及选择与决断的问题。选择是个性成熟的标志，是无论年轻人还是年长者都要面对的。苏联作家沃罗宁的《通信恋人》，暗示了生活本身的脆弱。两个孤独的中年人，在不断的通信中已经心心相印，尽管他们都希望能够找到一个伴侣，使自己不再形单影只，却由于害怕失望而不敢见面。也许是太成熟以致过于小心翼翼，也许是饱经风霜深知人际男女相交之不易，于是就止于情谊绵绵的文字“恋人”了。让人感叹之余，也自然会想到当下的网恋和不断出现的网恋悲剧，就更让人感慨了。

有意思的是，鲁迅的《伤逝》几乎就是《通信恋人》的反面。《伤逝》尽人皆知，但不同阶段的阅读会增加新的理解。将其放在“爱情”这一场景中，我们看到涓生和子君都是不成熟的个人。子君，作为女人，为爱可以无所畏惧，而作为人，却几乎完全不知在世界上如何找到自己的生活位置。在挣脱封建束缚而步入爱情婚姻之门后，依然是千年不变的对男人的依附（不仅仅是物质的），于是在某一天，男人不爱了，她的生命也就结束了。而其中的依别人样的“油鸡”啊“狗”啊与邻居“吵架”啊等，并不在于事情本身的平庸与否，而在于她在个性和思想上的缺乏独立性。而涓生，看似有学问有思想，实质上很差劲。一方面，根本不知生本是艰难的，作出选择后是要承担责任的，一旦陷入困苦，爱便变为重负，便换了一副眼光看对方；另一方面，是在困顿中想到所谓“新的路”和“大的人生”，爱情就逐渐变得脆弱、渺小，终至不存。我们隐约瞥见，在其愁苦烦闷的思绪背后，是一片偌大无边的中国传统阴影，其中上演着无数中国男人重社会功利轻情感生活的皮影戏。然而，可怜复可鄙的是，涓生在自己缺乏责任感的所谓“新”的思想中连传统男人“旧”的“养家”义务也丢失了。两个实际上并不怎么了解的人，由于自己个性的不成熟，就这样使一场曾经投入的感情夭折在一个时代的门槛上。好在那涓生还知道自己的“虚弱”，作了许多的忏悔，但那忏悔今天看来也并不怎么深刻到位。

一篇不长的小说给后人留下许多的思考和启示，是艺术的成功。与《伤逝》也可形成对照的是美国女作家蔚拉·凯瑟的《花园小屋》。这是一个深入人生深处的故事，它在成熟个性的选择中渗浸了浓厚的伤心悖谬。故事很简单，卡罗琳由于从小生活在艺术家庭的贫穷难挨之中，在对严酷的“生活准则”的恐惧中选择了“幸运、实惠、井然有序”的物质婚姻方式；然而，长在灵魂深处的艺术需求会在猝不及防的情境中突然蓬勃，淹没她，弄伤她，将她在瞬间拉出常规生活的轨道。但她经历一段精神漫游之后还是“回归”了，放弃了，理性清明地继续“行进”在自己一开始选择的道路上。说什么呢？一切都是清楚的，“残酷”也好，“牺牲”也好，生活就是这样。这没有什么道理。谁也不能冲生活撒娇。重要的是要看清弄懂自己要什么。你不可能什么都要（当然有例外，但不是谁也有这样的幸运)。你在选择时就要知道你放弃了什么，得到了什么，同时知道你将承担什么。在卡罗琳几乎浓得淹没身心的伤感深处，理性就这样冷冷地坚挺而出。有意味的是，她的丈夫富有风度、不着痕迹地拆解了她的梦想，在不经意间很“温柔”地描绘出了不容背叛的大背景。卡罗琳最后疲倦的微笑显示着生活的严酷真谛，小说中那位歌唱家无意中用歌声解说了这样的真谛：

“你是春天，我在严冬的拥抱里为你叹息。”

我们叹息。该叹息的人生故事如此之多。《一个女人一生中的二十四小时》，是奥地利作家茨威格的名篇。这位擅长心理描写的作家，为我们讲述了一个女人在特殊情境中的一次由无聊而观察、由观察而怜悯、由怜悯而理解、由理解而爱恋、由爱恋而绝望的短促而热烈的心灵巨变，一次对常规生活之河堤的漫溢。时间很短，只有一天一夜，但那颗善感的心无异穿越千山万水，冷了热了，热了冷了，最后趋于冰冻。世界未变，每天太阳起落；环境未变，赌桌上风水轮流转。而她，这个女人，却在自己空白缓慢的生命之页上突然嵌入了另一个生命的重生与重死，自己也随之惊涛骇浪般地生死一回。雨果曾说，比大地广阔的是大海，比大海广阔的是天空，比天空广阔的是人的心灵世界。是的，我们看到，《花园小屋》中的卡罗琳，《一个女人一生中的二十四小时》中的C太太，在世人永远也看不到的地方，她们的精神大厦起立而坍塌，她们的希望如太阳冉冉升起光耀四方又瞬间如石陨落散撒一地无声无息。女人,她们的心就这样承载了生命的暴风骤雨和沧海桑田。走出小说,我们不妨说,这些历经沧桑的生命,在成熟中闪烁魅力,在人生之路上继续前行,本身也是成就。

还是听听古今圣贤的说法。本书中的6篇文章,包括了随笔、哲思、散文、日记等各种体裁。法国近代思想家帕斯卡尔,其名言“人是一支会思想的芦苇”广为人知,他在这篇《论爱的激情》中,又说人不能总在思想中,他还有“骚动和行动”,而这骚动中最美妙的是爱情,爱情是火,是美,是快乐,因而人在爱中也显得很美,等等,可知其深谙爱情以及人性之奥妙。而且,他还认为从自然天性上,人最好以爱情开始以“野心”结束,有点先“爱情”后“事业”的意味,是很有意思的一家之言。托尔斯泰这位俄国大伯爵,一生都在以各种方式追寻着道德生活的真谛,他在小说中塑造了好多复杂而真诚的“忏悔贵族”,在现实中身体力行,办教育、救济灾民、为农民的生存利益而奔走呼告、为信念而执意散发家产而导致离家出走等,常被人称道。在《不懂得自己生命意义的人不可能有爱的表现》一文中,虽然谈论的是一种普泛性的爱,但他对“动物性”的爱(一种自私的爱,其实是爱自己)的分析,对陷在爱情中的人来说,依然有其启迪意义。两位大师从理性高度论述了人的自然天性中这种“爱”的分量、质量和差别,也是人们在生活中经常要思考的问题。

中国当代最有分量的作家史铁生,直面了《爱情问题》中性的问题、爱情的多向性问题、单纯的性吸引等诸多问题。正如他所说，“问题永远比答案多”，特别在现代世界，一个可以说性开放的时代，无论是观念还是行为都处于混乱状态，谈论这样的问题，无疑给自己出难题。但这篇文章从“问”开始进入一环扣一环的问题逻辑中，从现象到理论展开追问，一步步得出自己的结论，很充分很缜密也很透彻，颇有苏格拉底的风格，真是让编者赞赏并且认同。但掩卷而思，似乎又感忧郁，因为这也是一种理想状态啊；然而又想，爱情其实本质上就是理想的折光吧，人在现实中本身已经多是灰色与黯淡，“世路无穷，劳生有限，似此区区长鲜欢”，再没有了理想之求又如何为人？无论如何，在各种关于“爱情”的论述中，这是一篇沉甸甸的文章。

现代浪漫作家徐志摩，其日记《爱眉小札》是一篇爱情的细腻心声，在向对方的呢喃表述中，同时也表达着自己的人生价值观和对女友的心志鼓励，所谓志同道合。相比较，当下物欲喧哗中每天都在表象和外在的条件下“酝酿”着许多的泡沫“爱情”，然后带来无穷的苦涩与无奈，也是启示。与此相似，张守仁先生的《心祭》，便是志同道合中的爱者对逝者的刻骨怀恋。这位G. W.，用自己的真实细节，演绎了苏东坡的《江城子》：“十年生死两茫茫，不思量，自难忘……料得年年肠断处，明月夜，短松岗”，让人唏嘘之余，生出深深的敬意，同时也会反思共和国历史上那些残酷年代刻在人心上的不愈创伤。张爱玲的《爱》空前的短，几笔勾成一副白描，却也深藏了一个残酷故事。文中女子心里嵌进了一个爱的秘密，然后阅尽沧桑。爱很微茫，你常常抓不住它；爱又很执拗，万千风霜也不能将它从心中挖去，因为你遇到了，于“千万人之中”，却擦肩错过，于是就成了宿命。也可以说，这份“宿命”成为“她”惨淡人生的一丝温馨。淡的叙说，留下一种深的疼痛。

最后一篇是电影剧本。作者杜拉斯擅长写性与爱，而且写到了美丽绝伦的地步。这部《广岛之恋》在她通常的题材里放进“二战”的巨创，蕴涵丰厚，在艺术上炉火纯青，让人难以言说。其中的每一句话、每一个表情、每一个动作，甚至标点符号，都有其含义，它们承载了历史、人性、废墟、青春与战争、性与爱情、短暂与永恒、呼唤与决绝、刻骨铭心与深刻的无奈、生离死别等等，让蘑菇云上落下的灰烬和爱的汗水相缠绕，让昨天的疯狂和今天的理性相重叠，让许多的东西都在一个邂逅激情状态下相遇并且诉说。读者或观众会感动于两个一见钟情的人，在一个遍布人类创伤的特定背景上，在纳韦尔和广岛的血泪之谷，轰隆隆地演出了人类永恒的生命之爱。

德国诗人海涅在自己的《诗歌集》第三版序中说，他来到一座古代仙林，这里有神奇的月光和芳菲的菩提花，还有一尊斯芬克斯。当夜莺歌唱着相思之情的时刻，他吻了那个美貌的斯芬克斯，感到一种销魂的快乐。于是惹下大祸，它贪婪地“吮尽了我的气息”，还“扯裂我可怜的肉体”。夜莺唱道：美丽的斯芬克斯啊，你把痛苦掺杂在欢乐之中，到底是什么缘故？请给我解释这个神秘之谜。

斯芬克斯千年沉默，海涅的问题无解。其实，我们又何必去追索其解？爱情贯穿于人类生活之中，使人的生命充盈、丰沛，使男人和女人在万千个感动中体味爱恋之意义，这就够了。最后，让我用《大学新语文·爱是难的·编者的话》中的两句话作结：

“还是让我们去领略那些华章美文，以飨生命；

去珍惜生活中的缘分，以谢命运。”

湖

拉马丁*

由着这滚滚波涛不停地流向远方，
一直把我们送往冥冥无垠的长夜；
我们朝朝暮暮航行在岁月的海洋
竟不能稍有停歇？

湖水呀！光阴荏苒，应是去年今日，
我曾与她相约：重游旎旖的湖畔；
如今湖山依旧，哪里有她的踪迹？
只剩我独坐岸沿。

去年你也这样在峭壁下喧嚣，
也这样卷潮而来拍打残破石岸；

---

* 拉马丁（1790—1869），法国浪漫主义诗人，主要诗集有《沉思集》等。本文选自《法国浪漫派作品选》，柳鸣九等编选，天津：天津人民出版社 1983 年版。

飞溅起浪花碎沫，
都付与风儿抛到她那娇小的脚迹。

记得吗？那天黄昏，我们湖上泛舟；
远处天水相接，我俩相对无言，
在一片沉寂中只有桨声轻柔击打水波潋滟。

忽然响起一串人间少闻的话语，
景色迷人的岸边传来声声回响；
水波屏息静听，那声音字字句句扣在我的心房：

“光阴！你慢飞驰！宜人的美景良辰，
且莫匆匆流逝！
让我们细细品尝这稍纵即逝的温存，
此生的赏心乐事。

“世上多少不幸人为苦度光阴嗟叹，
你快快为他们
流走漫漫岁月，荡涤无限辛酸；
莫管那幸福的人。

“我苦苦请求良久，光阴置若罔听，
只顾悄悄流去。
我还央告良宵：‘不要匆匆天明。’
奈何东方欲曙！

“良宵岂可虚度？爱恋须及时，
珍惜这千金一刻！
人生本无归宿，岁月浩茫无极，
我们是百代过客。”

光阴呀，你莫非嫉妒我们幸福，
不容我们久久地在爱恋中沉醉？

甜美销魂的时刻怎能同悲愁凄苦
一样迅速地离飞？

怎么？竟然留点梦痕，都不许可？
往事只如烟云，过眼终成虚话？
光阴，你给我们幸福，却又为何
让幸福消逝于刹那？

永恒，空虚，往昔，茫茫无底深渊，
你们吞没了人间多少朝夕晨昏！
试问：你们夺去我们的极乐至欢，
何时归还我们？

湖呀！沉默的岩石！山洞！阴郁的森林！
岁月对你们有情，你们永不衰老，
我请你们为证，美丽的自然风景，
记住我们的良宵！

你或风平浪静，你或怒潮澎湃，
美丽的湖呀，山坡明媚，青松荫浓，
岸石峥嵘，愿甜蜜的回忆长在
这湖光山色之中。

愿那习习吹来、飘飘而去的微风，
愿那岸边响起、岸边回荡的声音，
愿那以淡淡银辉铺洒湖面的月轮
都铭记往昔情景。

风儿在呜咽哀吟，芦苇叹息哽噎，
湖上空气清新，飘荡着幽香叆叆，
愿眼前听到、见到、闻到的这一切
都说："他们曾相爱。"

白鸟·当你老了

叶　芝*

白　鸟

我祈愿我们是大海波涛上的白鸟，哦，我的爱人，
陨星还来不及消失远遁时，我们厌倦了陨星的光明，
暮色朦胧，蓝色的繁星闪烁，低低悬在天垂的一方，
在我们的心中，哦，我的爱人，唤起了一种不会消退的哀伤。

一种疲倦从这些梦者中来，露水缀满，百合花和玫瑰，
别梦着它们，我的爱人，那流失的陨星的光辉，
或那在露水的低滴中迟迟不去的蓝色繁星闪烁，

---

* 叶芝（1865—1939），爱尔兰诗人，1923 年获诺贝尔文学奖。主要作品有《古堡》、《驶向拜占庭》等。本文选自《叶芝文集（卷一）·朝圣者的灵魂》，王家新编选，北京：东方出版社 1996 年版。

因为我希望我们变成奔腾的波浪上的白鸟，你和我。

我迷上了那些难以尽数的岛屿，那些临海的达南仙境①，
那里时间肯定会忘了我们，悲伤再也不会向我们挨近，
很快我们将远离百合花、玫瑰以及光焰的烦闷，
只要我们是漂浮在海面上的白鸟，哦，我的爱人。

当你老了

当你老了，头白了，睡思昏沉，
炉火旁打盹，请取下这部诗歌，
慢慢读，回想你过去的眼神的柔和，
回想它们昔日浓重的阴影；

多少人爱你青春欢畅的时辰，
爱慕你的美丽、假意或真心，
只有一个人爱你那朝圣者的灵魂，
爱你衰老了的脸上痛苦的皱纹；

垂下头来，在红光闪耀的炉子旁，
凄然地轻轻诉说那爱情的消逝，
在头顶的山上它缓缓踱着步子，
在一群星星中间隐藏着脸庞。

① 叶芝在诗题下加了一个注："仙境中的岛屿据说像雪一样白，达南岛即仙人居住的岛屿"。——原注

最崇高的爱

卡特林·波兹*

最崇高的爱，如果真是这样——我死去
而不知道我在哪儿拥有过你，
哪个太阳是你的住地，
哪个往昔是你的时间，而在哪时
哪刻我爱过你

最崇高的爱，它胜过记忆，
我从没有炉灶的火里制造我的全部时日，
你在什么样的命运里描绘我的故事，
在什么样的沉睡里看见你的荣誉，
啊，我的住地……

当我迷失了而且裂开，

---

* 卡特林·波兹(1882—1934)，法国现代诗人。本文选自《法国现代诗选》，罗洛译，长沙：湖南人民出版社 1983 年版。

向着那无限的深渊，
当我无限地裂解，
当将我覆盖的现在
又将我背叛，
裂解为一千个碎块，分散到整个世界，
从还没有聚集到一起的一千个瞬间，
从什么也没有剩下的扬到空中去的尘埃，
你重新造出（为了一个奇异的年代）
一宗唯一的财产。

你将重新造出我的名字和我的影像，
从被岁月带走的一千个碎块，
而一个活的个体，没有名字也没有模样，
啊，幻想的中心，灵魂的心脏，
最崇高的爱。

我爱你表列诗

白　蒂*

我爱你
因为你的眼睛是蓝的——闪耀着远方的海水
你的言语像城市大街上激动的喧闹声。
我爱你因为你同爱作斗争但是失败了
因为你使我感到——安适，不安，愚蠢，女王般地
奔突在赧颜和饥饿之间。
我爱你因为你完整地看待我
轻佻又虔诚，小心翼翼又轻举妄动
我的狂欢节的假面系在喜怒无常的岩石上
只要有合适的风就能飞舞。
我爱你因为你指引着我
像激情的绘图员数着每一片草叶

---

* 白蒂，加拿大当代小说家与诗人。主要诗集有《独自游泳》、《新异教徒》等。本文选自《外国文艺》，1992 年 6 月。

我爱你因为你有时间
因为你看到过我举止笨拙，在一间屋子里
当着陌生人的面受到指责而一筹莫展
你唯一的本能是保护，随后是抗议
“你过去不够坚强，现在你太强了。”
我爱你因为你渴望力量而理解软弱。
我爱你因为你给我说话，而我
那执拗的反抗最后总叫我支持不住
强逼着双方的谈锋直到把一场拳击变成一次跳舞。
我爱你因为你烦扰我
因为我没法躲开你
因为你带给我混乱，像一片海洋
液体一寸寸地透过堤壁明亮而危险的缺口流出
我爱你因为你总不愿意离开
我爱你

夏日午后·灯下的诗与心情

席慕蓉*

夏 日 午 后

想你　和那一个
夏日的午后
想你从林深处缓缓走来
是我含笑的出水的莲

是我的　最最温柔
最易疼痛的那一部分
是我的　圣洁遥远
最不可碰触的华年

* 席慕蓉(1943—　),台湾画家、诗人、散文家。代表性的诗集有《七里香》、《无怨的青春》等。本文选自其《七里香》,广州:花城出版社1987年版。

极愿　如庞贝的命运
将一切最美的在瞬间烧熔
含泪成为永恒的模子
好能一次次地　在千万年间
重复地　重复地　重复地
嵌进你我的心中

灯下的诗与心情

不是在一瞬间　就能
脱胎换骨的
生命原是一次又一次的
试探

所以　请耐心地等待
我爱　让昼与夜交替地过去
让白发逐日滋长
让我们慢慢地改变了心情

让焚烧了整个春与夏的渴望
终于熄灭　换成了
一种淡然的逐渐远去的辛酸
月亮出来的时候
也能不再开门去探望

也能　终于
由得它去疯狂地照进
所有的　山林

水 杉

舒 婷*

水意很凉
静静
让错乱的云踪霞迹
　　沉卧于
　　冰清玉洁

落日
廓出斑驳的音阶
　　向浓荫幽暗的湾水
　　逆光隐去的
　　是能够次第弹响的那一只手吗
秋随心淡下浓来

---

* 舒婷(1952—　),中国当代诗人。主要著作有诗集《双桅船》、《会唱歌的鸢尾花》等。本文选自百度网·寻梦诗库·舒婷诗集。

　　与天　与水
各行其是却又百环千解

那一夜失眠
翻来覆去总躲不过你长长的一瞥
这些年
我天天绊在这道弦上
天天
在你欲明犹昧的画面上
　　醒醒
睡睡

直到我的脚又触到凉凉的
水意
暖和的小南风　穿扦
　　白蝴蝶
你把我叫做栀子花　且
不知道
　　你曾有一个水杉的名字
　　和一个逆光隐去的季节

我不说
我再不必说我曾是你的同类
有一瞬间
那白亮的秘密击穿你
当我叹息着
突然借你的手　凋谢

柯丽娜在苏格兰[①]

斯达尔夫人[*]

第　一　章

这些日子，柯丽娜住在威尼斯附近的乡下，在布朗塔河上；那儿是她最后一次见到奥斯瓦尔德的地方。况且她认为那儿比罗马离英国要近，来信也快一些。卡斯泰-福尔特亲王写信给她，说要来看望她。倘若为了让她忘掉奥斯瓦尔德，他不假思索地想到什么就说什么，比如说离别能使人平静之类的话，那会叫她更伤心的。因此，她宁可什么人也不见。可是，一个人有颗火热的心，处境又在不顺的时候，只身独处

① 《柯丽娜》一书共分20卷，本文是第17卷。

* 斯达尔夫人（1766—1817），法国浪漫主义作家。主要作品有《论德国》等。本文选自《法国浪漫派作品选》，柳鸣九等编选，天津：天津人民出版社1983年版。

不是件容易的事，孤独就难使情绪绝对平静。然而，在心绪不宁的时候，强迫自己消遣，不管这种娱乐如何乏味，总比继续焦虑下去为好。要知道，一个人之所以会发疯，肯定是因为他死死执著于一个念头，不让其他事情分心的缘故。何况柯丽娜还是个深思善怀的女人呢。一旦外界不再为她的官能提供营养，她便开始消耗自身。

什么样的生活接替了她刚过的近一年的生活！那时奥斯瓦尔德几乎整天厮守在她身边：他追随在她左右，渴望听取她每一句话。他的精神鼓舞着柯丽娜。他们之间相似或不同之处，同样都能使谈话活跃。总之，柯丽娜不断见到这个如此多情、如此温柔，又如此不断关怀她的眼神。只要她略呈焦虑不安，奥斯瓦尔德就握住她的手，紧紧贴在他的心口，于是柯丽娜的心情便平静下来，而且岂止是平静，还使她重新产生了朦胧而美妙的希冀。如今，她除了外表的冷漠和内心的惆怅之外，已一无所有，除了奥斯瓦尔德的来信，她生活中没有别的事，没有别的变化。冬季邮局送信很不规则，每天引起她等待的苦恼，而等了半天又往往落空。每天早晨，她沿着运河岸边散步，河水被睡莲宽大的叶子压得静止不动。她等着黑色的冈朵拉[①]从威尼斯带来信件；她隔着老远就能把这种冈朵拉辨认出来，一瞥之下，她的心就狂蹦乱跳。信使从冈朵拉上跳下来，有时告诉她："夫人，没有您的信件。"说罢又安安生生地去干其余的事情，似乎没

① 冈朵拉：一种平底狭长的威尼斯轻舟。

有信件是再平常没有的了。有时信使跟她说:“正好，夫人，有您的信。”她用颤抖的手接过来一看，奥斯瓦尔德的笔迹没有呈现在她眼前;于是剩下的时间就该是可怕的通宵不眠，第二天同样惶惶不可终日。

终于，她怪起奈尔维尔勋爵来了，认为他引起了她的痛苦。她觉得他信可以写得更勤一些，她指责了他一通。奥斯瓦尔德为自己作了辩解。他的信也不像从前那么缠绵悱恻，他没有诉说自己的思念，只想到要消除女友的忧虑。

这些微妙的变化，没有逃过悲伤的柯丽娜的眼睛，她夜以继日地推敲奥斯瓦尔德的来信，反复阅读，竭力想从字里行间发现对她所担心的事的答复，得到能让她过几天安稳日子的新解释。

这种状况刺激了柯丽娜的神经，削弱了她的精神力量。她变得迷信起来，摆脱不了恐惧心理，一心想从每件事中看出因果的征兆。她每周到威尼斯去一天，以便比平日早几个小时取到信件。她就这样变换盼信的苦恼。几个星期之后，她对来回途中所见的一切已都感到厌倦;那些事物仿佛都是她思想里的幽灵，在她眼前呈现出不祥的样子。

有一次，她走进圣马可教堂，回忆起刚到威尼斯的时候，她曾想也许在离开之前，奈尔维尔勋爵会把她带到这里来，当着上天的面娶她为妻;想着想着，她便全身心沉浸在这种幻象里。她眼见勋爵从门洞底下进来，走近祭台，对上帝发誓要始终不渝地爱柯丽娜。她想象自己在奥斯瓦尔德面前跪下，接受新娘的花冠。教堂里回响的风琴声和点亮的烛光，加强了她的幻觉。有一会儿,她不再感到离别的痛苦和空虚,而是心中充满柔情,在灵魂深处听到了所爱的人儿的声音。突然,一阵低沉的窃语声吸引住了柯丽娜的注意力。她回过头去,瞥见一具棺材正在抬进教堂。看到这副景象,她身子晃了一下,眼睛模糊了。从这时起,她思想上确信,她对奥斯瓦尔德的眷恋将成为导致她死亡的原因。

第 二 章

奥斯瓦尔德读了迪克逊先生转来的他父亲的亲笔信后,长时间成为世上最不幸最优柔寡断的人。要么使柯丽娜伤心,要么对他父亲不孝,两者必居其一,这是一种多么残酷的抉择。他千呼万唤,祈求一死来摆脱这种困境。最后,他又像往常那样,暂缓作出决定,打算先上意大利去,把他的苦恼和应该拿的主意交给柯丽娜本人去裁决。他以为职责迫使他不娶柯丽娜;他也有永远不同吕茜尔结合的自由;可他如何同他的女友度过一生呢?他该不该牺牲祖国,或者把柯丽娜带到英国而不考虑她的名誉和命运?在这种不知所措的痛苦心绪中,要不是月复一月,消息传来说他的团队即将上船启程,他准会到威尼斯去,把他还不能下决心写给柯丽娜的事当面告诉她。

然而他信里的语气却变了样。他不愿写出心事,可又不能同往日一样倾诉衷肠。他决计向柯丽娜隐瞒他在得到她承认的计划中所遇到的障碍,因为他希望随着时间的推移,他还来得及办成功,不愿使她同婆婆的关系无益地尖锐起来。各种各样的顾虑使他的信件越来越短；他尽写些不相干的事，对他未来的打算却只字不提。最后，除了柯丽娜，换了别的女人肯定会猜透奥斯瓦尔德的心思；可是一种狂热的激情使柯丽娜变得既敏感又轻信。在这种境况下，一个人仿佛只有凭着超自然的方式才能当局者清。隐蔽的事物可以发现，对清楚明白的事反倒抱着幻想：因为不满于这样的思想，痛苦到如此程度竟没有什么特殊的理由，绝望到这般田地却产生于极为普通的境遇。

奥斯瓦尔德陷入深深的不幸，一方面由于他本人的处境，另一方面由于他引起了所爱的人儿的苦恼。他的信件表现出这种不快的情绪，却没有说明原委。他用一种奇特的方式，把他感受的痛苦归罪于柯丽娜，仿佛她并不比他更有理由抱怨。他终于彻底扰乱了柯丽娜的心境。她再也控制不了自己：她头脑昏昏沉沉，夜里尽胡思乱想，即使到了白天，那些阴暗的念头也不消失。不幸的柯丽娜不能相信，他一向认得的那样慷慨、那样多情的奥斯瓦尔德会写出如此生硬、如此不安、如此苦涩的信。她产生了一种不可克制的欲望，想再见见他，同他谈谈。她叫道："让我听他亲口说出，从前一点儿苦恼就使他心碎的女人，今天他却这样无情无义地伤害她；让他亲口对我说，我就听天由命。这种语言肯定是鬼差神使，他才用的。这不是奥斯瓦尔德，对，这不是奥斯瓦尔德给我写的信。人家在他身边恶意中伤我；再说，发生了那么多的不幸，也会出现少许背信弃义的言行。"

一天，柯丽娜下决心到苏格兰去，倘若可以把使人不惜一切代价想改变处境的强烈痛苦叫做决心的话。她不敢给任何人写信说自己要走;她甚至不能断然告诉泰蕾齐娜,因为她总有办法找到理由把她留下来。她只不过是通过旅行的计划,通过和昨天不同的念头,通过取代悔恨的朦胧希望,使自己的想象力松弛一下。她已不能定下心来做什么事。阅读在她已办不到,音乐只能引起她一阵痛苦的战栗,欣赏把人带入梦境的大自然越发增加她的苦恼。曾经是那么生气勃勃的人,现在整天一动不动,至少表面上没有任何动作,她心灵上的痛楚只通过死灰般的脸色泄露出来。她不时看看表,盼望一小时一小时赶快过去,可又不知道为什么希望时光快些流逝,因为时光的流逝不能带来一点新东西,只不过在一个不眠之夜的后面,紧接着是更加痛苦难熬的白天罢了。

一天傍晚,柯丽娜已准备好动身,有个妇女上门求见,佣人说这女人非常想见到她,她便接见了。她眼看走进屋子的这个人,全身畸形怪状,容貌损于可怕的病痛,穿着黑衣服,戴一副面纱,尽可能遮住接近她的人的视线。这个备受大自然亏待的女人,主动承担募捐的义务。她气度不凡,请求救助穷人,语调稳重而感人,柯丽娜给她大量钱币,只要对方答应为她祈祷。可怜的女人一向乐天安命,吃惊地望了望这个充满生命力的美人儿,她富有,年轻,受人仰慕,可看来却像被不幸压倒了。便说:“天啊! 夫人,但愿您跟我一样泰然处之。”一个这种状态的女人,对于陷入绝望的、意大利最杰出的人又能说什么呢!

啊! 爱的力量太大了,感情炽热的人都有这个体会！那些把深挚的爱奉献给上帝的女人多么幸福，世上的俗人是不配领受的！但这种时刻对柯丽娜来说还没有到来；她还需要幻想，还在追求幸福。她祈祷，她还不够顺从。她罕有的才华，赢得的荣耀，她心底里将这些还看得太重。一个人只有割断尘世的一切，才会放弃珍爱的事物；其余的牺牲都不在话下的。生活可能早就成为一片空虚，可是使生活历经痛苦的激情，却不会熄灭。

柯丽娜出于疑虑和内心斗争，把她的计划不断推翻，又重新拟定。末了，在这种心理状态中，她接到奥斯瓦尔德寄来的一封信，宣称他的团队六周内将登船启程，他不能利用这段时间到威尼斯来，因为作为一个上校在这样的时刻擅离职守便会威信扫地。剩下的时间只够柯丽娜趁奈尔维尔勋爵尚未离开欧洲之前，赶到英国，很可能是永别了。怀着这种恐惧心理，她终于决定动身。可怜的柯丽娜，她不是不知道她的行动多么轻率，因为她评判自己比任何人都严。她不想为自己的错误辩解，也不期待能获得什么乐趣，而只是从一个灾难逃至另一个灾难，仿佛有些可怕的幽灵从四面八方追逐她。哪个女人有权出来谴责这样一个不幸的女人呢？

下面是她给卡斯泰-福尔特亲王信里的最后几行：“永别了，我忠实的保护人；永别了，罗马的朋友们；永别了，所有的人，我曾同你们在一起度过愉快安逸的生活。但这一切已成过去，我受到命运的打击，身上留下致命的创伤；我还在挣扎，但就要倒下。我必须再见他一面。请相信，我不能自持，意志已控制不住我心中的骚动。我的死期已近，一死将万事俱休。眼下我做的事，是一生最后的行动；然后将是忏悔和死亡。人的心灵有多么奇怪多么复杂！就在此刻，我怀着奔放的感情在行事的时候，却瞥见远方衰亡的阴影在逼拢来。好像听见一个神圣的声音在对我说：'不幸的女人，你再恋爱和折腾这么几天吧，我在长眠的地方等着你。'噢，上帝！请允许我和奥斯瓦尔德再见一面，最后的一面。我灰心绝望，他的容貌似乎都记不清了。他目光里不是有点神圣的东西吗？他进门的时候，引人注目的纯真的风度不就像宣告他的来临吗？朋友，您曾见到他待在我身边，作为他的意中人那样尊重我，保护我，对我关怀备至。啊！没有他，叫我如何生活？您一向对我表示的持久和高尚的感情，我该不该感激呢？请原谅我的忘恩负义。但我已什么都不配了。要是我没有这种可悲的能力控制住我狂热的爱情，我真会被人家看作精神失常的疯女人。因此永别了，永别了。"

第　三　章

一个多情善感的女人不慎失足，为了一个她以为不太爱她的人失足，又要她独自承受这行为的后果，她该有多么不幸！倘若是为了给心上人帮忙而拿名誉和安宁冒险，她就决不会抱怨。自我牺牲是多么愉快！我们能为挽救至亲的生命，为减轻好友的痛苦而赴汤蹈火，心里才快乐无穷！但像这样独自穿越陌生的国土，到达时无人迎候，见到心上人首先为自己的爱情而脸红；她这样的不顾一切是出于自愿而不是出于对方的要求：这种感情多么令人难堪！多么屈辱，可又多么值得怜悯！因为一切来自爱的东西都值得这样做，否则连累别人的生活，对神圣的关系不尽义务，又当怎么样呢？不过柯丽娜是自由的，她仅仅牺牲她的荣耀和安宁。她的行为中缺乏理性，缺乏明智，但除了损害自己的命运以外，损害不到别人的命运。她致命的爱情仅仅毁掉她自身。

柯丽娜在英国上岸的时候，从通告上得知，奈尔维尔勋爵的团队启程的日期又推迟了。她在伦敦唯一的交往是一个银行经纪人，她用一个假名去见他。那银行家一开始就对她表示很关切，他的妻子和女儿也一样殷勤地为她效劳，照顾得很周到。她到时已病得很危险，这半个月里，她的新朋友们尽心尽意地看护她。她听说奈尔维尔勋爵已去苏格兰，但是近日内就该回到他团队当时驻扎的伦敦。她不知如何能通知到他，说她到了英国。她事先没有把动身的事写信告诉他。她这么左右为难，以致奥斯瓦尔德有一个月没有收到她的信。他开始忧心忡忡，怪她轻忽，仿佛他有权抱怨似的。他一回伦敦，首先去找他的银行经纪人，希望能得到意大利来信；人家答复说根本没有信。他返身出来，对这种沉默想不通，正好遇到在罗马见过的埃德格蒙德先生，便向他打听柯丽娜的消息。“我不知道，”奈尔维尔勋爵气冲冲地回答。“哦，我始终认为，”埃德格蒙德先生接口说，“这些意大利女人一旦和外国男子分手，便把他们丢在脑后，例子举不胜举，不必为此难过。要是他们把丰富的想象力同爱情的忠贞结合起来,那就太可爱了。我们的女人总该有点长处吧。”这样说着,他便和奥斯瓦尔德握手告辞,回到他经常居住的威尔士封地去了。但他的三言两语,使奥斯瓦尔德伤透了心。“我错了,”他对自己说,“要她想我,那就错了,既然我不能献身于她的幸福。可是把恋人忘得如此之快,至少是玷污了过去,败坏了未来。”

奈尔维尔勋爵得知他父亲的愿望后,便决心不娶柯丽娜了,但他也打定主意不再见吕茜尔。他为自己给吕茜尔留下太深的印象感到不快。心想既然注定要伤柯丽娜的心,至少要在心灵上为她保持忠诚,这是任何义务都不能强制他作出牺牲的。他给埃德格蒙德夫人写信,仅限于重申他的与柯丽娜生活有关的请求,可她总是拒绝回答这方面的问题。奈尔维尔勋爵同埃德格蒙德夫人的朋友迪克逊先生交谈之下,明白要从她那儿得到他所希冀的东西,唯一的办法是娶她的女儿;因为埃德格蒙德夫人认为,要是她恢复柯丽娜的真名,要是她的家庭承认柯丽娜,那么柯丽娜可能会损害她女儿的婚姻。柯丽娜还没有觉察到吕茜尔引起了奈尔维尔勋爵的兴趣;命运使她直至今日避免了这种痛苦。就在命运把他俩分开的时候,她却比以往任何时候更配得上他了。生病期间,她寓居在一些普通而正直的商人中间,对英国的风俗习惯产生了真正的兴趣。在接待她的家庭里,她所见到的为数不多的人,仪态上并不突出,可他们拥有一种理性的力量,拥有既正确又杰出的才智。他们对她的友情不像她惯常所见的那样溢于言表,但一有机会就以新的效劳方式让人感受到。埃德格蒙德夫人的严厉，外省小城市的无聊，使她对这个她所放弃了的国家中一切高贵而美好的事物产生一个令人痛苦的错觉；而她是在这种情况下依恋这个地方的，至少就幸福来说，她也许已不抱再领略这种感情的希望了。

第　四　章

一天傍晚，对柯丽娜甚为友好和关切的那家人，竭力鼓动她去看西董夫人演出《伊莎贝尔》(或《致命的婚姻》)，这个英国剧本使这位女演员的杰出才能得以充分发挥。柯丽娜一直不想去看，最后想起奈尔维尔勋爵以前常把她朗诵的姿态同西董夫人的作比较，不免好奇起来，想听听这位女演员朗诵，便戴上面纱进了一个小包厢，从那儿她可以看到整个剧场而不被别人看见。她不知道奈尔维尔勋爵昨天也回到伦敦；但她深怕被在意大利认识的英国人发现。女演员高雅的形象和深挚的情感，把柯丽娜完全吸引住了。在头几幕，她的目光没离开过舞台。英语朗诵台词，比别的语言更激动人心，只有卓越的天才才能使人感受到它的力量和特点。法语朗诵较少艺术性和适应性，给人的印象比较直接，真正的绝望就是这样表达的。剧本的性质和诗体的类型使戏剧艺术同真实生活的距离越发缩小，戏剧效果更令人心碎。在法国做一个大演员需要更多的才华，表现个人风格的余地不大，一般性的法则太多。英国人可以一切都不顾，只要合乎情理就行。那些长叹，讲起来显得可笑，听的时候却令人不寒而栗。西董夫人，这位风度最高雅的女演员，匍匐在地，并不失体面。什么样的表演都能得到赞美，只要出于内在的热情，这股热情要发自内心，支配着比旁观者更有感受的人。一出悲剧，不同的民族有不同的演法，但痛苦的表情是地球两端的人都能理解的；从野人到国王，陷于真正的不幸时，都有人类某些相似之处。

在第四幕至第五幕之间，柯丽娜注意到所有的目光都转向一个包厢，在那个包厢里她瞥见埃德格蒙德夫人和她的女儿；她不怀疑这是吕茜尔，虽然七年不见，她出落得异乎寻常的美。埃德格蒙德勋爵的一个有钱亲戚死了，埃德格蒙德夫人不得不到伦敦来处理遗产继承的事。吕茜尔为了来看戏，比平时打扮得更漂亮，长期以来，即使在妇女个个好看的英国，也没有出现过相貌如此出众的美人儿。柯丽娜看见她时吃了一惊，不觉悲从中来：奥斯瓦尔德显然经不住这样一个脸蛋的诱惑。她心中将自己跟吕茜尔比较，觉得远远不如；她过高地估计——要是可能高估的话——吕茜尔的这种种魅力：青春的气息、白皙的皮肤、金黄的头发、少女的纯洁，以致感到自己拿才干，拿智慧，拿后天获得或至少改善的能力，同天赋的妩媚媲美，是几乎丢脸的。

突然，她瞥见奈尔维尔勋爵待在对面的包厢里，目不转睛地盯着吕茜尔。这对柯丽娜是什么样的时刻！她第一次重睹这副使她念念不忘的容貌；这张面孔虽然从未在她头脑里消失，她也不时在记忆中寻找，如今却在吕茜尔独自吸引奥斯瓦尔德注意的时候再次见着了。他大概不会猜到柯丽娜在场,但如果他的眼睛偶尔转向她,不幸的女人会解释成某种吉兆的。西董夫人终于重新登场,奈尔维尔勋爵转向舞台看戏。柯丽娜这才舒了一口气,自以为刚才是一种普通的好奇心把奥斯瓦尔德的注意力引向吕茜尔的。剧情发展得越来越感人,吕茜尔哭成个泪人儿,她想尽量掩饰,身子往包厢里面缩。于是奥斯瓦尔德重新看着她带着更加关切的神情。可怕的时刻终于来临,伊莎贝尔挣脱了想阻止她自杀的妇女们的手,一边笑她们无能为力,一边朝自己戳了一刀。这绝望的笑声是戏剧表演所能产生的最困难也是最卓越的效果;它比哭天抹泪更感人肺腑:这种出自不幸的悲伤的嘲笑使人肝肠欲断。当心灵的痛苦激发起如此粗野的欢乐,当一个替自己报仇的野蛮人,面对自身迸溅的鲜血,得到残忍的满足时,这是多么震撼人心!

吕茜尔这时大概过于激动,惊动了她母亲,只见埃德格蒙德夫人不安地转向她那边;奥斯瓦尔德站起身来,似乎也想向她走去,但很快又坐下来。柯丽娜对他第二个动作感到几分快意;可她叹着气想:“吕茜尔,我又年轻又敏感的妹妹,从前我是那样疼她;她本来可以顺利地得到她的幸福,用不着要她所爱的人作出牺牲,我该不该向她夺取这种幸福呢?”戏演完了,柯丽娜生怕被人认出,想等所有的人都出去后,自己再走。她掩藏在她包厢的一个小门洞后边,从那儿能瞥见走廊里的情形。吕茜尔出现的时候,人群围拢了来,四面八方响起一片啧啧声,赞美她迷人的容貌。吕茜尔越来越窘。埃德格蒙德夫人病病歪歪,虽然有她女儿照应和别人对她们表示的敬重，也难以挤过密集的人群；母女俩不认识任何人，因此没有一个男子敢上前同她们攀谈。奈尔维尔勋爵看到她们的困窘，急忙向她们走来。他伸出一支手臂让埃德格蒙德夫人搀着走，将另一支手臂递给吕茜尔，她低下头羞答答地挽着，面孔涨得通红：他们就这样打柯丽娜的前边走过。奥斯瓦尔德想不到他可怜的女友会目睹这个使她悲痛的场面。他这样领英国首屈一指的美人儿穿过伴随着她的无数爱慕者，心中油然生出一丝得意之感。

第 五 章

柯丽娜心烦意乱、痛苦难忍地回到住所，她不知该采取什么步骤，把她的到来通知奈尔维尔勋爵，也不知该怎么措辞；她对奥斯瓦尔德对自己的感情，越来越失去信心。有时她觉得将要重见的是个陌生人，一个她所热恋的、可他却不再认她的陌生人。第二天晚上，她派人去奈尔维尔勋爵处，得知他在埃德格蒙德夫人家；第三天带回来的仍是同样的答复，不过人家又说埃德格蒙德夫人病了，一旦痊愈就要回自己的田庄去。柯丽娜等待这个时刻，好让奈尔维尔勋爵知道她到了英国，但每天晚上她外出经过埃德格蒙德夫人府邸前，总看到门口停着奥斯瓦尔德的马车。她的心不可名状地揪紧了，简直透不过气来，于是转身回家。第二天又开始同样的行程，以便感受同样的痛苦。话虽如此，柯丽娜以为奥斯瓦尔德去埃德格蒙德夫人家，是为了要娶她的女儿，那她就错了。

看戏的那天，奥斯瓦尔德把埃德格蒙德夫人送上车子的时候，她告诉他埃德格蒙德勋爵的一个亲戚在印度死了，他的遗产继承既涉及柯丽娜也涉及她的女儿，因此她请奥斯瓦尔德上她家，要他把这方面的各种安排负责转告给正在意大利的柯丽娜。奥斯瓦尔德答应去时，觉得他握着的吕茜尔的手颤抖了。柯丽娜的沉默可能使他以为她不再爱他，而这位少女表现出来的激情，必然叫他相信她从心底里对他有意。可他没有想过要对柯丽娜毁约。柯丽娜所拥有的戒指是可靠的保证，他不得她的同意决不会娶另一个女人。第二天他又去埃德格蒙德夫人家照拂柯丽娜的利益；但埃德格蒙德夫人病得那样重，她女儿孤零零待在伦敦，举目无亲（埃德格蒙德先生走了），感到十分惶惑，连应当请什么样的医生都不知道，以致奥斯瓦尔德认为腾出全部时间去照顾她，是他对父亲的朋友应尽的义务。

埃德格蒙德夫人生性高傲孤僻，似乎只有对奥斯瓦尔德才笑脸相迎；随他每天上家来，可他没说过一句能使人觉得他想娶她女儿的话。吕茜尔的姓氏和美貌，使她成为英国最引人注目的求婚对象之一。自从她在剧场露面之后，大家知道她在伦敦，她家的大门就被当地显贵阔佬们的来访围住了。埃德格蒙德夫人拒绝见任何人；她杜门不出，只接待奈尔维尔勋爵一个人。他怎么能不为这微妙的安排感到得意呢？这种不声不响的慷慨，一无所求、毫不抱怨的信赖，深深感动了他。可他每次去埃德格蒙德夫人家，总担心人家把他的上门解释成为一种许诺。一旦埃德格德蒙德夫人恢复了健康,有关柯丽娜的事不要他再操心了,他便马上不去。可是正当大家以为埃德格蒙德夫人身体见好的时候,她却再次病倒,比第一次的病情更加危险;万一这会儿她有个三长两短,除了奥斯瓦尔德以外,吕茜尔在伦敦就没有别的依靠,因为她母亲跟任何人都没有交往。

吕茜尔未说过一句足以使奈尔维尔勋爵相信她属意于他的话。但他有时通过她脸色急遽而细微的变化,通过过快垂下的眼睛,通过急促的呼吸,才作这样的猜想;总之,他既多情又好奇地研究这位少女的心灵。她持重的态度,使他对她感情的性质一直捉摸不透。高度的热情以及由此引起的丰富表情,还不足以满足人们的想象力,总盼望再多一些表示;不能得到时,兴趣就减退,心灰意懒;而人们透过云际瞥见的微光却能把悬念中的好奇心维持长久,它似乎预示着新的感情和新的发现。这种期待落了空,等到人们终于知道迷人的沉默和未知事物后面隐藏的是什么,神秘也随之失去光泽,于是人们又反过来怀念性格活跃者的敢作敢为。唉!不管这种心灵上的幻觉和乐趣以什么样的方式延续,信心和怀疑,幸福和不幸,迟早都会消失,天国的欢乐与我们人世的命运无缘!有时我们的心灵体会到了,也仅仅是为了提醒我们的出身和希望。

埃德格蒙德夫人自觉身体好些了,决定两天之后动身去苏格兰;她想参观埃德格蒙德勋爵的田庄,它与奈尔维尔勋爵的田庄毗邻。她等着奈尔维尔勋爵提出陪她去，因为他说过要趁他的团队未出发之前回苏格兰一趟；可他一言不发。当下吕茜尔看了他一眼，他仍保持沉默。她急忙起身，走到窗前。过不多久，奈尔维尔勋爵找个借口向她走去，她眼泪汪汪的；他为之感动，叹了口气，心里又一次责怪他女友的薄情，他自问这个少女是否能在感情方面比柯丽娜更忠实一些。

奥斯瓦尔德设法弥补他刚才给吕茜尔带来的不快；使一张还带稚气的脸庞恢复笑容真是其乐无穷！她这种相貌生来不是为了忧伤的，连思索也还没有在上面留下痕迹。奈尔维尔勋爵的团队第二天早晨该在海德公园接受检阅；他问埃德格蒙德夫人是否愿意同她女儿一起乘敞篷四轮马车去参观，阅兵式之后她是否允许他同吕茜尔在她车旁骑马散步。吕茜尔有一回说过，她很想骑马。她瞧了瞧母亲，用的是一向顺从的表情，但从中可以看出想得到同意的愿望。埃德格蒙德夫人沉思了片刻，然后把日趋衰弱无力的手伸给奈尔维尔勋爵，说道："我的勋爵，要是您要求的话，我就同意。"这句话对奥斯瓦尔德印象之深，使他真想撤销这项提议；不料吕茜尔突然以一种从未有过的激动，拿起她母亲的手，吻了吻表示感谢。于是奈尔维尔勋爵便不忍心剥夺这个天真的人儿能有一次游乐的机会，她一向过着孤独而忧郁的生活。

第　六　章

半个月以来，极度恼人的焦虑与不安一直纠缠着柯丽娜。每天早上,她都为是否给奈尔维尔勋爵去信告知自己的住址而犹豫不决。得知他在吕西尔家中,使她每晚都在不可名状的痛苦中度过。晚上感受到的苦楚使她第二天更加怯懦。她为他作出了这样冒失的举动,把这事告诉可能已经不再爱她的人,她会脸红的。她常常暗自寻思:难道在意大利的种种都已从他记忆中抹去了吗?难道他不需要在女人中间找到一位具有超人的智慧、炽热的情感的人了吗?他目前所喜爱的,是十六岁芳龄特有的惊人美貌和天使般的表情,是一个纯洁、羞怯的心灵,这颗心把自己从未感受过的初恋之情奉献给自己选择的对象。

妹妹的许多长处给柯丽娜留下极为深刻的印象;和这样的娇容媚态竞争,她几乎感到羞愧。她觉得,在这个不懂防范、天真无邪的女孩面前,才华就意味着狡猾,思想过人就意味着专制,感情奔放就意味着暴烈的行动。尽管柯丽娜还不满二十八岁,她已经预感到人生中的这个阶段;在这个时期里,女人们总争风吃醋,以不能博得男人们欢心而痛苦异常。总之,嫉妒和傲气在她心里你争我斗;对奥斯瓦尔德,她又想见又怕见,只好把重逢的时刻一天天地推迟下去。她得知他的团队第二天将在海德公园举行阅兵式,就决定到那里去。她估计吕西尔大概也在那儿,她要亲眼看看以便对奥斯瓦尔德的感情作出判断。起初,她想着意打扮一番,突如其来地出现在他面前;可是当她开始梳妆后,她的黑头发,被意大利的阳光晒得略呈古铜色的皮肤,和线条鲜明的脸庞,使她对自己的姿色心灰意冷了;她照着镜子,都无法判断自己的面部表情。她在镜子中看到的，总是妹妹的飘浮不定的面容；于是，她把所有的衣服试来试去最后都扔得远远的，只穿一件威尼斯式的黑色裙子，将脸和身体掩在本地时兴的斗篷里，就坐进车子的角落里。

她刚到海德公园，就看见奥斯瓦尔德出现在他的团队前面。他身着军服，世界上再没有比他更漂亮、更庄重的脸了；他用优美而准确的姿势引导着自己的坐骑。乐曲中含有一种又柔和又高傲的东西，它激励着人们无私无畏的献身精神。有许多穿着简朴且美观的男人和漂亮端庄的妇女，男人们脸上带着男性美德的印记，女人们脸上带着女性美德的印记。奥斯瓦尔德团队里的士兵们似乎用信任和忠实的目光注视着他。乐队演奏着《上帝啊，救救国王》这首著名曲子。这曲子在英国深深激动着每一个人的心。柯丽娜大声说："啊，可尊敬的国家！你应该是我的祖国，为什么我离开了你？在这么多的美德之中，个人荣誉的多寡无关紧要；啊！奈尔维尔！有什么荣耀比得上作为值得你爱的妻子而获得的光荣呢？"

军乐声使柯丽娜想到奥斯瓦尔德将要遇到的危险。她盯了他半天，他却没有发现她；她热泪盈眶，自言自语道："但愿他能活着回来，尽管这并不是为了我！噢，我的上帝！应该让他活着。"此时，埃德格蒙德夫人的车到了；奈尔维尔勋爵垂下佩剑的尖部，毕恭毕敬地向她致礼。这辆车来回过了好几趟。凡见到吕茜尔的人，对她的美貌都赞不绝口；奥斯瓦尔德望着她的眼神，刺穿了柯丽娜的心。不幸的女人对这种眼神非常熟悉，这种眼光以前是朝向她的啊！

奈尔维尔勋爵借给吕茜尔的马匹在海德公园的小路上快捷地奔跑着，可柯丽娜的车跟在快马和它们发出的喧闹声后面慢腾腾地走着，就像是送殡的车队。“啊，从前可不是这样，”柯丽娜思绪翻腾，“不，我去朱庇特神殿和他初次见面时可不是这样：他把我从胜利的战车推进痛苦的深渊。我爱他，不过生活的一切乐趣已消失得一干二净。我爱他，并且所有的天赋都随之萎缩了。啊，我的上帝！我死后，请宽恕他吧。”奥斯瓦尔德骑着马从柯丽娜的车旁经过。裹在她身上的黑衣服的意大利样式特别引起了他的注意。他勒住马，围车绕了一圈，又回过头来看看这辆车，试图看清藏在车里的女人到底是谁。此时此刻，柯丽娜的心剧烈地跳动起来，深怕自己昏过去，会被人认出来；但她终于克制住汹涌的激情，奈尔维尔勋爵也打消了原先的想法。阅兵式结束后，为了不再引起奥斯瓦尔德的注意，柯丽娜在他不可能看见她的时候走下车来，躲到人群和树后别人看不到的地方。这时，奥斯瓦尔德走近埃德格蒙德夫人的敞篷马车，让她看手下人牵来的一匹非常温顺的马，请她同意让吕茜尔骑着这匹马走在她的车旁。埃德格蒙德夫人同意了，并关照他好生照看她的女儿。奈尔维尔勋爵跳下马来，摘下帽子，在埃德格蒙德夫人的车门边说话，表情是那样的崇敬和激动，以致柯丽娜认为由于女儿的魅力，他对母亲表示了过分的殷勤。

吕茜尔走下车来。一身骑装将她身体优美的线条勾勒得完美无瑕；她头上戴一顶饰有白色羽毛的黑帽子，金黄色的秀发似空气一样轻飘，妩媚地垂落在俊美的脸旁。奥斯瓦尔德垂下一只手以便托住她的脚使她骑上马去。吕茜尔想等他的下属为她这样作，奈尔维尔勋爵这样侍候使她脸红。他坚持之下，吕茜尔只好将一只秀脚踏在这只手上，轻盈地翻身上马；她的这些动作使人想起太空中的女精灵，人们在想象中用各色细腻的油彩来描绘她。她骑马飞奔而去，奥斯瓦尔德紧紧相随，她一直在他的视野之内。一次，马失了一下前蹄。奈尔维尔勋爵立时将马抓住，以一种招人喜爱的焦虑检查了缰绳和口嚼子。还有一次，他误以为马惊了，脸色吓得像死人一样白；他以一种难以置信的激情策马狂追，只一秒钟就追上了吕茜尔，跳下马后就直朝她扑过去。吕茜尔来不及拉住马，害怕撞翻奥斯瓦尔德而惊吓得发抖；可是他一把就抓住缰绳，用另一只手扶着吕茜尔，让她靠着他轻轻跳下马来。

难道还需要更多的事才能使柯丽娜确信奥斯瓦尔德对吕茜尔的感情吗？她难道没有看到迹象吗？这不是他从前向她表示过的那种情趣吗？她甚至还认为在奈尔维尔勋爵的眼神中，发现了更多的腼腆和持重，这在他爱她的那段日子里是没有的；这使她永远地失去了希望。她两次把戒指从手指上退下来，准备冲开人群把戒指扔在奥斯瓦尔德脚下；立刻就死的愿望更坚定了她采取这一行动的决心。但是，什么样的女人，哪怕她诞生在阳光灿烂的南方，能在大庭广众之下表白自己的感情而不打颤发抖呢。不一会儿，柯丽娜想到在这样的时刻出现在奈尔维尔勋爵面前，就战栗起来，便走出人群向自己的马车走去。当她穿过一条僻静的街道时，奥斯瓦尔德从远处又一次看到引起他注意的这张黑面孔；这次，她给他留下的印象更强烈。不过，他以为这种激动来自于悔恨；今天，他头一次在内心深处对自己没有忠实于柯丽娜，感到内疚。因此，他一回到家里，就马上决定到苏格兰去，因为他的团队还不会很快登船出发。

第 七 章

柯丽娜回家后痛苦不堪，神志混乱；从此，她的体质大为衰弱。她决定给奈尔维尔勋爵写信，告诉他她来到了英国和她来后所感到的一切痛苦。她开始写信时，信里充满了苦涩的斥责，随即又把这信撕了。“爱情上的指责又有什么意义呢?”她高声说，“这种感情如果不是身不由己，那还能算是一切感情中最亲密、最纯洁、最慷慨的感情吗？诉苦又有什么用呢？另一个声音，另一种眼神占有了他的灵魂；一切不都清楚明白了吗?”她重新开始写信，这回她要向奈尔维尔勋爵描绘一下，他与吕茜尔的结合将会遇到索然寡味的生活。她试图向他证明，没有心灵和思想上的高度和谐，任何感情上的幸福都不会持久；可是她把这封信又撕了，撕得比第一封还痛快。“如果他不知道我的价值，”她自语道，“难道要我去告诉他吗？此外，我可以这样说我的妹妹吗？她果真像我所认为的那样，比我低下吗？就算如此，在她孩提时代，我像母亲一样把她搂在怀里，难道现在我再去说她？啊，不！不能这样为了一己的幸福而不顾一切。生命终有尽头，一生中，人有很多愿望；甚至在离死亡很远的时候，一些温柔甜蜜的东西和梦幻中的东西也随着年龄的增长而出现了。

她又拿起笔，写的全是自己的不幸；写着写着，她觉得自己十分可怜，不禁泪水洒满了信纸。"不，"她又说，"这封信不能寄出去；如果他反对，我将恨他。假如他让步了，我又无法知道他是否做出了牺牲，是否还思念着另一个女人。还是应该见见他，当面和他谈谈，把他的信物——戒指还给他。"她赶紧用一张信纸把戒指包起来，信纸上只写了下面几个字："您自由了。"把信揣在怀里，她就等着夜晚的到来，好去奥斯瓦尔德家。她总觉得大白天去，四周的人都看着她，她会脸红的。不过，她要赶在奈尔维尔勋爵通常去埃德格蒙德夫人家之前到达。六点钟，她出发了；像一个被判刑的奴隶那样浑身发抖。一旦失去了彼此间的信任，人是多么害怕自己爱过的人啊！啊！被我们狂热地爱着的人，在我们眼中，要么是最可靠的保护人，要么是最可怕的主宰。

柯丽娜叫车在奈尔维尔勋爵的门前停下，用颤抖的声音向开门的人询问他是否在家。"太太，"此人回答，"勋爵已经走了半个小时啦，他到苏格兰去了。"听到这个消息，柯丽娜的心揪紧了：她害怕见到奥斯瓦尔德；可是她灵魂深处又有一种力量要求她战胜这种不可言喻的感情。她做了极大的努力，已经准备好聆听他的谈话，可是现在还要去找他，又得下一次决心，又得等几天，又得做一番努力。不过，柯丽娜决定无论如何也要见他一面。第二天，她就去爱丁堡了。

第 八 章

离开伦敦之前，奈尔维尔勋爵到他的银行经纪人那里去了一趟，得知没有柯丽娜的来信，他就开始苦苦思索：为一个可能已经把他忘掉的人而牺牲这已经确定了的、长远的家庭幸福是否值得。不过，他还是决定继续给意大利去信，像他六个星期以来做过的几次那样，去信问柯丽娜她为什么沉默不语，并再次向她表明：只要她不把戒指退还给他，他就不会成为另一个女子的丈夫。他是在极端尴尬的境况下作这次旅行的：他爱吕茜尔，但几乎不了解她，因为他听她说过的话，还不到二十句；可是，他又为失去柯丽娜而遗憾，促使他们分开的种种机遇使他伤心难过。他一会儿被一个少女羞答答娇滴滴的美貌所征服，一会儿脑海中又呈现出另一个女子光彩照人的身姿，耳旁仿佛听到她那高雅的谈吐。倘若此时此刻他得知柯丽娜比任何时候都更加爱他，为了追随他而舍弃了一切的话，他就不会再见吕茜尔了。可是他却认为柯丽娜把他忘了；将吕茜尔和柯丽娜的性格对比之后，他心里说：外表冷静谨慎的人，内心往往隐藏着深刻的情感。他错了。火热的感情会通过各种方式表现出来，能控制得住的总是微弱的情感。

有一件事更促使奈尔维尔勋爵对吕茜尔产生兴趣。他返回家乡时，从埃德格蒙德夫人的庄园旁经过，受好奇心的驱使，他走进这所宅邸。他让人打开吕茜尔经常在里面工作的房间。奥斯瓦尔德的父亲在这间屋子里，在吕茜尔的陪伴下曾度过一段时光，那时他还在法国；屋内充满着那段时日留下的东西。父亲临死前几个月，仍在给吕茜尔上课，就在讲课的地方，她立了一块大理石小碑，上面刻着：献给我的第二个父亲。桌上还放着一本书。奥斯瓦尔德翻开书，发现这是父亲的随感录。在第一页上，他看到父亲亲笔写下的这几行字：献给在我痛苦中安慰过我的人，献给纯洁的灵魂、天使一样的女人，她一定会给丈夫带来荣耀和幸福！奥斯瓦尔德读着这些话，万分激动，他所尊敬的人已把态度表达得如此强烈！他很奇怪为什么吕茜尔对他毫无表示，父亲对她感情颇深，可她对这些事却只字不提。他觉得，在这沉默不语之中蕴含着难能可贵的细腻感情，她是怕不要在他的选择中让责任感起了主要作用。总之，“献给在我痛苦中安慰过我的人”这句话给他留下极为深刻的印象。“是吕茜尔，”他高声喊，“是她减轻了我给父亲带来的痛苦，可是当她母亲奄奄一息的时候，当她身旁只有我一个人作为安慰她的人时，我又抛弃了她！啊，柯丽娜，您是那么光彩照人，那么引人注目；您是否也像吕茜尔一样，需要一位忠心耿耿的朋友呢？”

她不再是光彩照人，也不那么引人注目了。这位柯丽娜小姐一个人从一家旅店移到另一家旅店，没有见到她为之舍弃一切的那个人，她再也没有力量往前走了。她在去爱丁堡的半路上，病倒在一座小城里，尽管她挣扎了半天，还是不能上路。在痛苦不堪的漫漫长夜中，她常想，倘若她死在此地，那只有泰蕾齐娜一个人知道她的名字，把它刻在墓碑上。对于一个在意大利每走一步赞美声就如海涛般地涌到脚边来的女人，这是多么大的变化，多么悲惨的命运啊！难道一种感情就该这样把整个生命耗尽吗？终于，经过八天难以表达的焦虑之后，她又重新登上了痛苦的里程；因为，尽管希望见到奥斯瓦尔德是她旅行的目的，可是在这焦渴的等待中，混有许多繁杂难言的情感，以致她心中感受到的只是一种痛苦的焦虑不安。在抵达奈尔维尔勋爵的住所之前，柯丽娜打算在离此不远的父亲的地产上逗留几小时，埃德格蒙德勋爵曾留下遗言：他的坟墓就营筑在这块土地上。父亲死后，她从未回来过，她和父亲两人在这块土地上共同度过仅仅一个月的时光。这是她在英国逗留期间度过的一段最愉快的日子。往事的回忆使她希望看到原来的住所，她没想到埃德格蒙德夫人已经在那里了。

在离城堡还有几英里的地方，柯丽娜看见大路上有一辆翻倒的马车。她叫车夫把车停下，看见从摔坏的车中爬出一位吓得面如土色的老人。柯丽娜赶忙上前扶他，并提议亲自送他到附近的市镇里去。他欣然同意，深表感谢；他说他叫迪克逊。柯丽娜想起这个名字，经常听见奈尔维尔勋爵谈到过这个人。在她诱导之下，使这位老实巴交的老人只谈论她生活中最关心的那个人。迪克逊先生是个爱说话的社交场中的人物；他不知道柯丽娜的姓名，以为她是一位英国妇女，所以毫不怀疑她提出问题时有什么特别的意图。他开始详尽地叙述他所知道的一切，柯丽娜的救助使他深为感动，他又想博得她的欢心，使她高兴，所以他谈起话来毫无顾忌。

他谈到他如何亲自告诉奈尔维尔勋爵他父亲早就反对他现在打算结下的这门亲事；他还复述了父亲给儿子信中的一段话：他父亲坚决反对他娶这个意大利女人，违背他的意愿就是损害他的名誉。他还把这两句话重复了好几遍。

迪克逊先生不只说了这些令人肝肠欲断的话，他还肯定说奥斯瓦尔德爱吕茜尔，吕茜尔也爱他；说埃德格蒙德夫人非常巴望这门亲事能够成功，只是奈尔维尔勋爵在意大利已经有所承诺，这使他不能答应这门婚事。"什么？"柯丽娜对迪克逊先生说，同时努力克制住搅人的慌乱与不安，"您认为仅仅是因为他在意大利的许诺，奈尔维尔勋爵才不愿意和吕茜尔·埃德格蒙德小姐结婚的吗？""我敢肯定，"迪克逊先生接着说，他很高兴再一次受到询问，"三天前我还见到过奈尔维尔勋爵，尽管他没有向我解释他在意大利确立的关系的性质，但他亲口对我说了下面的话，让我转达给埃德格蒙德夫人：如果我解脱得了，我一定娶吕茜尔。""如果他解脱得了，"柯丽娜重复道。这时，车子在迪克逊先生要去的那家旅店门前停下了。他向她致谢，问她在哪儿能再见到她；柯丽娜根本没听见他说什么。她和他握了握手，但无法答复，一句话没说就离开了他。天色已晚，但她仍要赶到父亲的骨殖安葬地去，思想的混乱使她感到这次神圣的朝拜比以往任何时候都更加必要。

第 九 章

埃德格蒙德夫人回到自己的田庄已有两天，今晚正巧在家里举行盛大的舞会。她所有的邻居和仆从都要求她搞一个聚会来庆祝她的到来；吕茜尔也希望这样作，大概是希望奥斯瓦尔德能来参加盛会。果然，当柯丽娜到达时他也在那里。她在街上看到很多车辆，便把自己的车停在近旁。她走下车来，认出自己以前住过的地方。那时父亲是多么喜欢她啊！而她还觉得很不幸，可是和眼前的境况相比，变化真是太大了！在生活中常是如此，一个人想象中的苦恼往往受到真实悲痛的惩罚，从而使人认识了真正的不幸。

柯丽娜差人打听为什么城堡中灯火辉煌，在里面的是些什么人。柯丽娜的仆人询问到的，正好是奈尔维尔勋爵在英国招用的一个仆人。柯丽娜听到了他的回答。"这是个舞会，"他说，"是埃德格蒙德夫人今天组织的。"他补充道："我的主人奈尔维尔勋爵将和城堡的继承人吕茜尔·埃德格蒙德小姐跳第一个舞。"听到这几句话，柯丽娜浑身颤抖，但她的决心没变。一种痛苦的好奇心驱使她走近可能给她带来更多痛苦的地方。她一挥手，让手下人离开，独自一人走到大门洞开的花园里。这时，天已经完全黑了，在花园里散半天步也不会被人看见。十点钟了；打舞会一开始，奥斯瓦尔德就和吕茜尔跳这种英国四组舞，这种舞在晚会上已经跳了五六回了；而且还总是同一个男人和同一个女人一起跳，这种娱乐有时显得过于严肃。

吕茜尔舞姿高雅，但缺乏激情；目前困扰着她的某种感情更增强了她性格中严肃的一面。本区的人都好奇心太盛，想知道她是否爱奈尔维尔勋爵，所以所有的人都格外注意地看着她，以致使她不敢抬眼看奥斯瓦尔德。她怕羞之至，以致什么也没看见，什么也没听到。起初，这种惶惑和持重使奈尔维尔勋爵颇为感动；可是这种局势一成不变，使他有点厌倦了，他开始把这长长的一排男男女女，这单调乏味的音乐，和优美欢快的意大利民歌和舞蹈相比。这种思绪使他陷入沉沉的梦境，如果柯丽娜能够了解奈尔维尔勋爵此时此刻的心情，她还可以尝到片刻幸福的甜蜜滋味。可是这个不幸的女子脚踩着父辈的土地，却感到自己是个陌生人；在那个有希望成为自己丈夫的人身旁，却感到孤独。她茫然地在院落的小径上漫步。以前，她完全可以把这所宅邸看成是自己的。她的脚软绵绵的，痛苦的困扰是支持她的唯一的力量。她也许会想可能在花园里能碰到奥斯瓦尔德，不过她也搞不清自己到底希望些什么。

城堡建在一座山岗上，山脚下有一条小河流过。河岸的一边长着许多树木，另一边却满是光秃的石头，石缝间只长着欧石南草。柯丽娜走着走着，就来到了河边，在这儿，她既能听到舞会的乐曲，又可以听见潺潺的水声。水波中倒映着舞会上的灯光，月亮在水面泛出微光照见对岸空无人迹的田野。人们传说在这种地方，就像在哈姆莱特的悲剧中描写的那样，在举行盛会的城堡周围常有幽灵在徘徊。

被抛弃的、不幸的柯丽娜独自一人站在河岸上，她只要向前迈出一步就能将一切烦恼永远忘掉了。“啊！”她自语道，“如果明天，他和他那群欢快的朋友在河边漫步时，他那胜利者的脚碰到以前他一度爱过的人的尸体时，他那激动之情，他那悲痛之心是可想而知的；这激情算是替我报了仇，这痛苦也和我受的苦相仿佛。”“不，不，”她又说，“不应该以死作为复仇的手段，死是为了得到安宁。”她不再说什么，再次凝视着水流湍急而平稳的小河；大自然中万事万物都安排得如此得当，可人们的灵魂总是不得安宁。她想起了奈尔维尔勋爵冲进海中去救一位老人的那一天。“那时，他是多么好啊！”柯丽娜大声说，“他现在可能仍这么好，”她边说边哭起来，“为什么要斥责他呢，就因为我感到痛苦吗？可能他并不知情，可能他见到我时……”突然，她决定派人去请奈尔维尔勋爵立刻出来，和她面谈，尽管舞会正在进行之中。她以一旦决定之后特有的果敢向着城堡攀登而上，这一决定是在犹疑多时之后断然采取的；可是，在接近城堡时，她浑身颤抖得厉害，不得不在窗前的一张石头长凳上坐下来。聚在那儿看跳舞的农民很多，所以没有人注意她。

这时，奈尔维尔勋爵正走向阳台：他呼吸着晚间清新的空气。阳台上摆着几盆玫瑰花，他想起柯丽娜身上通常散发出的香气，这种感受使他大吃一惊。这个没完没了、使人厌烦的舞会搞得他筋疲力尽；他回忆起柯丽娜组织的舞会高雅绝伦，回忆起在和美术有关的一切领域中她所表现出的聪明才智。他感觉到只是在通常的家庭生活中像吕茜尔那样的伴侣才是愉快的。和想象、诗意一沾边，就会使他想起柯丽娜，勾起他惋惜遗憾之情。这时，有位朋友走近他，他们彼此交谈了片刻。柯丽娜听到了奥斯瓦尔德的声音。

听见心爱的人的声音，激动之情难以言表！这混乱的激情中既有柔情又有恐惧！因为这种感情太激烈，以致柔弱、单纯的性格害怕承受这种感情。

奥斯瓦尔德的朋友对他说："您不认为这个舞会很迷人吗？""是很迷人，"他漫不经心地回答；"真是这样，"他叹口气重复道。这声叹息和他说话时忧郁的口气，使柯丽娜喜出望外：她觉得她又可以赢得奥斯瓦尔德的心了，又可以使他听自己的话了。她霍地站起身来，朝东家的一个仆人走去，想请他去禀报奈尔维尔勋爵。如果她继续这么走去，她与奥斯瓦尔德的命运和以后的发展，就大不一样了！

这时，吕茜尔靠近窗户。她在黑暗中发现一个没有任何盛会装扮的白衣妇女穿过花园，引起了她的好奇心。她探出头去，仔细观看，觉得认出了姐姐的面孔；可是她又丝毫不怀疑姐姐在七年前已经去世，这个发现吓得她昏了过去。所有的人都跑去救她。柯丽娜找不到她要支使的仆人，为了不被人发现，只好退到小径深处去了。

吕茜尔醒了过来，她不愿说出是什么东西使她如此激动。不过，因为从小母亲就用各种各样宗教迷信思想充斥她的头脑，她确信：姐姐的样子出现在她眼前，并向父亲的坟墓走去，是为了斥责她忘了这坟墓，没有在父亲的遗骨前尽孝敬之意，就在这里擅自举行盛大的聚会；她这样想可完全错了。吕茜尔在自己认为确实无人注意的时候，离开了舞会。柯丽娜发现她单独来到花园里，颇感惊奇；她估计奈尔维尔勋爵很快就会跟出来，大概要和她单独谈谈，以便征得她的同意，将他的意愿告诉她母亲。这么想着，她便站在原地一动没动。可是不一会儿，她却发现吕茜尔朝一片灌木丛走去，她知道父亲的坟墓就在那里。她开始责怪自己当初为什么不到那里去哭诉内心的憾事。她在不远的地方跟着妹妹，不时藏在树后和阴影里。她终于从远处看到突起在那里的黑色石棺，埃德格蒙德勋爵的尸骨就安放在里面。一阵猛烈的激动使她不得不停下步来靠在一棵树上。吕茜尔也站住脚，朝陵墓崇敬地弯下身去。

这时，柯丽娜准备去见她的妹妹，以父亲的名义，向她讨回自己应得的地位和丈夫；可是吕茜尔却猛然跑了几步奔近陵墓，柯丽娜的勇气就顿时消失了。在一个女人心中，激烈的感情中蕴含着更多的腼腆，一点点小事，可以制止她们做某件事，也可以促使她们做某件事。吕茜尔跪在父亲的陵墓前面：她撩开用一只花环扣在一起的金发，抬眼望天，用天使般的眼神祈祷着。柯丽娜站在树后，不会被人发现。她很容易看见妹妹，因为一道柔和的月光正照着她妹妹。她突然感到一种宽容和怜悯之情涌上心头。她审视着这纯洁天真的虔诚表示，年轻的脸上还带有童稚的气息。她回忆起她把自己当作吕茜尔母亲的那些日子；她扪心自问，她想，自己离三十岁已经不远了，这是青春即逝的年岁；可妹妹却有一个尚未确定的长远前途，这个前途不会被任何回忆所搅扰，也不会被过去的某段生活所干扰，在这段生活中她不是要对他人负责就是要对自己的良心负责。“如果我出现在吕茜尔面前，”她自言自语，“把真情告诉她，她那颗平静的心就要起波澜，可能从此再也不得安宁。我已经受了这么多苦，我能继续忍受下去；可是纯洁的吕茜尔这一下就会从平静的状态一下子堕入痛苦的深渊。是我从前把她搂在怀里，让她在我胸脯上安眠；难道又要我把她推进痛苦的世界里！”柯丽娜这样想着。不过，爱情在她心里，和这种无私的感情，和这种使她作出自我牺牲的激情，展开了殊死的搏斗。

这时，吕茜尔大声说：“噢，父亲！为我祈祷吧。”柯丽娜听到后也跪了下来。她请父亲同时为姐妹两人祝福，并以眼泪作出了回答。这泪水来自于她心中比爱情还要纯美的感情。吕茜尔继续祈祷，清楚地说出下面的话：“噢，我的姐姐，请在天上替我说说情；我小时候你是那样爱我，还请继续垂爱于我。”啊！这个祈求使柯丽娜多么感动！吕茜尔最后用热忱的口气说道：“父亲，原谅我一时忘记了您，这是由您教导的某种感情所引起的。爱您为我选择的配偶，我没有任何过错；继续完成您的意愿吧，让他选择我作为他的终身伴侣：我只有和他在一起才会幸福。但是他永远不会知道我爱他，这颗颤抖的心永远也不会泄露它的秘密。噢，上帝！噢，父亲！安慰您的女儿吧！使她值得奥斯瓦尔德尊敬和宠爱！”“对，”柯丽娜低声重复道，“父亲，实现她的愿望吧；同时让您另一个女儿甜蜜安静地死去吧。”

说出这庄严的意愿，已是柯丽娜的灵魂所能够作出的最大的努力；她从怀里掏出装有奥斯瓦尔德赠与的戒指的那封信，然后很快离开了那里。她很清楚，只要把这封信寄出，并且不让奈尔维尔勋爵知道她在英国，他们之间的关系就破裂了，奥斯瓦尔德就属于吕茜尔了；可是，在这座陵墓面前，把她和他分隔的障碍更鲜明地出现在她的脑海中；她回想起迪克逊先生说过的话："他父亲坚决反对他娶这个意大利女人。"并且，她似乎觉得自己的父亲同意奥斯瓦尔德父亲的观点，父辈们认为她的爱情是大逆不道的。年轻的吕茜尔的天真无瑕激起她思绪万千，至少在某一时刻，她为自己能自我牺牲而感到骄傲，这样，奥斯瓦尔德就不会和他的国家、和他的家庭、和他自己发生冲突了。

走近城堡时，音乐声渐渐宏大，更增强了柯丽娜的勇气。她看见一个瞎眼的穷老头坐在树下听着从舞会传来的声音。她朝他走过去，请他将她的信转交给城堡里的人。这样，奈尔维尔勋爵甚至不会发现这封信是一个女人带来的。不论是谁看见柯丽娜交出这封信，都会觉得这封信决定着她一生的命运。她那眼神，她那抖索的手，她那激动而肃穆的声音，这一切都预示着一个可怕的时刻。这种时刻，我们受到命运的摆布，不幸的人成了缠住他的厄运的奴隶。

柯丽娜从远处望着老人，老人由一条忠实的狗带着走去。她看见他把信交给奈尔维尔勋爵的一个仆人。这时，仆人正巧把其他信件一起送进城堡中去。各种情况都汇集在一起了，没有任何希望了。柯丽娜转过身来又朝前走了几步，以便看着这个仆人朝大门走去，当她看不见他时，当她走上大路，听不到乐曲声时，甚至连城堡的灯光也望不见时，一阵冷汗浸湿了她的前额，她浑身剧烈颤抖起来。她还想继续向前走去，但力不从心，终于昏倒在路上。

（金志平、朱延生　译）

艾蕾奥瑙拉

爱伦·坡[*]

具有健美体魄，始有健美心灵。①

——雷蒙·勒里②

我这族人素以幻想丰富、热情洋溢著名。人家称我疯子。然而，发疯究竟是否极端聪明的流露；不少辉煌的成就，一切渊博的学问究竟是否神经失常的产物，是否头脑失却一般智能，心里喜怒无常的结果，这问题至今没有解决。白昼做梦的晓得不少事，只在黑夜做梦的连想都没有想到。沉湎在灰色的幻景中，总仿佛看到来生世界，一醒过来，才惴惴不安地看出原

---

* 爱伦·坡（1809—1849），美国作家。主要作品有《乌鸦》、《被窃的信》等。本文选自《爱伦·坡短篇小说集》，陈良亭、徐汝椿译，北京：外国文学出版社 1998 年版。

① 原文是拉丁文。

② 雷蒙·勒里（1236—1315）：西班牙哲学家，传教士，宣扬哲学与神学的一致性，著有《沉思术》等作品。

来大限快临头了。断断续续的，他们学到若干有益的知识，获得更多无益的学问。尽管手边没有舵，没有罗盘，竟闯入了“说不出的知识”的汪洋大海中，有如努比亚地理学家经历的奇险，“准备探海的人已经开进黑茫茫一片海上”①。

那么就算我是疯子。至少我承认我的精神状态有两种截然不同的情况——一种是神志清醒、毋庸置疑的情况，就是对生命中头一个时期经历的事情的记忆；另一种是模糊而可疑的情况，便是目前的情况，也是对一生中第二个伟大时代阅历的事情的回忆。因此，下文中将交代的早一时期的事，读者只管相信；至于容或谈到的后一时代的事，看看有几分可信，就信几分；否则干脆怀疑；如果不能不信，那么试作个解谜人，来解开这个谜。

我少年时代的情人，名叫艾蕾奥瑙拉。她是我过世多年的母亲唯一一个妹妹的独生女，我目前正平心静气的清清楚楚写着她的回忆录。想当年，在热带烈日下，我们两人一直住在“锦绣草茵谷”里。这山沟，没有向导引路可闯不进去；因为远在一列高山当中，那列崇岭耸立四周，把个很可爱的山坳遮得连丝阳光也照不进。附近小径没一条踏过人迹；要走到我们那幸福的家门口，少不得费力拨开千百棵森林树木的绿叶，踩死上万朵姹紫嫣红的香花。我，还有我表妹，还有她母亲——我们就这样独自生活在小天地里，根本不知谷外的世界。

---

① 原文是拉丁文。

我们那圈地方的北头，群山背后的阴暗地区，缓缓流出一条小河，又狭又深，比一切都清澈，只是不如艾蕾奥瑙拉的眼睛；小河曲曲折折地一路偷偷流去，终于横贯山间一个阴沉沉的峡谷，那里比小河发源地还要阴暗得多呢。我们将小河称作“无声河”，因为俯视河水流着，自会沉默下来。河床里没一丝潺潺水声，河水阑阑姗姗的一路悄悄流去，因此我们素爱凝视的明珠般的卵石深藏河底，纹丝不动，块块卵石安居原位，永远闪烁光彩。

小河两岸，以及不少穿越曲径、流入河床的耀眼溪流的两岸，以及从两岸下贯河底，延伸到卵石成堆的河床一带——这些地方，如整个山谷，从小河到四周的群山那片地面，全铺着一层茸茸的青草，又厚又短，平平整整，散发出香草似的芬芳，四处缀满鹅黄的毛茛，雪白的雏菊，猩红的紫罗兰，艳红的日光兰，这片无比美景仿佛全发出声音，向我们娓娓道出上帝的荣耀，上帝的爱。

草茵四下的树丛间，如梦境中的荒野，到处长着怪树，树干细高，不是直立地上，而是姿态婀娜，迎着正午时分才射进山谷正中的阳光。树皮上斑斑点点的闪着光，忽呈象牙色，忽呈银白色，比一切都光滑，只是不如艾蕾奥瑙拉的脸蛋；所以，树梢上要不披散开一串串葱翠的大叶子，颤巍巍的迎着和风翩翩起舞，人家难免将树看作叙利亚的蟒蛇，向主宰太阳神朝拜呢。

十五年来，我和艾蕾奥瑙拉手挽手的在山谷四下徘徊，心头就滋生了爱苗。她快十五岁了，我也近二十了，有天傍晚，我们搂着，坐在蟒蛇似的树下，俯视“无声河”中映出双双俪影。那快乐的一天行将消逝，我们始终默默无言，甚至到了翌日，谈起话来还是颤声抖气，不过三言两语罢了。我们早从粼粼水波中请来依洛思神①，如今全感到爱神在我们心头点燃了祖先的火般深情。数百年来，我这族人素负盛名的热情，和同样闻名的幻想一起涌现，“锦绣草茵谷”里就掀起了疯狂的极乐景象。霎时间，一切都改了面目。素不开花的树上突然长出五色缤纷的异葩。绿茵更翠了；雪白的雏菊一朵一朵的凋零，就在原处十朵十朵的开出艳红的日光兰。我们散步的小径热闹了；因为高大的火鹤，本来素不见影踪，如今随着艳丽的彩鸟，在眼前卖弄那身猩红的翎毛。金鱼银鱼在河里嬉水，河底渐渐响起潺潺水声，愈来愈响，愈来愈响，成了催眠曲，比风伯②那架竖琴的铮铮曲调还美妙，比一切都悦耳，只是不如艾蕾奥瑙拉的嗓子。我们早在金星出没那带地方望见一大卷云彩，如今竟浮游过来，红里透金，瑰丽极了，消消停停地泊在我们头顶上，往下降，一天一天的愈落愈低，愈落愈低，云彩四边终于笼罩在山顶上，阴暗的山顶就此金光灿灿，我们仿佛永远囚在富丽堂皇的魔牢中了。

艾蕾奥瑙拉美得像女神③；但这位少女却是纯洁无瑕，如她在百花丛间度过的短促的一生。她并不巧

---

① 依洛思：希腊神话中的爱神，与罗马神话中的丘比特相仿。

② 风伯：依乌勒思，希腊神话中掌风向的神。

③ 女神：即撒拉弗，六翼天使，代表爱情的神，典出《旧约·以赛亚书》第六章第二节。

饰激动心弦的热恋，我们在“锦绣草茵谷”中走着，谈着那里最近发生的巨大变化，她便和我共同研究深坳的一切。

后来，有一天，她噙着热泪，说到凡人难逃一劫，此后便一味细谈这心酸的话题，每逢谈天说地，都免不了插上一句，像设拉子那位诗人①的诗歌，种种不同的动人诗句中一再出现相仿的比喻。

她早已看出冥冥之手扣住自己的心口——她早已看出自己生来红颜薄命，犹如蜉蝣；但唯有想到一件心事，才感到死亡的恐怖。有天傍晚，薄暮时分，在“无声河”畔对我透露了这件心事。她生恐将来我把她安葬在“锦绣草茵谷”后，永远离开可爱的山坳，不再对她迷恋，而去爱上外面俗世中的某一少女，想到这事，就不免辛酸。我听她一说，忙不迭地当场跪在她脚前，指天发誓，决不重娶——决不负心，将她忘怀；她那番深情使我幸福，我决不忘情。我吁请全能的万物主宰，证明我这番誓言出于至诚。我祈求万物主宰，祈求“幻想”中的圣女②，祈求他们，如果日后背誓，必定遭尽恐怖透顶的惩罚，本文中断断不能细述其恐怖程度。艾蕾奥瑙拉听了这话，清澈的眼睛更清澈了；心头如释重负，长叹了一声；浑身一阵瑟缩，痛哭流涕了；谁知她竟听信这誓言（因为她不过是个孩子！），安心等死。事后不多几天，她瞑目死了，临终时

① 设拉子：伊朗西南一大古城，为古波斯经济、文化中心。本文中提及的诗人疑指《蔷薇园》、《果园》作者的萨迪。

② 根据诺甫、哈柏等版本，圣女应为“希路兴的圣女”，英国华特·司各特1899年版本《坡故事及杂文集》（欧内斯特·里斯编选）改为“伊路兴”，本文据此译出。

对我说，我安慰她，发了誓，她过世后，灵魂便来照顾我，如果办得到，要在晚间，趁我醒着未睡，回来对我显灵；如果极乐世界的幽魂无能为力，显不了灵，至少也要在我呼吸的空气中洒满仙鼎散发的香气。嘴里说完这番话，她纯洁的一生就此结束，我生命中头一时期也就告终。

至今我已把一切照实交代。我在生命史中，跨过丧失心上人的一关，进入了第二时代，却觉得心里一片糊涂，也就不信那段回忆丝毫不乱。但且讲下去吧。——一年年闷闷沉沉地挨了过去，我依然住在“锦绣草茵谷”，然而，一切又改了面目。星状鲜花缩进了树干，再也不见影踪。绿茵渐渐不翠了；艳红的日光兰一朵一朵的凋谢；就在原处十朵十朵的开出黑眼睛似的紫罗兰，不安地折腾，始终重甸甸的盛着露水。我们散步的小径冷清了；因为高大的火鹤再也不在眼前卖弄那身猩红的翎毛，伤心地离开山沟，飞进山里了，随着飞来的艳丽彩鸟也跟着飞走了。金鱼银鱼顺着下游，穿过我们那圈地方南头的峡谷游去，永远不再来点缀可爱的小河了。催眠曲本来比风伯的风奏琴[①]还柔和，比一切都美妙，只是不如艾蕾奥瑙拉的嗓子，如今渐渐消失，成了潺潺水声，愈来愈低，愈来愈低，终于又是无声无息，肃穆岑寂了。接着，那一大卷云彩升了起来，山顶上恢复阴暗，云彩重新回到金星出没那带地方，把“锦绣草茵谷”里金光灿烂的壮丽美景都收去了。

---

① 风奏琴：因风吹而自然发音的一种弦琴。

艾蕾奥瑙拉许下的诺言，却没有完全忘怀；因为我耳边听到香炉交晃的声音；山谷到处都飘着一阵阵异香，永远永远地飘着；每逢寂寞时刻，我心头怦怦悸动，沐洗我额角的微风幽幽地吁喟，吹拂着我；晚风中时时夹着听不清的咕哝声；有一次——唉，可惜只有一次！我突然觉得两片无形的唇按在我嘴上，顿时从酣睡中，如死般的酣睡中惊醒了。

然而，即使如此，心头那份空虚还是填不满。我一味渴望昔日泛滥心头的那份爱。到后来，山谷中的一草一木在在教人想起艾蕾奥瑙拉的音容，我不由心碎，终于永别山谷，到众生芸芸、繁华虚荣的名利俗世去了。

* * *

我不知不觉的到了一座陌生的城市中。看看城里的一景一物，我在“锦绣草茵谷”内梦寐已久的美梦，可能就此忘怀。富丽堂皇的宫廷中举行的隆重仪式和豪华盛会，震天动地的刀枪铿锵声响，倾国倾城的绝色丽人，教我不由神醉。然而，我依然忠于誓言，到了夜阑人静，看种种征象，我仍然知道艾蕾奥瑙拉在身边。冷不防，这些迹象霎时无踪；眼前的世界顿时一团漆黑；心头那股欲火——纠缠我的可怕诱惑，吓得我目瞪口呆；因为有位少女，不知从什么遥远遥远的陌生国土，来到我侍候的皇上那华丽宫廷里，我这忘恩负义的人，顿时情不自禁地迷上她的美貌——毫不挣扎地拜倒在她的脚下，心头怀着如火如荼、可卑可耻的爱慕之情。我噙着热泪，跪在体态轻盈的欧曼迦德脚前，那么情深，那么狂热，那么兴高采烈地诉尽衷肠；我对山谷中那位年轻姑娘的爱，同这份情一比，又算得了什么呢？——啊，女神似的欧曼迦德有多妩媚呵！我不知道还有什么人比得上。——啊，仙子般的欧曼迦德有多美妙呵！我俯视她那对难忘的眼睛深处，心里只是想着那对眼睛——想着她。

我结婚了；——也不怕赌神罚咒的报应；报应的痛苦也没有临到我头上。但有一次——可惜又只有一次，夜深人静了，我房里那扇格子窗外，突然传来幽幽的吁喟，早就弃我不顾的吁喟，串成了熟悉的悦耳声音，说道：

“愿君安眠！——爱神乃万物主宰，君热恋伊，欧曼迦德，因而免罪，不复追究君对艾蕾奥瑙拉所立誓言，其中原因，日后升天，当见分晓。”

通信恋人

谢·沃罗宁*

"本人五十二岁，身高一米六三，工程师，生活独立。意欲结交一位不嗜酒，年龄不超过六十的有学识的人。有愿者来信请寄220000明斯克邮政总局克拉夫基娅·格里戈里耶夫娜·克雷奇科娃，留局待取。"

这张《里加之声》晚报的广告副页他拿起好几次。懊丧之中，对那些年轻女人的觅友启事看也不看，她们要找的生活伴侣都是要比自己稍年长的。他可是整六十的人了，所以对年轻女人钟情于他的事儿不抱奢望。可这位克雷奇科娃是五十二岁，看来正是他所需要的。五十二岁是个可靠的年龄，这个年纪的女人不会变心，不会轻浮，当然啰，五十二岁毕竟不是豆蔻年华。可他自己也不是蓓蕾初绽。不过问题本不在

---

* 谢·沃罗宁(1913—)，苏联作家。主要作品有《玛丽娅的礁石》等。本文选自其《爱情问答》，北京：十月文艺出版社1986年版。

此。他只想把一生中的最后一段时光安排得舒服一些,或是惬意一些。因此只想找个同样是形影相吊的意中人,待双方结合在一起,好使他不再感到孤寂,她也不再形单影只。负负得正。相反相成!

于是他给她去了一封信。几天之后收到回信。信中要他寄张照片给她。

"干吗呀?"他困惑莫解地想。"她莫非要找个明星不成!要不找个德龙[①]?"于是提笔写回信。

"您干吗要我的照片呢?我的前额布满了皱纹,这是已往生活刻下的痕迹。不过这已往的生活绝不是轰轰烈烈的,只不过是紧张的。我打过仗,至今脖子上还有道伤疤。因此左眼老要流泪。我的牙齿所剩无几,但有牢靠的齿桥,它们还能挺一段时间。我有些瘸,这您从照片上也不会看出来的。不过,只要您愿意,这点瘸完全影响不了我们在黑海海滨作长时间的散步。我吸烟。不过只吸高级烟丝。不喝酒。您要找的不就是这样的人吗?!不过赶上喜庆日也能喝一杯。我上面说的这些可以说是缺点。我专门把这些缺点一一列举出来,好让您心中有数。至于说到住房条件,我有两居室的一套住房,有电话,有与厕所分开的浴室和光线充足的大间厨房。如果我还能引起您的好感,请来信。"

"尊敬的阿尔卡季·尼古拉耶维奇!

惠书收悉。非常仔细地拜读了。您所说的那些'缺点'并不算太严重。我倒发现了您不少的优点,这使我感到很满意。不过也得告诉您,我不喜欢您用那

① 德龙:法国著名电影演员。

种讥讽的笔调介绍自己。您牙齿所剩无几，这是不应该加以讥讽的。在您这个年纪，不少人都有这个缺陷。倒是别的方面有问题。您说说吧，眼睛流泪您就没去找过大夫？我觉得，时时刻刻擦眼泪，这未免很叫您心烦。如果您愿意，我可以去找个熟人，一个很有名望的眼科专家问问。至于说您有点儿瘸，这根本就不算回事。

望来信。

尊敬您的克拉夫基娅·格里戈里耶夫娜”

“尊敬的克拉夫基娅·格里戈里耶夫娜！

我收到了您的信，应该说，它使我有些不快。您怎么知道我的左眼流泪这么严重，以致一定使我感到心烦？左眼是流泪，但不严重。再说，您不了解情况，却要我去找眼科大夫。可我要是去过了呢？那么您的这些在某种程度上使我难堪的建议又有何用？莫非这构成我们共同生活的严重障碍？如果是这样，还望来信赐教，我将继续独身。

A. H. 图奇诺夫敬上”

“您好，尊敬的阿尔卡季·尼克拉耶维奇！

您何必这样呢？我根本没打算招您不快。我有切身体会，我的眼睛也流过泪，您说怪不怪，正好也是左眼，一出现这个毛病，我就去找大夫，我跟您说，大夫给我开了奥弗坦—地塞米松眼药水。这种药水装在一种很方便的塑料小瓶里。结果，就治好了。不错，半年以后发现那只眼睛得了白内障。不过，只等它一成熟，就进行摘除，不用等太长时间了。所以您不该生我的气。我丝毫没有别的意思。至于说到在黑海海滨散步，如果我不是怕热，本来是不会反对的。我有时候血压会升高。不过为了这种散步我准备冒冒险。只是您那瘸腿怎么办？不会使您感到太吃力吧？

祝您诸事如意！

克拉夫基娅·格里戈里耶夫娜”

“尊敬的克拉夫基娅·格里戈里耶夫娜！

说到在黑海边散步，要知道不仅仅有炎热的月份，还有秋天，即所谓‘天鹅绒般的季节’。我乘车不用花钱，因为我是共和国级特种退休人员（这就是说我们的路费能省一半）。正如我所写的，我瘸得并不严重，对我们散步毫无妨碍。顺便说说，我穿的鞋是一般的鞋，绝非畸形鞋。总之，我身体很好。血压和宇航员一样，高压130，低压70。每天都用冷水擦身。从来没得过流感。我写这些是为了说明我绝不会因病痛而增加您的负担。我很想知道些您生活的详细情况。当然，倘能面谈最好，我恨不得现在就能见到您。

请来信。看到您的来信我很高兴。

A. H. 图奇诺夫敬上”

“您好，尊敬的阿尔卡季·尼古拉耶维奇！

我真羡慕您那健壮的体魄。遗憾的是我的健康状况难以自夸。不错，大毛病是没有，不过有时闹轻微的头疼，无缘无故感到疲倦。我想，这都是身边没有亲人之故。如今有了您的来信，尽管似乎只寥寥数封，但我的身体已经好多了。我迫不及待地等待您的来信，每封信都是一口气读完，不知您信不信，读后我精神焕发，体力倍增。顺便说说，看过您最近一封来信后我马上开始了冷水浴。真是太妙了！万分感谢您的指点。

您想知道我的生活情况。该怎么回答您呢？当然，如果我们能见面谈谈，那事情就简单多了，但我现在无论如何也不能接待您。我不知为什么总觉得，见了面后您会对我感到失望。不过也可能我对您会感到失望。因为您到今天还没给我寄来照片，而且不知道为什么，您也不索要我的照片。也许，咱们还是来冒冒险，互相把照片寄出去？我这样要求，是为了以后好谈谈我自己的情况。如果我不中您的意，又何必谈呢？总之，我在等您的照片了。等一收到您的照片，就把我的寄给您。

我在等候您的回音。

尊敬您的 K. Г”

“尊敬的克拉夫基娅·格里戈里耶夫娜！

要我把照片寄给您，这根本谈不上什么冒险，可我一点儿也不上相，这只会给您一个关于我的虚假印象。所以不值得去冒这个险。这可能铸成我们两人间的大错。当然，可以把我十年前的照片寄去，但是干吗骗人呢？当然，也可以照十张相片，从中挑出一张最好的。但这岂不又是骗人？再说也骗不了人，一见面这一切就会很容易被戳穿的。所以我们最好还是见面！望您俯允。

A. H”

“尊敬的阿尔卡季·尼古拉耶维奇！

我本来可以高高兴兴地对您的提议表示赞同，可我已经在信中告诉您了，最近我得摘除白内障，手术以后我才能如常言所说的‘全副武装’地出现在您的面前。现在嘛，请您不要误解我的意思。我不能。那么，我们还是通信吧。我已经深深地养成了看您信的习惯，没有它们简直一天也过不下去。我感到寂寞。我等呀等呀，一天往邮局跑好几趟。那里的人都认识我了，要是他们冲我笑，便说明有信，如果难过地摇头，就说明没有。

当然，最好是见面时再谈自己的情况，既然一时见不了面，那就请允许我告诉您，我有一个女儿，她有两个孩子。不过她和我是分开住的，而且离得很远。她在堪察加。我的女婿是研究火山的。除了女儿，就再没别的亲人了，因此所有的空闲时间我都得一个人过。

我爱书。我有小小一批自己喜爱的藏书。这些书都是以善良、诚挚的感情描绘普通人和他们的生活的。假日我常去看电影。遗憾的是近来凶杀片太多，看后我简直害怕回到空空荡荡的家中。在家里等着我的只有琪莎，那是一只长毛猫。

还给您谈些什么呢？真的，我简直不知道了。现在该您写了。我将焦急地等着您的回音。

我在等待。

尊敬您的克拉夫基娅·格里戈里耶夫娜”

“尊敬的克拉夫基娅·格里戈里耶夫娜！

您说得对，要能在见面时谈谈自己的情况，那是再简单不过的了，既然见面日子还得往后拖，那就只好笔谈了。我也爱看书。这一点我们兴趣相投，但不仅仅爱看那些写普通人的书。这种人我每天都看得见。我爱看，更确切些说，我想了解的还有那些决定世界命运的人。我也常看电影，不过只看那些没有暴力行动的片子。我劝您也不要去看暴力电影，这样您就没有什么可怕的了。干吗自寻烦恼呢？您不是小孩子，应当知道在您这个年纪不宜看这种电影。这一点您简直使我感到惊讶。最好晚上呆在家里看电视。那可安宁多了。不错，电视里尽是些冰球和足球赛，但只要愿意，随时都可以换看别的节目。

我也有个女儿，但她不比您的女儿，她的命运坎坷得多。一个坏蛋把我的女儿骗了。她同他生了个儿子。如今当然外孙已经大了，在部队服役。女儿住得离我不远。经常到我这个孤老头子家来拾掇拾掇。我叫她来和我过，她不来，愿意自由自在地过日子。这样也好。她这种心情是可以理解的，人还不算老嘛。我也过着自由自在的日子。不过这对我自己就带有些讽刺意味了。晚上我常常不知道干什么好。各人都有自己的事。因此就明显地疏远了。您的信也使我很感兴趣。而且每收到一封信兴趣就增加一分。

尊敬您的 A. H”

“尊敬的阿尔卡季·尼古拉耶维奇！

不，您误解我的意思了。我并不爱看暴力片。如果碰巧看那样的电影，那纯属偶然。所以您千万别以为我在这方面缺乏见识，就这个问题而论，我非常同意您的意见。我还一点没对您谈过我的工作。正如启事里所写的，我是个工程师。在设计室里工作。工作有些单调，但并不使人感到厌烦。当初，也曾有过理想，想干一番事业，这些理想和抱负本来是可以实现的，但我结了婚，它们都被放到一边去了。现在孤身一人，想把丢掉的东西再找回来已经为时太晚。您说起您那‘自由自在的日子’时很带有些‘讽刺意味’，为什么要这样呢？我很想知道！

等候您的回音。

尊敬您的 K. Г”

“尊敬的克拉夫基娅·格里戈里耶夫娜！

我觉得您简直是处处在挑我的字眼儿。是何用意，不得而知，但挑字眼儿却是最最清楚不过的了。‘我也在过着自由自在的日子’，这句话没有别的意思。说出口来恰恰就是得带些讽刺意味。要知道我是个领取退休金的人，理所当然地过着悠闲的日子。我上哪里去呢？我能有些什么爱好？我是想上哪儿就上哪儿，想做什么就做什么，但问题在于我没地方可去，也没有任何爱好。当初工作的时候一心想着工作。那时候别的什么也不想。对过退休生活毫无准备，所以现在就落得像条抛到岸上的鱼，嘴张得大大的，但是没水。所说的讽刺就是指的这个情况。唉，您呀！对我一点儿也不了解，却已经乱起疑心，真是天晓得。我听出了您的弦外之音。听出来了！

依旧尊敬您的 A. H”

"上帝啊,阿尔卡季·尼古拉耶维奇!

我根本就没想得罪您。您就不怕上帝,居然对我进行这般指控!好啦,我只不过是开个玩笑罢了,就算开得不太合适,但上帝饶恕我吧,我根本不敢把您往坏里想。所以请您不必介意。顺便说说,我已经做了手术。现在我什么都看得清清楚楚,可以和您见面了。您订个日子吧,我等您。

尊敬您的克拉夫基娅.Γ"

"尊敬的克拉夫基娅·格里戈里耶夫娜!

如果我在上一封信里有言辞过重之处,还请原谅,不过说句老实话,我也是绝不想得罪您的。请多多包涵吧。至于说到见面,我是这么考虑的,我亲爱的克拉夫基娅·格里戈里耶夫娜,如果见了面我们彼此瞧不上,那可怎么办呢?要是彼此瞧不上,我们这美好的交往还能继续下去吗?在我决心提笔给您写这封信之前,这种顾虑把我折磨了一整夜。如果我们把见面的时间拖一拖,依旧继续我们的书信往来,是否更好一些呢?

不知您意下如何?

等候您的回音。

尊敬您的阿尔卡季.H"

"亲爱的阿尔卡季·尼古拉耶维奇!

您的来信使我对很多问题重新斟酌、估量和作出决断。好,我同意您的意见。就凭从您那里收到的一封封信,您已经是我很亲近的人了。我已经不再感到孤独。我知道有一个人关心我的生活,关心我。就凭这些，他已经是我很亲近、很亲爱和无法割舍的人。您说的对，要是见面时，我们当中有一个人瞧不上对方呢？结果一切都要毁于一旦？这太可怕了！因此，亲爱的阿尔卡季·尼古拉耶维奇，还是让我们以书信交往吧。以后或许有一天我们会有机会见面的……要是见面的时候有些事不那么如意，那可怎么好，这问题我连想都不敢去想。您的意见是正确的，完全正确！

更加尊敬您的克拉夫基娅.Г”

“亲爱的克拉夫基娅·格里戈里耶夫娜！

我这样称呼您没关系吧？真的，您是我非常非常亲爱的人。在垂暮之年我把这件事看作朝日初升！……”

“最最亲爱的阿尔卡季·尼古拉耶维奇！

我收到您的信真是太幸福了……”

他们就这样书信往还。世上还没有过如此亲密无间的人。抬杠、吵嘴，他们一次也没有过。一封信比一封信更加情意缠绵，而且写的信越多，越觉得有说不完的知心话。

伤逝

——涓生的手记

鲁　迅*

如果我能够，我要写下我的悔恨和悲哀，为子君，为自己。①

会馆里的被遗忘在偏僻里的破屋是这样地寂静和空虚。时光过得真快，我爱子君，仗着她逃出这寂静和空虚，已经满一年了。事情又这么不凑巧，我重来时，偏偏空着的又只有这一间屋。依然是这样的破窗，这样的窗外的半枯的槐树和老紫藤，这样的窗前的方桌，这样的败壁，这样的靠壁的板床。深夜中独自躺在床上，就如我未曾和子君同居以前一般，过去

* 鲁迅(1881—1935)，现代文学家、思想家。著有小说集《呐喊》、《彷徨》，散文集《野草》、《朝花夕拾》及大量杂文等。本文选自鲁迅《彷徨》，北京：人民文学出版社 1973 年版。

① 会馆：旧时都市中同乡会或同业公会设立的馆舍，供同乡或同业旅居、聚会之用。

一年中的时光全被消灭，全未有过，我并没有曾经从这破屋子搬出，在吉兆胡同创立了满怀希望的小小的家庭。

不但如此。在一年之前，这寂静和空虚是并不这样的，常常含着期待；期待子君的到来。在久待的焦躁中，一听到皮鞋的高底尖触着砖路的清响，是怎样地使我骤然生动起来呵！于是就看见带着笑涡的苍白的圆脸，苍白的瘦的臂膊，布的有条纹的衫子，玄色的裙。她又带了窗外的半枯的槐树的新叶来，使我看见，还有挂在铁似的老干上的一房一房的紫白的藤花。

然而现在呢，只有寂静和空虚依旧，子君却决不再来了，而且永远，永远地！……

子君不在我这破屋里时，我什么也看不见。在百无聊赖中，随手抓过一本书来，科学也好，文学也好，横竖什么都一样；看下去，看下去，忽而自己觉得，已经翻了十多页了，但是毫不记得书上所说的事。只是耳朵却分外地灵，仿佛听到大门外一切往来的履声，从中便有子君的，而且橐橐地逐渐临近，——但是，往往又逐渐渺茫，终于消失在别的步声的杂沓中了。我憎恶那不象子君鞋声的穿布底鞋的长班[1]的儿子，我憎恶那太象子君鞋声的常常穿着新皮鞋的邻院的搽雪花膏的小东西！

莫非她翻了车么？莫非她被电车撞伤了么？……

我便要取了帽子去看她，然而她的胞叔就曾经当

---

① 长班：旧时官员的随身仆人，也用来称呼一般的“听差”。

面骂过我。

蓦然，她的鞋声近来了，一步响于一步，迎出去时，却已经走过紫藤棚下，脸上带着微笑的酒窝。她在她叔子的家里大约并未受气；我的心宁帖了，默默地相视片时之后，破屋里便渐渐充满了我的语声，谈家庭专制，谈打破旧习惯，谈男女平等，谈伊孛生①，谈泰戈尔，谈雪莱……。她总是微笑点头，两眼里弥漫着稚气的好奇的光泽。壁上就钉着一张铜板的雪莱半身像，是从杂志上裁下来的，是他的最美的一张像。当我指给她看时，她却只草草一看，便低了头，似乎不好意思了。这些地方，子君就大概还未脱尽旧思想的束缚，——我后来也想，倒不如换一张雪莱淹死在海里的记念像或是伊孛生的罢；但也终于没有换，现在是连这一张也不知那里去了。

"我是我自己的，他们谁也没有干涉我的权利！"

这是我们交际了半年，又谈起她在这里的胞叔和在家的父亲时，她默想了一会之后，分明地，坚决地，沉静地说了出来的话。其时是我已经说尽了我的意见，我的身世，我的缺点，很少隐瞒；她也完全了解的了。这几句话很震动了我的灵魂，此后许多天还在耳中发响，而且说不出的狂喜，知道中国女性，并不如厌世家所说那样的无法可施，在不远的将来，便要看见辉煌的曙色的。

送她出门，照例是相离十多步远；照例是那鲇鱼

① 伊孛生（Hibsen，1828—1906）：今译作易卜生，挪威剧作家。

须的老东西的脸又紧帖在脏的窗玻璃上了，连鼻尖都挤成一个小平面；到外院，照例又是明晃晃的玻璃窗里的那小东西的脸，加厚的雪花膏。她目不邪视地骄傲地走了，没有看见；我骄傲地回来。

"我是我自己的，他们谁也没有干涉我的权利！"这彻底的思想就在她的脑里，比我还透澈，坚强得多。半瓶雪花膏和鼻尖的小平面，于她能算什么东西呢？

我已经记不清那时怎样地将我的纯真热烈的爱表示给她。岂但现在，那时的事后便已模糊，夜间回想，早只剩了一些断片了；同居以后一两月，便连这些断片也化作无可追踪的梦影。我只记得那时以前的十几天，曾经很仔细地研究过表示的态度，排列过措辞的先后，以及倘或遭了拒绝以后的情形。可是临时似乎都无用，在慌张中，身不由己地竟用了在电影上见过的方法了。后来一想到，就使我很愧恧，但在记忆上却偏只有这一点永远留遗，至今还如暗室的孤灯一般，照见我含泪握着她的手，一条腿跪了下去……。

不但我自己的，便是子君的言语举动，我那时就没有看得分明；仅知道她已经允许我了。但也还仿佛记得她脸色变成青白，后来又渐渐转作绯红，——没有见过，也没有再见的绯红；孩子似的眼里射出悲喜，但是夹着惊疑的光，虽然力避我的视线，张皇地似乎要破窗飞去。然而我知道她已经允许我了，没有知道她怎样说或是没有说。

她却是什么都记得：我的言辞，竟至于读熟了的一般，能够滔滔背诵；我的举动，就如有一张我所看不见的影片挂在眼下，叙述得如生，很细微，自然连那使我不愿再想的浅薄的电影的一闪。夜阑人静，是相对温习的时候了，我常是被质问，被考验，并且被命复述当时的言语，然而常须由她补足，由她纠正，象一个丁等的学生。

这温习后来也渐渐稀疏起来。但我只要看见她两眼注视空中，出神似的凝想着，于是神色越加柔和，笑窝也深下去，便知道她又在自修旧课了，只是我很怕她看到我那可笑的电影的一闪。但我又知道，她一定要看见，而且也非看不可的。

然而她并不觉得可笑。即使我自己以为可笑，甚而至于可鄙的，她也毫不以为可笑。这事我知道得很清楚，因为她爱我，是这样地热烈，这样地纯真。

去年的暮春是最为幸福，也是最为忙碌的时光。我的心平静下去了，但又有别一部分和身体一同忙碌起来。我们这时才在路上同行，也到过几回公园，最多的是寻住所。我觉得在路上时时遇到探索，讥笑，猥亵和轻蔑的眼光，一不小心，便使我的全身有些瑟缩，只得即刻提起我的骄傲和反抗来支持。她却是大无畏的，对于这些全不关心，只是镇静地缓缓前行，坦然如入无人之境。

寻住所实在不是容易事，大半是被托辞拒绝，小半是我们以为不相宜。起先我们选择得很苛酷，——也非苛酷，因为看去大抵不象是我们的安身之所;后来,便只要他们能相容了。看了二十多处,这才得到可以暂且敷衍的处所,是吉兆胡同一所小屋里的两间南屋;主人是一个小官,然而倒是明白人,自住着正屋和厢房。他只有夫人和一个不到周岁的女孩子,雇一个乡下的女工,只要孩子不啼哭,是极其安闲幽静的。

我们的家具很简单,但已经用去了我的筹来的款子的大半;子君还卖掉了她唯一的金戒指和耳环。我拦阻她,还是定要卖,我也就不再坚持下去了;我知道不给她加入一点股分去,她是住不舒服的。

和她的叔子,她早经闹开,至于使他气愤到不再认她做侄女;我也陆续和几个自以为忠告,其实是替我胆怯,或者竟是嫉妒的朋友绝了交。然而这倒很清静。每日办公散后,虽然已近黄昏,车夫又一定走得这样慢,但究竟还有二人相对的时候。我们先是沉默的相视,接着是放怀而亲密的交谈,后来又是沉默。大家低头沉思着,却并未想着什么事。我也渐渐清醒地读遍了她的身体,她的灵魂,不过三星期,我似乎于她已经更加了解,揭去许多先前以为了解而现在看来却是隔膜,即所谓真的隔膜了。

子君也逐日活泼起来。但她并不爱花,我在庙会时买来的两盆小草花,四天不浇,枯死在壁角了,我又没有照顾一切的闲暇。然而她爱动物,也许是从官太太那里传染的罢,不一月,我们的眷属便骤然加得很多,四只小油鸡,在小院子里和房主人的十多只在一同走。但她们却认识鸡的相貌,各知道那一只是自家的。还有一只花白的叭儿狗,从庙会买来,记得似乎原有名字，子君却给它另起了一个，叫作阿随。我就叫它阿随，但我不喜欢这名字。

这是真的，爱情必须时时更新，生长，创造。我和子君说起这，她也领会地点点头。

唉唉，那是怎样的宁静而幸福的夜呵！

安宁和幸福是要凝固的，永久是这样的安宁和幸福。我们在会馆里时，还偶有议论的冲突和意思的误会，自从到吉兆胡同以来，连这一点也没有了；我们只在灯下对坐的怀旧谭中，回味那时冲突以后的和解的重生一般的乐趣。

子君竟胖了起来，脸色也红活了；可惜的是忙。管了家务便连谈天的工夫也没有，何况读书和散步。我们常说，我们总还得雇一个女工。

这就使我也一样地不快活，傍晚回来，常见她包藏着不快活的颜色，尤其使我不乐的是她要装作勉强的笑容。幸而探听出来了，也还是和那小官太太的暗斗，导火线便是两家的小油鸡。但又何必硬不告诉我呢？人总该有一个独立的家庭。这样的处所，是不能居住的。

我的路也铸定了，每星期中的六天，是由家到局，又由局到家。在局里便坐在办公桌前钞，钞，钞些公文和信件；在家里是和她相对或帮她生白炉子，煮饭，蒸馒头。我的学会了煮饭，就在这时候。

但我的食品却比在会馆里时好得多了。做菜虽不是子君的特长，然而她于此却倾注着全力；对于她的日夜的操心，使我也不能不一同操心，来算作分甘共苦。况且她又这样地终日汗流满面，短发都粘在脑额上；两只手又只是这样地粗糙起来。

况且还要饲阿随，饲油鸡，……都是非她不可的工作。

我曾经忠告她：我不吃，倒也罢了；却万不可这样地操劳。她只看了我一眼，不开口，神色却似乎有点凄然；我也只好不开口。然而她还是这样地操劳。

我所豫期的打击果然到来。双十节的前一晚，我呆坐着，她在洗碗。听到打门声，我去开门时，是局里的信差，交给我一张油印的纸条。我就有些料到了，到灯下去一看，果然，印着的就是——

奉

局长谕史涓生着毋庸到局办事

秘书处启　十月九号

这在会馆里时，我就早已料到了；那雪花膏便是局长的儿子的赌友，一定要去添些谣言，设法报告的。到现在才发生效验，已经要算是很晚的了。其实这在我不能算是一个打击，因为我早就决定，可以给别人去钞写，或者教读，或者虽然费力，也还可以译点书，况且《自由之友》的总编辑便是见过几次的熟人，两月前还通过信。但我的心却跳跃着。那么一个无畏的子君也变了色，尤其使我痛心；她近来似乎也较为怯弱了。

“那算什么。哼，我们干新的。我们……。”她说。

她的话没有说完；不知怎地，那声音在我听去却只是浮浮的；灯光也觉得格外黯淡。人们真是可笑的动物，一点极微末的小事情，便会受着很深的影响。我们先是默默地相视，逐渐商量起来，终于决定将现有的钱竭力节省，一面登“小广告”去寻求钞写和教读，一面写信给《自由之友》的总编辑，说明我目下的遭遇，请他收用我的译本，给我帮一点艰辛时候的忙。

“说做，就做罢！来开一条新的路！”

我立刻转身向了书案，推开盛香油的瓶子和醋碟，子君便送过那黯淡的灯来。我先拟广告；其次是选定可译的书，迁移以来未曾翻阅过，每本的头上都满漫着灰尘了；最后才写信。

我很费踌躇，不知道怎样措辞好，当停笔凝思的时候，转眼去一瞥她的脸，在昏暗的灯光下，又很见得凄然。我真不料这样微细的小事情，竟会给坚决的，无畏的子君以这么显著的变化。她近来实在变得很怯弱了，但也并不是今夜才开始的。我的心因此更缭乱，忽然有安宁的生活的影像——会馆里的破屋的寂静，在眼前一闪，刚刚想定睛凝视，却又看见了昏暗的灯光。

许久之后，信也写成了，是一封颇长的信；很觉得疲劳，仿佛近来自己也较为怯弱了。于是我们决定，广告和发信，就在明日一同实行。大家不约而同地伸直了腰肢，在无言中，似乎又都感到彼此的坚忍崛强的精神，还看见从新萌芽起来的将来的希望。

外来的打击其实倒是振作了我们的新精神。局里的生活，原如鸟贩子手里的禽鸟一般，仅有一点小米维系残生，决不会肥胖；日子一久，只落得麻痹了翅子，即使放出笼外，早已不能奋飞。现在总算脱出这牢笼了，我从此要在新的开阔的天空中翱翔，趁我还未忘却了我的翅子的扇动。

小广告是一时自然不会发生效力的；但译书也不是容易事，先前看过，以为已经懂得的，一动手，却疑难百出了，进行得很慢。然而我决计努力地做，一本半新的字典，不到半月，边上便有了一大片乌黑的指痕，这就证明着我的工作的切实。《自由之友》的总编辑曾经说过，他的刊物是决不会埋没好稿子的。

可惜的是我没有一间静室，子君又没有先前那么幽静，善于体帖了，屋子里总是散乱着碗碟，弥漫着煤烟，使人不能安心做事，但是这自然还只能怨我自己无力置一间书斋。然而又加以阿随，加以油鸡们。加以油鸡们又大起来了，更容易成为两家争吵的引线。

加以每日的“川流不息”的吃饭；子君的功业，仿佛就完全建立在这吃饭中。吃了筹钱，筹来吃饭，还要喂阿随，饲油鸡；她似乎将先前所知道的全都忘掉了，也不想到我的构思就常常为了这催促吃饭而打断。即使在坐中给看一点怒色，她总是不改变，仍然毫无感触似的大嚼起来。

使她明白了我的作工不能受规定的吃饭的束缚，就费去五星期。她明白之后，大约很不高兴罢，可是没有说。我的工作果然从此较为迅速地进行，不久就共译了五万言，只要润色一回，便可以和做好的两篇小品，一同寄给《自由之友》去。只是吃饭却依然给我苦恼。菜冷，是无妨的，然而竟不够；有时连饭也不够，虽然我因为终日坐在家里用脑，饭量已经比先前要减少得多。这是先去喂了阿随了，有时还并那近来连自己也轻易不吃的羊肉。她说，阿随实在瘦得太可怜，房东太太还因此嗤笑我们了，她受不住这样的奚落。

于是吃我残饭的便只有油鸡们。这是我积久才看出来的，但同时也如赫胥黎的论定"人类在宇宙间的位置"一般，自觉了我在这里的位置：不过是叭儿狗和油鸡之间。

后来，经多次的抗争和催逼，油鸡们也逐渐成为肴馔，我们和阿随都享用了十多日的鲜肥；可是其实都很瘦，因为它们早已每日只能得到几粒高粱了。从此便清静得多。只有子君很颓唐，似乎常觉得凄苦和无聊，至于不大愿意开口。我想，人是多么容易改变呵！

但是阿随也将留不住了。我们已经不能再希望从什么地方会有来信，子君也早没有一点食物可以引它打拱或直立起来。冬季又逼近得这么快，火炉就要成为很大的问题；它的食量，在我们其实早是一个极易觉得的很重的负担。于是连它也留不住了。

倘使插了草标[1]到庙市去出卖，也许能得几文钱罢，然而我们都不能，也不愿这样做。终于是用包袱

---

① 草标：旧时在被卖的人身或物品上插置的草杆，作为出卖的标志。

蒙着头，由我带到西郊去放掉了，还要追上来，便推在一个并不很深的土坑里。

我一回寓，觉得又清静得多多了；但子君的悽惨的神色，却使我很吃惊。那是没有见过的神色，自然是为阿随。但又何至于此呢？我还没有说起推在土坑里的事。

到夜间，在她的悽惨的神色中，加上冰冷的分子了。

“奇怪。——子君，你怎么今天这样儿了？”我忍不住问。

“什么？”她连看也不看我。

“你的脸色……。”

“没有什么，——什么也没有。”

我终于从她言动上看出，她大概已经认定我是一个忍心的人。其实，我一个人，是容易生活的，虽然因为骄傲，向来不与世交来往，迁居以后，也疏远了所有旧识的人，然而只要能远走高飞，生路还宽广得很。现在忍受着这生活压迫的苦痛，大半倒是为她，便是放掉阿随，也何尝不如此。但子君的识见却似乎只是浅薄起来，竟至于连这一点也想不到了。

我拣了一个机会，将这些道理暗示她；她领会似的点头。然而看她后来的情形，她是没有懂，或者是并不相信的。

天气的冷和神情的冷，逼迫我不能在家庭中安身。但是往那里去呢？大道上，公园里，虽然没有冰冷的神情，冷风究竟也刺得人皮肤欲裂。我终于在通俗图书馆里觅得了我的天堂。

那里无须买票；阅书室里又装着两个铁火炉。纵使不过是烧着不死不活的煤的火炉，但单是看见装着它，精神上也就总觉得有些温暖。书却无可看：旧的陈腐，新的是几乎没有的。

好在我到那里去也并非为看书。另外时常还有几个人，多则十余人，都是单薄衣裳，正如我，各人看各人的书，作为取暖的口实。这于我尤为合式。道路上容易遇见熟人，得到轻蔑的一瞥，但此地却决无那样的横祸，因为他们是永远围在别的铁炉旁，或者靠在自家的白炉边的。

那里虽然没有书给我看，却还有安闲容得我想。待到孤身枯坐，回忆从前，这才觉得大半年来，只为了爱，——盲目的爱，——而将别的人生的要义全盘疏忽了。第一，便是生活。人必生活着，爱才有所附丽。世界上并非没有为了奋斗者而开的活路；我也还未忘却翅子的扇动，虽然比先前已经颓唐得多……。

屋子和读者渐渐消失了，我看见怒涛中的渔夫，战壕中的兵士，摩托车[①]中的贵人，洋场上的投机家，深山密林中的豪杰，讲台上的教授，昏夜的运动者和深夜的偷儿……。子君，——不在近旁。她的勇气都失掉了，只为着阿随悲愤，为着做饭出神；然而奇怪的是倒也并不怎样瘦损……。

冷了起来，火炉里的不死不活的几片硬煤，也终于烧尽了，已是闭馆的时候。又须回到吉兆胡同，领

① 摩托车：当时对小汽车的称呼。

略冰冷的颜色去了。近来也间或遇到温暖的神情，但这却反而增加我的苦痛。记得有一夜，子君的眼里忽而又发出久已不见的稚气的光来，笑着和我谈到还在会馆时候的情形，时时又很带些恐怖的神色。我知道我近来的超过她的冷漠，已经引起她的忧疑来，只得也勉力谈笑，想给她一点慰藉。然而我的笑貌一上脸，我的话一出口，却即刻变为空虚，这空虚又即刻发生反响，回向我的耳目里，给我一个难堪的恶毒的冷嘲。

子君似乎也觉得的，从此便失掉了她往常的麻木似的镇静，虽然竭力掩饰，总还是时时露出忧疑的神色来，但对我却温和得多了。

我要明告她，但我还没有敢，当决心要说的时候，看见她孩子一般的眼色，就使我只得暂且改作勉强的欢容。但是这又即刻来冷嘲我，并使我失却那冷漠的镇静。

她从此又开始了往事的温习和新的考验，逼我做出许多虚伪的温存的答案来，将温存示给她，虚伪的草稿便写在自己的心上。我的心渐被这些草稿填满了，常觉得难于呼吸。我在苦恼中常常想，说真实自然须有极大的勇气的；假如没有这勇气，而苟安于虚伪，那也便是不能开辟新的生路的人。不独不是这个，连这人也未尝有！

子君有怨色，在早晨，极冷的早晨，这是从未见过的，但也许是从我看来的怨色。我那时冷冷地气愤和暗笑了；她所磨练的思想和豁达无畏的言论，到底也还是一个空虚，而对于这空虚却并未自觉。她早已什么书也不看，已不知道人的生活的第一着是求生，向着这求生的道路，是必须携手同行，或奋身孤往的了，倘使只知道捶着一个人的衣角，那便是虽战士也难于战斗，只得一同灭亡。

我觉得新的希望就只在我们的分离；她应该决然舍去，——我也突然想到她的死，然而立刻自责，忏悔了。幸而是早晨，时间正多，我可以说我的真实。我们的新的道路的开辟，便在这一遭。

我和她闲谈，故意地引起我们的往事，提到文艺，于是涉及外国的文人，文人的作品：《诺拉》，《海的女人》[1]。称扬诺拉的果决……。也还是去年在会馆的破屋里讲过的那些话，但现在已经变成空虚，从我的嘴传入自己的耳中，时时疑心有一个隐形的坏孩子，在背后恶意地刻毒地学舌。

她还是点头答应着倾听，后来沉默了。我也就断续地说完了我的话，连余音都消失在虚空中了。

"是的。"她又沉默了一会，说，"但是，……涓生，我觉得你近来很两样了。可是的？你，——你老实告诉我。"

我觉得这似乎给了我当头一击，但也立即定了神，说出我的意见和主张来：新的路的开辟，新的生活的再造，为的是免得一同灭亡。

临末，我用了十分的决心，加上这几句话——

---

① 《诺拉》：今译作《娜拉》或《玩偶之家》；《海的女人》，今译作《海的夫人》。都是易卜生的著名剧作。

"……况且你已经可以无须顾虑，勇往直前了。你要我老实说；是的，人是不该虚伪的。我老实说罢：因为，因为我已经不爱你了！但这于你倒好得多，因为你更可以毫无挂念地做事……。"

我同时豫期着大的变故的到来，然而只有沉默。她脸色陡然变成灰黄，死了似的；瞬间便又苏生，眼里也发了稚气的闪闪的光泽。这眼光射向四处，正如孩子在饥渴中寻求着慈爱的母亲，但只在空中寻求，恐怖地回避着我的眼。

我不能看下去了，幸而是早晨，我冒着寒风径奔通俗图书馆。

在那里看见《自由之友》，我的小品文都登出了。这使我一惊，仿佛得了一点生气。我想，生活的路还很多，——但是，现在这样也还是不行的。

我开始去访问久已不相闻问的熟人，但这也不过一两次；他们的屋子自然是暖和的，我在骨髓中却觉得寒冽。夜间，便蜷伏在比冰还冷的冷屋中。

冰的针刺着我的灵魂，使我永远苦于麻木的疼痛。生活的路还很多，我也还没有忘却翅子的扇动，我想。——我突然想到她的死，然而立刻自责，忏悔了。

在通俗图书馆里往往瞥见一闪的光明，新的生路横在前面。她勇猛地觉悟了，毅然走出这冰冷的家，而且，——毫无怨恨的神色。我便轻如行云，漂浮空际，上有蔚蓝的天，下是深山大海，广厦高楼，战场，摩托车，洋场，公馆，晴明的闹市，黑暗的夜……。

而且，真的，我豫感得这新生面便要来到了。

我们总算度过了极难忍受的冬天，这北京的冬天；就如蜻蜓落在恶作剧的坏孩子的手里一般，被系着细线，尽情玩弄，虐待，虽然幸而没有送掉性命，结果也还是躺在地上，只争着一个迟早之间。

写给《自由之友》的总编辑已经有三封信，这才得到回信，信封里只有两张书券[①]：两角的和三角的。我却单是催，就用了九分的邮票，一天的饥饿，又都白挨给于己一无所得的空虚了。

然而觉得要来的事，却终于来到了。

这是冬春之交的事，风已没有这么冷，我也更久地在外面徘徊；待到回家，大概已经昏黑。就在这样一个昏黑的晚上，我照常没精打采地回来，一看见寓所的门，也照常更加丧气，使脚步放得更缓。但终于走进自己的屋子里了，没有灯火；摸火柴点起来时，是异样的寂寞和空虚！

正在错愕中，官太太便到窗外来叫我出去。

“今天子君的父亲来到这里，将她接回去了。”她很简单地说。

这似乎又不是意料中的事，我便如脑后受了一击，无言地站着。

“她去了么？”过了些时，我只问出这样一句话。

“她去了。”

“她，——她可说什么？”

---

① 书券：购书用的代价券，可按券面金额到指定书店选购。旧时有的报刊用它代替现金支付稿酬。

“没说什么。单是托我见你回来时告诉你，说她去了。”

我不信；但是屋子里是异样的寂寞和空虚。我遍看各处，寻觅子君；只见几件破旧而黯淡的家具，都显得极其清疏，在证明着它们毫无隐匿一人一物的能力。我转念寻信或她留下的字迹，也没有；只是盐和干辣椒，面粉，半株白菜，却聚集在一处了，旁边还有几十枚铜元。这是我们两人生活材料的全副，现在她就郑重地将这留给我一个人，在不言中，教我借此去维持较久的生活。

我似乎被周围所排挤，奔到院子中间，有昏黑在我的周围；正屋的纸窗上映出明亮的灯光，他们正在逗着孩子玩笑。我的心也沉静下来，觉得在沉重的迫压中，渐渐隐约地现出脱走的路径：深山大泽，洋场，电灯下的盛筵，壕沟，最黑最黑的深夜，利刃的一击，毫无声响的脚步……。

心地有些轻松，舒展了，想到旅费，并且嘘一口气。

躺着，在合着的眼前经过的豫想的前途，不到半夜已经现尽；暗中忽然仿佛看见一堆食物，这之后，便浮出一个子君的灰黄的脸来，睁了孩子气的眼睛，恳托似的看着我。我一定神，什么也没有了。

但我的心却又觉得沉重。我为什么偏不忍耐几天，要这样急急地告诉她真话的呢？现在她知道，她以后所有的只是她父亲——儿女的债主——的烈日一般的严威和旁人的赛过冰霜的冷眼。此外便是虚空。负着虚空的重担，在严威和冷眼中走着所谓人生的路，这是怎么可怕的事呵！而况这路的尽头，又不过是——连墓碑也没有的坟墓。

我不应该将真实说给子君，我们相爱过，我应该永久奉献她我的说谎。如果真实可以宝贵，这在子君就不该是一个沉重的空虚。谎语当然也是一个空虚，然而临末，至多也不过这样地沉重。

我以为将真实说给子君，她便可以毫无顾虑，坚决地毅然前行，一如我们将要同居时那样。但这恐怕是我错误了。她当时的勇敢和无畏是因为爱。

我没有负着虚伪的重担的勇气，却将真实的重担卸给她了。她爱我之后，就要负了这重担，在严威和冷眼中走着所谓人生的路。

我想到她的死……。我看见我是一个卑怯者，应该被摈于强有力的人们，无论是真实者，虚伪者。然而她却自始至终，还希望我维持较久的生活……。

我要离开吉兆胡同，在这里是异样的空虚和寂寞。我想，只要离开这里，子君便如还在我的身边；至少，也如还在城中，有一天，将要出乎意表地访我，象住在会馆时候似的。

然而一切请托和书信，都是一无反响；我不得已，只好访问一个久不问候的世交去了。他是我伯父的幼年的同窗，以正经出名的拔贡[①]，寓京很久，交游也广阔的。

---

① 拔贡：清代科举考试制度，在规定的年限内选拔“文行计优”的秀才，保送到京师，贡入国子监，称为“拔贡”。是贡生的一种。

大概因为衣服的破旧罢，一登门便很遭门房的白眼。好容易才相见，也还相识，但是很冷落。我们的往事，他全都知道了。

“自然，你也不能在这里了，”他听了我托他在别处觅事之后，冷冷地说，“但那里去呢？很难。——你那，什么呢，你的朋友罢，子君，你可知道，她死了。”

我惊得没有话。

“真的？”我终于不自觉地问。

“哈哈。自然真的。我家的王升的家，就和她家同村。”

“但是，——不知道是怎么死的？”

“谁知道呢。总之是死了就是了。”

我已经忘却了怎样辞别他，回到自己的寓所。我知道他是不说谎话的；子君总不会再来的了，象去年那样。她虽是想在严威和冷眼中负着虚空的重担来走所谓人生的路，也已经不能。她的命运，已经决定她在我所给与的真实——无爱的人间死灭了。

自然，我不能在这里了；但是，“那里去呢？”

四围是广大的空虚，还有死的寂静。死于无爱的人们的眼前的黑暗，我仿佛一一看见，还听得一切苦闷和绝望的挣扎的声音。

我还期待着新的东西到来，无名的，意外的。但一天一天，无非是死的寂静。

我比先前已经不大出门，只坐卧在广大的空虚里，一任这死的寂静侵蚀着我的灵魂。死的寂静有时也自己战栗，自己退藏，于是在这绝续之交，便闪出无名的，意外的，新的期待。

一天是阴沉的上午，太阳还不能从云里面挣扎出来，连空气都疲乏着。耳中听到细碎的步声和咻咻的鼻息，使我睁开眼。大致一看，屋子里还是空虚；但偶然看到地面，却盘旋着一匹小小的动物，瘦弱的，半死的，满身灰土的……。

我一细看，我的心就一停，接着便直跳起来。

那是阿随。它回来了。

我的离开吉兆胡同，也不单是为了房主人们和他家女工的冷眼，大半就为着这阿随。但是，“那里去呢？”新的生路自然还很多，我约略知道，也间或依稀看见，觉得就在我面前，然而我还没有知道跨进那里去的第一步的方法。

经过许多回的思量和比较，也还只有会馆是还能相容的地方。依然是这样的破屋，这样的板床，这样的半枯的槐树和紫藤，但那时使我希望，欢欣，爱，生活的，却全都逝去了，只有一个虚空，我用真实去换来的虚空存在。

新的生路还很多，我必须跨进去，因为我还活着。但我还不知道怎样跨出那第一步。有时，仿佛看见那生路就象一条灰白的长蛇，自己蜿蜒地向我奔来，我等着，等着，看看临近，但忽然便消失在黑暗里了。

初春的夜，还是那么长。长久的枯坐中记起上午在街头所见的葬式，前面是纸人纸马，后面是唱歌一般的哭声。我现在已经知道他们的聪明了，这是多么轻松简截的事。

然而子君的葬式却又在我的眼前，是独自负着虚空的重担，在灰白的长路上前行，而又即刻消失在周围的严威和冷眼里了。

我愿意真有所谓鬼魂，真有所谓地狱，那么，即使在孽风怒吼之中，我也将寻觅子君，当面说出我的悔恨和悲哀，祈求她的饶恕；否则，地狱的毒焰将围绕我，猛烈地烧尽我的悔恨和悲哀。

我将在孽风和毒焰中拥抱子君，乞她宽容，或者使她快意……。

但是，这却更虚空于新的生路；现在所有的只是初春的夜，竟还是那么长。我活着，我总得向着新的生路跨出去，那第一步，——却不过是写下我的悔恨和悲哀，为子君，为自己。

我仍然只有唱歌一般的哭声，给子君送葬，葬在遗忘中。

我要遗忘；我为自己，并且要不再想到这用了遗忘给子君送葬。

我要向着新的生路跨进第一步去，我要将真实深深地藏在心的创伤中，默默地前行，用遗忘和说谎做我的前导……。

一九二五年十月二十一日毕

花园小屋

薇拉·凯瑟[*]

当卡罗琳·诺勃的朋友们听说雷蒙·戴斯盖莱在践约驶往伦敦参加歌剧季演出之前，要到她的海湾别墅里去住上一个月，她们认为这是事情反常的又一个引人注目的例子。那是在五月，而且是中部海岸地区多年来难得碰上的气候温和、繁花开放的五月天，但那只能使她们愈加感到事情不对头。她们获悉戴斯盖莱被安置在苹果园中的一座小屋里，恰好在卡罗琳漂亮的花园的尽头，据说，几乎每时每刻都可以听到那位男高音歌唱家的歌声和卡罗琳铿锵的伴奏声从敞开的窗子里飘出来，回荡在苹果树雪白的枝桠间。从小屋的窗子里望出去，那钢青色的海湾，缀着

---

* 薇拉·凯瑟(1873—1947)，美国小说家。主要作品有《我们中的一个》、《教授的住宅》等。本文选自《美国女作家短篇小说选》，朱虹选编，北京：中国社会科学出版社1983年版。

点点白帆，清晰地映入眼帘。左边的花园和右边的果园从来没有像这样春意盎然，并且已经迸发出繁茂的鲜花，似乎在迎合卡罗琳的心愿，然而她是最不可能掌握弗丽亚[①]的魔术的女人；正如她的朋友们所断言：在所有女人中，她是最不能充分赏识这位伟大的男高音歌唱家的一个，并且和他在一起也最不相称。

当然，她们承认，卡罗琳是有音乐才能的——是呀，她该有！——但是，在这方面，正如在一切事情上那样，她的头脑首先总是极端冷静，绝不冲动，并且注重实际到了令人憎恶的程度；在这方面，正如在其他一切事情上那样，她控制自己的能力之强，简直叫人气恼。当然会是她啰，因为她在任何情况下都把握得住自己，都不会忘乎所以，她会同平时一样继续监督她的园丁和仆人，当然会是她把他请去啰。也许有些人推想，这正是她能请得到他的原因，但这只能更加惹得她们生气。

卡罗琳的冷静、才干和全面的成功，特别使人们恼怒，因为她们感到，总的说来，是她自己奠定了她的地位；为了这个，她冷酷地顺应生活对她的要求，使她得以过上舒适的日子并取得支配者的地位。人人都说，就是为了这个，她才嫁给霍华德·诺勃的。有些女人，日子过得没有卡罗琳那样顺利，她们命运不济，无论是财富或丈夫，都赶不上她，健康状况也还没达到经久不衰、青春常驻的地步，带孩子也未能那么轻松愉快，一言一行也没有那么引人注目，于是她们总

---

① 弗丽亚：北欧神话中司恋爱、婚姻和繁殖的女神。

爱给卡罗琳打上实利主义者的标记并且说她冷酷无情。

人们觉得卡罗琳头脑冷静、工于心计，这种印象远远不是虚假的；但是，关于她，还得说明一下：有些情有可原的特殊情势，她的朋友们可就难以知晓了。

如果说卡罗琳为人行事决意采取中庸之道，如果说她总是用不信任的眼光看待一切有悖于生活准则的行为，这不是由于她除了自己的准则外就不了解其他的准则，或者从未见过生活的另一面。她是在布鲁克林区一座寒碜的小屋里，在她父亲摇摆不定的管辖下长大的。她的父亲是一位音乐教师，常常不务正业去写管弦乐曲，然而这个世界似乎对他的作品并不特别需要。他的灵魂被强烈的报复心和幼稚的自我怜悯弄得乖戾了。他蔑视能给他带来面包的劳动，并且令人心酸地献身于只能给他带来失望的劳动，他的日子就是这样消磨掉的，他写下了无穷无尽的乐谱，这些曲子要求管弦乐队具有全部复杂的技巧，可偏偏不要旋律。

这不是一个适合女孩子成长的愉快的家庭。母亲把她丈夫当成未来的音乐大师那样崇拜，她毕生同扫帚、畚箕打交道，以及对卖肉的、卖杂货的商人没完没了地演奏宽慰前奏曲，为她自己和卡罗琳缝制衣裙，还要对被奥古斯特撇下的学生们做细致的安抚工作。

儿子海因里希是位画家，他是卡罗琳唯一的哥哥，他从父亲身上继承了全部怨气冲天和神经过敏的气质，却没有父亲的献身热忱和专心致志的精神。他三层楼上的小工作室里，经常来一些像他这种郁郁不得志的青年，他们在那里聚会，用傲慢的态度嘲弄这个或那个靠勤奋和愚蠢出了名的艺术家。海因里希只是偶尔才工作，而工作时是为报纸画速写，每周挣二十五美元。他过于懒散和犹豫不决，不能严肃地从事他的艺术，他性情暴躁、过于敏感，维持不了生计，他沉溺于睡懒觉、无节制地读诗和使用麻醉剂，所以，除了令人痛苦之外，什么好事都做不成。他在二十六岁时，在狂乱中开枪自杀了，这场悲剧直接摧毁了他母亲的健康，她身体日见衰弱，终于不起。卡罗琳曾经喜欢过她的哥哥，但当她再也看不见他头戴土耳其小帽，修长、颤抖的手指间夹了一支香烟，在小屋外徘徊，嘲笑小屋的寒碜时，她感到某种宽慰。

卡罗琳在她母亲死后，担负起支撑这个破产的家庭的责任。丧葬费还未付，奥古斯特的学生们在接踵而至的灾祸和弥漫全屋的悲惨气氛的冲击下吓跑了。奥古斯特本人为纪念儿子，正在写一部交响诗《伊卡琉斯[①]》。当卡罗琳被叫来面对这堆乱麻似的困难时，她只有二十岁，可是她清醒地观察了形势。这座房子过去供奉的是理想主义的神龛；然而，漠然的忧郁、无从满足的渴望已使它变得够低微的了。在三十年前，她的母亲跟她的音乐教师私奔，离开了德国，结果是把自己终身束缚在厨房炉灶旁边服苦役。从卡罗琳记事以来，这座房子里的法律就是神秘地崇奉那遥远

---

① 伊卡琉斯：希腊神话、传说中的人物，他用蜡制造一对翅膀，飞上天空，但在飞近太阳时，翅膀融化，因而坠海而死。

的、无从捉摸而永远达不到的某些东西。在这个家庭的生活里，不断迸发出丰富的热情，热烈地谈论艺术大师和他们的杰作，但结果总要回到冷冰冰的现实世界中来：一顿煮羊肉的晚餐啦，餐室里的地毯也该翻过来打一打啦。这一切热情洋溢的炫耀机智，最终都在卑琐的猜忌、对责任的轻忽和对街角上的小杂货商人所抱的懦怯的恐惧中统统结束了。

从童年起，她就憎恶那种屈辱而没有着落的生活，这里有三寸不烂之舌和一文不名的钱袋，有诗意的理想和悲惨的现实，有纸玫瑰装饰着的怠惰和贫困。在她还是个小姑娘时，当模糊的梦想困扰她，当她想在床上多躺些时候以便同心中的幻象交谈，或者当沿街被煤烟染黑的小树在阳光下萌发出最初的苍白的叶子，她想跳跃和歌唱时，她就会紧握双手，跑去帮助母亲用海绵擦去父亲背心上的污斑或是熨平海因里希的裤子。她的母亲决不允许对奥古斯特或海因里希认为该做的任何事情提出最微小的疑问，可是当卡罗琳到了有主见的年龄时，她不得不认为家里有许多事情都不对头。譬如说，她知道父亲不应当让自己的学生等上半个小时，而他此时却同某些留着大胡子的社会主义者在一块肮脏的桌布和一盘鲱鱼面前谈论叔本华。她知道海因里希不应当在海涅生日那天请客吃饭，因为他欠洗衣妇的钱已经拖了一个月还没给呢，而且他还常常向母亲要车钱。诚然，卡罗琳把学艺时期献给了理想主义以及由此而来的一切令人困惑的矛盾，最后，她终于决心对生活所提出的一系列尖锐的问题再也不作那种徒劳无益、不得要领的回答了。

当她独立自主并管理家庭的时候，她拒绝在音乐教育方面作进一步的深造。她父亲本打算把她培养成一位钢琴演奏家，这件事犹如在他对世界的失意和抱怨的一列清单上又添了另外一笔。她年轻美貌，但有生以来不得不穿翻改成的衣裙，戴弄脏了的手套和临时凑合的帽子。她渴望能过别人一样的生活，浑身上下保持坦率，无须隐瞒任何东西，连长统袜子之类的事也在内，她愿意为此而努力。她在远离那座倒霉的屋子的地方租了一间小工作室，开课授徒。她干得很好；她是那种人们都乐于帮助的姑娘。账单付清了，奥古斯特又能继续作他的曲，只是在她拒绝强迫她的学生们学习他作的钢琴曲时，他才变得愤慨起来。她开始受到邀请在纽约的独唱音乐会上伴奏。她衣饰合度，尽力使自己招人喜爱，为自己创造一个成功的机会。她决不允许自己往前多看一步，她集中全部意志力，尽量按事物现状来看待事物。并且公正地、光明磊落地处置它。有两件事她甚至比害怕贫困还要害怕；其一是树立一个偶像，其一是匍匐在地膜拜它。

卡罗琳在二十四岁时与霍华德·诺勃结了婚，当时他四十岁，是个鳏夫，当了华尔街金融界巨头已有十年之久。于是，她第一次停下来歇了口气。要有像他那样确实可靠的东西，像他的金钱、地位、能力以及他健康的身体所包含的巨大精力，这样实质性的东西，才会使她确信：自己是彻底安全了。所以她稍微松弛了一点儿，她感到有一道可靠的屏障已经把她和梦幻的世界、困境与失败分隔开来了。

当雷蒙·戴斯盖莱到他们家来小住时，卡罗琳已结婚六年。他所以要来，主要是为了卡罗琳的为人；因为他也偶然感到有走出克林苏[1]的花园，到某个处所流连些时日的需要，他想要贴近一个安然自若的人，一颗冷静的头脑和一只有力的手。他在花园小屋里度过的每一刻都是精力高度集中于钻研的时间，在他动荡喧腾的生涯里，这在任何地方都是难以得到的。正如他告诉诺勃的那样：她很喜欢严肃认真的工作。

在戴斯盖莱乘船离去两个星期后的某个黄昏，卡罗琳在图书室里向丈夫汇报了对园丁的工作安排。她亲自监督照料庭园的工作。事实上，她的花园已成为她的一部分了；它是一种美丽的附属物，就像长裙或者首饰。这是一处名胜，诺勃甚引以自豪。

“卡罗琳，如果把花园小屋拆掉，在棚架尽头建造一座新的避暑别墅，仲夏时你可以在那座乡村风味的大屋子里喝茶，你看这样好不好？”

“那座小屋？”卡罗琳重复道，迅速地瞧了他一眼。“得了吧，在戴斯盖莱用过以后，这样做有点可惜，不是吗？”

诺勃觉得有趣，微笑着把书放下。

“你大概要为这座屋子变得多愁善感起来了吧？真是的，要是你能有这番情绪，我情愿把这整个地方

---

① 克林苏：德国作曲家理查·瓦格纳所作最后一部歌剧《巴尔西法尔》中的人物。

都牺牲掉。但是我不相信你会接连感伤一个小时的。"

"我也不相信。"他的妻子微笑着说。

诺勃又把他的书拿了起来，卡罗琳就到琴房里去练琴。要把小屋拆掉，她可没有思想准备。自从戴斯盖莱离开他们以后的这两个星期内，她每天都要到那儿去清静一会儿。这是她从不允许自己陷入的纯粹的感伤情绪。对此她感到羞惭，但她又稚气地不愿意让这种情绪消失。

她丈夫睡下后不久，卡罗琳也就上了床，但她睡不着。夜晚又闷又热，预兆着暴雨。此刻倒是没有风，水面就像沙滩那样平静、稳定而停滞不动。她爬起来，脚伸进拖鞋，披上一件睡衣，打开她丈夫的房门，他正在酣睡。她走进过道，下了楼梯，然后通过一扇旁门离开了房子，步入通向花园小屋的那座爬满葡萄藤的棚架。在寂静的空气中，六月玫瑰的香味很浓郁，透过薄薄的拖鞋，她感到石砌小径上令人愉快的凉意。海面上、云堆里不断亮着闪电；月光似水，倾泻在海岸上，远方伸展着平滑、闪亮的海湾水面。卡罗琳身边有那座小屋的钥匙，当她开门时，门吱吅作响。她跨进这长而低矮的房间，这里被月光照得熠熠生辉，月光从弓形窗流泻进来，像是在打蜡地板上聚成一个银色的水潭。甚至室内阴暗的部分也隐约地被照亮了；钢琴、高高的烛台、画框和白色的石膏模型在半明半暗中清晰地显露出来，正如花园里的美国梧桐和黝黑的杨树的身影显露在静谧而充满期待的夜空中一样。卡罗琳坐下来从头至尾地回忆起来。自从戴斯盖莱离去后的两周间，她每天都到这里来，进行同样的回忆，可是，总是远远不能得出一个结论，她只是在回忆的迷宫中找不到出路——这种回忆有时混乱得使人困惑，有时又清晰得逼人——在那里，既没有路径，也没有线索，更没有走出这种境地的任何希望。她认识到，她已经击败了一种终身遵循的生活方式；她茫然不知所措，因为她已不知不觉地、不由自主地陷入了耽于幻想的境界，这是她自小就坚决拒绝的；现在她已经以惊人的速度发展到一方面树立了一个偶像，一方面又匍匐在地朝它顶礼膜拜。

她竟会邀请戴斯盖莱到家里来，她感到这件事本身就是一个错误。她感觉愤怒，因为她知道自己这样做毋宁说是为了向自己挑战，为了最终解脱一种对他的本能的恐惧，这种恐惧感时时在打扰和惑乱她的心。她知道在他来到之前自己曾认真盘算过；但她经受过那么多事情，因而她从来没有真正担心自己会经不起这场考验。实际上，她已颇为自豪地相信起自己的韧性和耐力来了；她已亲手做成了这么多的事，因而自以为天下的事情没有她不能干的了；这就像大胆、鲁莽的游泳者，他们估量了自己的精神和潜力，却忘记考虑他们的对手——大海——变幻莫测的脾气。

戴斯盖莱是一个需要认真对付的男人，在这一点上卡罗琳没有欺骗自己。她足够谦卑地承认：自从同他告别以来，她没有一刻不感觉到他那深刻动人的力量。这可怕的力量形成了她意识中的潜流；不管她要干什么或想什么，这力量始终存在，不由自主地存在，就像她的呼吸一样；有时它涌上心头，直到她突然感到窒息。今天晚上也来了这么一阵，卡罗琳站起身来，瑟瑟发抖，在这暗蓝色的静室里，四下环顾着。她以前没有在晚上来过，在静夜里，这里的气氛似乎比安静的下午更加使人烦恼和不安。卡罗琳把头发从潮湿的前额掠向后面，并向弓形窗走去。她把窗抬起来，接着坐进一把矮矮的椅子。她头靠着窗台，将睡衣领口松开，微睁着眼，眺望着这恼人的夜色，她看到在杨树尖尖的顶端，那密集的云块发出片片闪电。

是呀，她懂，她很懂得，这种魅力是由多么荒唐的图像编织出来的；尽管她感到畏缩，但还抱着嘲弄的态度。她知道，他的力量主要不在于他确实具有什么——尽管他具有很多东西——也不在于他实际上是怎么一个人；他的力量在于他有一种魅力，使你在想象中活生生地感觉到他——任意寄托你的信念和欲望。他的吸引力由于仅诉诸人们的想象，因而更具说服力和诱惑力，它没有明确界限、不针对某一个人，就像女性们崇拜的理想主义的偶像一样。他没有什么特别的地方，只凭自己的个性，就能在女性们心里激起一种情绪，并且在某种程度上使她们得到满足，女人如果缺少它，生活就会变得像锯木屑一样没有价值，它唤起的欲望又是女人们大部分失误、悲剧和吃大亏的根源。

戴斯盖莱成了一场运动的中心人物。大都会剧院变成了顶礼膜拜的庙堂。假如能说动他渡过大西洋，那么纽约的歌剧季节就会获得成功；否则的话，剧院就要赔钱；这已是众所周知的事实。大家也同样清楚：他卓越的艺术，很不相称地，在造成他的特殊地位方面倒不起什么作用。是女人们左右着他的地位;歌剧、管弦乐,甚至他用这样高的代价所取得的辉煌成就,也只成了他的从属品;就像那些造成气氛的舞台布景和服装,甚至那个女高音一样,都只是唤起一个美丽的幻觉的机械手段而已。

卡罗琳熟知这一切;她陷入今夜这种思绪也不是第一次了。她在别人身上也曾看到过同样的情绪;在他演唱时,当她毫不掩饰地置身于千百人之中,她从她朋友们身上发现了它,她一夜一夜地在剧场里观察到它。

戴斯盖莱于初冬时节到来,是女性们涌向纽约的信号,就像回教徒的"迁徙"①一样。在他演唱的一个个夜晚,女性们从大厦和旅馆,从打字桌前,从教室、商店和裁缝铺,成群结队地走向大都会剧院。她们来自不同的社会环境,各人都有自己的脾气秉性。妇女界有意识地接受了他,就像有时,她们为了领略一种令人愉快的醉意去喝香槟酒一样;慈善团体的修女、劳累过度的女售货员,她们虔诚地接受了他;取得学位、形容枯槁的女博士也通过棱柱望远镜偷偷地在崇拜他;还有女商人和女公务员,这些远离男性、住在像石头要塞似的公寓里的亚马孙族女战士②们。她们都进入了同样的浪漫史;以各个不同的幻想色彩做着同样的梦;当他踏上舞台,就会引起同样急促的呼吸,在他退场后,她们像是重新肩起了难忍的重负,因而感

① "迁徙"(hegira):公元622年,信徒们跟随穆罕默德从麦加迅速迁徙到麦地那,那年就成为回教纪元的开始。

② 亚马孙族女战士:希腊神话、传说中居住在塞西亚(Scythia)的刚勇女族。

到同样的隐痛。

那里甚至还有残废的人；有人拄了拐杖前来，有人长着一脸麻子或留有奇形怪状的、可怕的胎痣。这些人同样因他而着迷。身材矮胖、年高德劭的主妇又变成了苗条的少女；憔悴的老处女感到自己的脸颊又闪耀出逝去的青春的光彩。不分老少、无论妍媸，她们都打开了感情的闸门——不管直截地，还是含蓄地——她们坐在这感情的圣餐礼上，怀着饥渴，期待着他能用神秘的面包来喂食她们。

有时，当这座剧院从乐池到顶楼最后一排都挤满了人，当空气中充满了这种幻想的狂喜时，他本人却成了自己魅力引起的燃烧般的反应的牺牲品。她们顺次地对他施加影响；他感到她们炽烈的、不顾一切的热情；这挑动了他，就像春天把树液灌进了一棵老树的身躯；他也迸发出了花朵。霎时间，他又有了信心，又有了欲望，他不知道自己究竟在追寻些什么，反正他在追寻着某种东西。

然而卡罗琳倒不是在这种热烈兴奋的时刻最感到怕他。那是在一次次感情爆发的间隙，他身上那种寂静、倦怠的缄默，甚至他的迟钝，使她发现了自己心底那消耗殆尽的涓滴同情，这正是把他俩连在一起的最核心、最本质的原因。在这一切勾人心魄的成功面前，他默默承认自己的沮丧——魅惑人的巫师自己无力魅惑自己——这在她心中唤起一种不合逻辑的、女人的欲望：要用某种方式酬报他，使他得到补偿。

她已经严峻地觉察到他已在她心里唤醒了自己十八岁时的感情——那艰难的岁月，她都消磨在翻改衣裙和对商人支吾搪塞上面了，她从来没有时间去生活。她想，人还是允许自己享有一点青春的好；在嘉年华会上跳跳舞，当那样做还自然、可爱时，赶快享受生活，莫等生活变得屈辱和不堪忍受时，再让它回过头来向你索取欠账。今晚，她把她究竟从自己的生活中剥夺了多少东西重新算了一遍；回忆她如何以父亲为鉴戒，她甚至压抑了自己作钢琴即兴演奏的天真情趣；她怎样在她母亲死后开始教学，曾经把一个又一个小小的嗜好统统勾销，使她的生活降低到成为一套干巴乏味的程式，和时钟的机件那样千篇一律。在她看来，自从戴斯盖莱第一次进入这所屋子，她就像是被一个到处跟随她、向她苦苦哀求的小女鬼缠住了，那女鬼悲哀地扭着双手，恳求享受一小时的生活。

暴风雨延迟得过于长久；屋里的空气令人窒息，屋外的花园在屏息敛气地等待着。一切事物似乎都浸透在浓重的忧伤里；寂静中有酷烈的、不堪忍受的期待。万籁俱寂的大地、被忧愁压得沉甸甸的花朵，甚至还有不断增长的黑暗，都被久久的期待压迫得透不过气来。卡罗琳觉得她应该走了；她不该继续滞留在这里；此时、此地与她的思绪一样，暗藏着危险。她站起来，开始在地板上踱步，她的脚步轻柔，好像害怕警醒什么人，她裹着薄薄的睡衣，显出朦胧而洁白的身影。她还是无法摆脱紧张的寂静的困扰，就坐到钢琴前，开始匆匆弹奏《伐尔丘勒》[1]的第一幕，这是他们

① 《伐尔丘勒》(walküre)：理查·瓦格纳作词作曲的一部三幕歌剧，是《尼伯龙根的指环》的第二部。下文齐格琳达即该剧的女主角。

在一起练习时，他扮演角色的最后一个剧，她起初弹得无精打采、心不在焉，但弹着弹着，越来越认真起来。或许是由于这夏季静夜的热力，或许是由于从敞开的窗口吹进了花园里浓郁的芳香；她坐着弹奏，越来越感到他就在那里，就在她身边，站在那个老地方，在弹到第一幕结尾处的二重唱时，她清清楚楚听见他在唱："你是春天，我在严冬的拥抱里为你叹息。"有一次，当他唱这首歌时，竟伸出一只手臂搂住了她，他把手放在她胸口底下，另一只手伸过键盘把她拉过去，就像他惯于搂着齐格琳达，把她拉向窗口时那样。那一刻，她曾神奇地成了自己的主人；她既不推拒，也不默许。她记得当时她颇以她的自制能力而感到得意——对于她的自制，他似乎认为是理所当然的事，然而，也许在她胸口底下的那只手在悄悄地提出一个问题。"你是春天，我在严冬的拥抱里为你叹息。"卡罗琳的双手迅速地从键盘上举了起来，她把头埋在手掌里，抽泣起来。

暴雨骤降，雨滴溅进窗来，洒落在她的睡衣上，她站起来，把窗子放低。她躺倒在睡椅中又一次经历了往昔的战斗。被杀的鬼魂从地下爬起来，犹如神话中种下的龙齿变成的。财富的阴影总是那样蔑视和嘲弄人，残忍地、得意地向她压下来。仅仅有它是不够的；这种幸运、实惠、井然有序的生活是不够的。它不能使人满足，它甚至是虚妄的。不，那别的东西，那阴影——它们倒是活生生的现实。她的父亲、可怜的海因里希，甚至那始终执著于她那可怜的浪漫史、在厨房里操劳时还坚持着她那小小的幻影的母亲，也比她离幸福更近一些。她坚实的基础只是一片虚构的土地，而住在克林苏的花园里的人们毕竟更为幸福，尽管他们用贫瘠的沙砾来构筑他们的天堂。

小屋寂静而安谧；她那阵发性的啜泣过去了，卡罗琳不再出声。房间里和屋外的花园里一样，是暴雨天气的那种漆黑。只是间或地电光一闪，显示出一个僵卧在睡椅里的女人的纤弱身影，她的脸埋在双手里。

清晨，当那偶尔隆隆作响的雷声完全消逝，同时，打在果树叶子上的雨点也一声一声连绵不断起来，她睡着了，直到黎明的第一道红光从苹果树交织的枝桠间照射进来。这半睡半醒的时刻，是从一个世界过渡到另一个世界的瞬间。她觉得她的梦正在消退，从她身边融化掉了，她感到心底下的温暖逐渐在冷却。似乎有什么东西从她紧抱着的双臂中滑落出来。从她张开的唇间发出抗议的呻吟，她的手焦急地乱动着，想把它追回来。接着，她睁大了眼睛，突然惊起，随后她又坐下来，茫然若失地握住睡椅上的靠垫，低头凝视着自己赤裸、冰凉的脚，凝视着在敞开的睡衣下吃力地起伏不停的胸脯。

梦过去了，可是它带来的热烈兴奋的情绪还活生生地存在，弥漫全身，她保持着它，就像颤动的琴弦保持着一缕乐音。那刚刚逝去的时刻中的种种幻影确实打动了卡罗琳的心。它们向她指出时间和空间、制度和风纪、紧闭的大门和辽阔的海域，所有这一切都没有价值。她浑身震颤，想起了在一个阿拉伯神话里，金尼[1]把中国公主带到在睡梦中的大马士革王子

① 金尼：阿拉伯民间传说中形体可大可小的神妖。

的身边，黎明时又飞越天空，把她带回宫殿。卡罗琳闭上眼睛，胳臂软软地落到了膝头，双肩一起下沉。使她战栗的东西并不来自外界，而在于她自己的内心。这个梦不是偶然发生的；那是她严密地禁锢在心里、连她自己也从未见过的一个囚徒，那是当看守睡熟时从城堡塔楼上发出的一声悲号。只有在这样一个被蛊惑的夜里，这个囚徒才被去掉了锁链，放松一下四肢，来和她比个高低；它身上的镣铐多么沉重，它被碾碎，压进了黑暗的万丈深渊。此刻，戴斯盖莱恰好在世界的另一边，这个事实并没有任何意义；即使他在这里，就在她身边，也不会把她的自尊心损伤得这么厉害。事实上，她甚至没有任何来自外界的冲动可以为自己开脱，假如三个星期以前的一个夜晚，她到这里来找他，躺倒在门口的石板上，她甚至也不会比此刻更加鄙视她自己了。

卡罗琳摇摇晃晃地站起身来，走出小屋，沿着棚架下的小径潜行，心中忐忑不安，唯恐惊动了仆人，她在凉飕飕的空气里战栗着，潮湿的灌木丛擦着她的身子，她那打湿了的睡衣，紧紧贴着她的四肢。

早餐时，她丈夫忧虑的目光横过桌面望着她。“我看你有点儿疲劳，卡罗琳，晚上准没睡好。你为什么不上山去一直耽到炎热的气候过去？顺便问一句，你还这么热心，不让把小屋拆掉吗？”

卡罗琳平静地笑了。“不，我发现自己不那么当真。我没有那么多的感伤情绪，为保存小屋而放弃一座避暑别墅。你能叫贝克尔明天来同我商量商量吗？如果我们要举行家庭宴会，我要叫他立刻着手准备地方了。”

诺勃半幽默半恼火地瞥了她一眼。“你知道吗，我真有点儿失望了，”他说，“你知道，我简直希望你痴心一点，哪怕就这一回。”

“我睡了一夜，想法变了。”卡罗琳回答。他们俩大笑着一起从餐桌旁站起来。

（薛鸿时　译）

一个女人一生中的二十四小时

茨威格*

战争爆发①前十年，我有一回在里维耶拉②度假期，住在一所小公寓里。一天，饭桌上发生了一场激烈的辩论，渐渐转变成愤怒的争吵，几乎闹到结怨动武的地步，这真是万没料到的。世上的人大多数幻想能力十分迟钝，不论什么事情，若不直接牵涉到自己，若不像尖刺般狠狠地扎进头脑里，他们决不会昂奋激动的；可是，一旦有点什么，哪怕十分微不足道，只要是明摆在眼前，直截了当地触动感觉，便立刻会使他

---

* 茨威格(1881—1942)，奥地利著名小说家、传记作家。主要作品有《象棋的故事》、《一个陌生女人的来信》等。本文选自《世界中篇名作选》(第二集)，白夫编，南宁：漓江出版社1982年版。

① 指第一次世界大战。

② 里维耶拉：欧洲南部法、意两国接壤处地中海海滨地区的总称。

们大动感情，往往超出应有的限度。于是他们一反平日少管闲事的习惯，趁着机会大大发泄一通。

那一次，我们这群十足中产阶级的餐友所表现的，正是这种情形。平常时，大家在饭桌上一团和气，偶尔来一场 small talk①，彼此开开不痛不痒的小玩笑，多半总是吃罢饭马上分道扬镳：德国人夫妇俩外出游览，访胜摄影，胖笃笃的丹麦人忙着去干他那无聊的钓鱼玩意，娴雅的英国太太回到她的书堆里，那对意大利夫妇急急赶往蒙特卡罗②，我呢，或者躺进花园中的藤椅里消磨时辰，或者立刻开始工作。可是这一回起了一场很不痛快的争论，把我们这群人紧紧纠缠在一处，无法分开了。要是有谁一跃而起，那决不是要像平时那样彬彬有礼地表示告退，而是由于脑袋发热心中恼恨，这恼恨，我在上面说过，已经化为愤怒了。

将我们一桌人套上缰索羁缠得难解难分的那桩事，说起来委实离奇。我们七个人寄居的那所公寓，外面看着确像一座单独的别墅——啊，从窗口遥望海边巉岩嶙嶙，景致多么美妙！——实际上它却是“皇宫大饭店”收费较廉的分部，中间的花园两边通连，我们这些住客与大饭店的住客们经常彼此来往。前一天，大饭店里出了一桩不容置疑的风化案。原来，有一位年轻的法国人，搭乘午班火车，于十二点二十分来到这里（我不得不把准确的时间记下来，因为这对案情本身，对那场激烈争论中的症结问题，同样十分

---

① 英语：闲谈。

② 蒙特卡罗：世界有名的赌城，在地中海滨摩纳哥国境内。

重要），他租下了一间靠海的房间：这说明他是相当阔绰的。可是，使他在人前产生好印象的不只是他的气派高雅，尤其还在于他的异常动人的俊美：一副少女型的脸，热情的嘴唇上生着柔丝般晶莹的短髭，洁白的前额上摇曳着棕黄色轻柔的波形鬈发，盈盈的双眼亲切抚人——处处都显得柔媚佳巧，丰姿楚楚，而又丝毫不矫揉造作。远远里乍一望见他，会使人联想到大时装店橱窗里昂然作态的玫瑰色蜡人；握着华贵的手杖，代表着理想的男性美。然而，近看之下却绝无半点浮薄气，因为（实在罕见！）他的可爱之处确是天然生成，恰像是从肌肤里面长出来的。打从我们面前经过时，他对大家逐一点头挨个问好，神情谦抑而又恳切，他的随处涌现的潇洒风度，每一回都表露得毫不勉强，叫人瞧着着实愉快。见到某位太太走向存衣室，他就赶紧上前代她接过大衣；对于各个小孩，他都要报以和蔼一瞥，或说一句逗趣的话，显得既长于交际又明白分寸——简单说，看来他正是那种幸运人，这种人既年轻又美貌，仗了这点魅力就足以取悦于人，他从屡验不爽的感觉里生出自信，而自信心又给他增添了新的魅力。在饭店里许多年老或有病的客人之间，他的出现竟仿佛给大家施了恩惠似的，他的每一个胜利的青春步态，每一阵活泼清新的生命力的表现，都使很多人心旷神怡，他不容抗拒地在人人心上赚取了最大的同情。他来了不过两小时，便同着十二岁的安纳特和十三岁的勃朗希打起网球来了，她俩是那位里昂来的有钱的胖工厂主的女儿，母亲亨丽哀太太是一位秀丽、纤弱、不爱接近人的女人，她微微含笑地站在一边，看着两个小鸟般的女儿如何不自觉地卖弄风情，竞相讨好这个年轻的陌生人。黄昏时，他在我们的棋桌旁呆了一小时，一边看棋，一边悠闲地讲了两个有趣的小故事，然后又陪着亨丽哀太太在海边平台上来回踱了很久，她的丈夫像平时一样，正同一个生意上的朋友在玩骨牌。晚上，我又注意到他在办公室里，在朦胧的灯影下跟饭店的女秘书促膝谈心，亲密得令人生疑。第二天早上，他陪着我那位丹麦同伴出去钓鱼，显出他对这方面的知识丰富得令人惊羡；随后，他又跟那位里昂来的工厂老板谈了半天政治，他在这方面也同样地证实自己很是在行，因为大家听出，胖子先生的朗朗大笑声超过了海涛的声响。午饭后——我这么详尽地依次按时记述他的行动，对于明了实际情况是完全必要的——他又一次独自陪着亨丽哀太太喝黑咖啡，在花园里坐了一小时。这之后，他再跟她的女儿们在一起打了一场网球，同那对德国夫妇在客厅里闲聊了一阵。六点钟左右，我出去寄信，在火车站那儿又遇见了他。他急忙走过来告诉我，说他必须向我告辞，因为有朋友突然来信要他去，不过，两天后他还要回来的。果然，黄昏时餐厅里不再见到他了，不过，这也只是就他的形体来说罢了，因为，所有的饭桌上异口同声都在谈论着他，都在啧啧称道他的快乐舒坦的生活态度。

半夜里，约莫十一点钟光景，我正坐在自己房间里，打算读完一本书，忽然听见花园里有急迫的嚷叫声从开着的窗子外面传来，又看到对面大饭店里人影忙乱。我惊惶不安，倒不一定为了好奇，马上匆匆地跨过这五十步路程，赶到饭店那边，发现所有的客人和工作人员都慌慌张张乱成了一团。原来亨丽哀太太当丈夫按照习惯准时陪着拉穆尔来的朋友玩骨牌的时候，独自前往海边平台去作每晚例行的散步，这时还不见回来，大家担心她遭了意外。那位胖丈夫，平日懒得动的，这时活像一头野牛，一再奔向海岸，朝着夜空高声喊叫“亨丽哀！亨丽哀！”由于慌乱，声音都变了，听来很是可怕，像是原始时代某种巨兽临死前的哀号。侍役们和小厮们也都慌慌张张的，一会儿跑上楼，一会儿跑下楼，全部客人都被惊醒，给警察局也打过了电话。可是那位胖子丈夫，只穿一件敞开的背心，还在一刻不停地来回趺跄着、蹭蹬着，朝着夜空一边抽噎一边叫嚷，木然地喊着“亨丽哀！亨丽哀！”楼上两个女孩这时也被吵醒了，都穿着睡衣站在窗口，对着楼下叫母亲；那位父亲又急忙赶上楼去安慰她们。

接着出现了触目惊心的一幕，简直无法描述，因为人遇打击过重难以承受时，那瞬间所产生的非常强烈的紧张情绪，从外表看来极富悲剧意味，具有着迅雷似的力量，不论图画或文字，都不能按照原样将它重绘出来。那个胖丈夫突然迈着那在他足下呻吟不绝的梯级走下楼来，脸也变了，神色倦怠而凶狞，手里拿着一封信。“您叫大家回来吧！”他对工作人员的领班说，声音几乎听不见，“请您把所有的人都叫回来吧，用不着四处寻找了。我的太太已经撇下我走掉啦。”

这个受了致命打击的人，性格里有着超乎常人的坚忍,使他当着许多人还能竭力自持。所有的人由于好奇,都围拢来看他,此刻个个吃惊,面子上不好意思,脑子里满是疑团,又纷纷离开了他。他还有着足够的自制力,能够悠悠晃晃目不旁视地走过我们身边,踅进阅览室随手关掉了电灯。随后我们听见他的笨重庞大的躯体倒进靠椅时发出的沉响。紧跟着便听到一阵野兽狂嗥似的哭声,只有从来不曾哭泣过的人才会这样痛哭。对于我们每一个人,即使是最鄙陋的人,这种发于自然的哀伤都有着某种带麻醉性的力量。那些侍役,那些怀着好奇心悄悄走来的客人,谁都不敢吐出一声轻笑,也不敢说出一句惋惜的话。大家默默无言。对着这场粉碎一切的情感迸泻,我们似乎感到羞愧,只得一个跟着一个,分别溜回自己屋里,留下这个被击倒的人,在那间黑黝黝的屋子里独自啜泣。最后,整座楼里的灯光相继熄灭,才渐渐地透出嘁嘁喳喳的议论声。

　　不用说,这么一桩奇事,闪电一般自天而降,近在眼前,触动感觉,自然会使平日只惯闲散优游的那班人受到强烈的刺激。不过,我们饭桌上猛然爆发、闹得几乎动武的热烈争论,虽然起因于这桩惊人奇案,实质上却可以说是一场关系着原则问题的辩论,是一场牵涉着不相容的人生观的愤怒冲突。那位万念俱灰的丈夫,由于恼恨,一时神智昏乱地将手里的信揉成一团扔在地上,给一个女仆看到了,她这人不知谨慎泄露了内情,马上弄得无人不晓。原来亨丽哀太太不是单独一人出走,而是跟了年轻的法国人去的(这一来,许多人原先对那位法国人的赞赏顿时化为乌有了)。乍一看来不难明白,总是这位小小的包法利夫人存心要抛弃掉肥胖土俗的丈夫,另换一位风流年少的美男子。可是,那位工厂主、他的两个女儿、还有亨丽哀太太本人,过去都不曾跟这位花花公子会过面,但凭黄昏时平台上一次两小时的交谈,再加上一小时在花园里同喝咖啡,就足以叫一个三十三岁上下、声誉清白的女人动了热情,一夜之间变了心,撇下自己的丈夫和两个孩子,跟随一个素不相识的登徒子远走天涯吗?这种特殊情形不免使每个人都大惑不解。终于,我们全桌的人一致断定,这些表面上的公开事实不足为凭,那只是这对情人为掩人耳目而故弄玄虚:亨丽哀太太跟那个年轻人准是暗中早有来往,迷魂精这次来到仅仅为了商定逃走的最后细节而已,因为——大家推断说——一位极有身份的太太,跟别人认识了不过两小时,听到一声呼哨立刻相随情奔,这是决不可能的事。大家说到这里,我忽然觉得,试提一个相反的看法倒也十分有趣,便竭力为另一种可能性,甚至为它的可靠性作辩护。我说,有一种女人,多年来对婚后生活深感失望,因而内心里已有准备,逢到任何有力的进攻就会立刻委身相从。我一提出这个出人意料的反面意见,便马上掀起了普遍的争论,在座的两对夫妇尤其激动。这两位德国人和两位意大利人同声拒斥,竟表示出令人难堪的侮蔑态度,他们说,若认为世间真有 coup de foudre① 未免太愚蠢,那原只是低级小说里面的无聊幻想。

---

① 法语:电击(意即“一见钟情”)。

这场桌上纠纷从上汤时开始，直闹到吃完布丁为止，其间种种狂风急雨，没有必要在这儿详细追述：只有长年在公寓里吃饭的人才会这样争论，平常的时候，他们在一次偶然爆发的纷争里，一时昂奋，所持的议论多半内容空泛，都只是急忙中胡乱捡来的陈腔滥调而已。我们这次的争论何以竟会急转直下，有了恶声相向的形势，这也是难以解释清楚的；我相信，开始动意气是由于那两位做丈夫的不自禁地急于要将自己的太太划在一边，不让她们也被算在这种闹出浅薄危险的可能性里面。可惜的是，这两人找不出有力的论据来反驳我，只是宣称，唯有单凭一件很偶然的、极下流的、独身男子骗取爱情的例子来判断妇女心理的人，才会说出那样的话。这种论调已经使我多少有些着恼，那位德国太太竟还接着开火，教训口气十足地加重斥责说，世上固然有着正派女人，另一方面也还有些“天生的贱骨头”，照她看来亨丽哀太太准是这类人。这一来我可完全忍耐不住了，便立刻采取了攻势。我指出，一个女人一生里确有许多时刻，会使她屈服于某种神秘莫测的力量之下，不但违反本来的心意，又不自知其所以然，这种情形实际上明明存在着；硬不承认这种事实，不过是惧怕自己的本能和我们天性中的邪魔成分，想要掩盖内心的恐惧罢了。而且，许多人觉着这么做很可自慰，要这样才感到自己比“易受诱惑的人”更坚强、更道德、更纯洁。按我个人的看法，一个女人与其像一般常见的那样，偎在丈夫怀里闭着眼睛撒谎，不如光明磊落地顺从自己的本能，那倒诚实得多。我所说的大致都是这一类的话。

这时谈话渐带火性，而别人越是诋毁可怜的亨丽哀太太，我为她辩护得越热切(其实已远远超出了我内心的真正感情)。对于那两对夫妇，我这么慷慨激昂无异是——像大学生们常说的——吹起了战斗号角，他们四个人仿佛一组不很谐和的四重奏，愤恨切齿地向我大肆反击。那位丹麦老头一直满脸含笑坐在一边，像个握着马表的足球赛裁判员似的，每当形势不妙，他就要抓起骰子在桌面上敲几下表示警告："Gentlemen, please①！"结果也总只能安静一会儿。一位先生面红耳赤，已经从桌上跳起来三回了，他的太太好不费劲才按住了他——简单说，再过十来分钟，我们的争论就会以大打出手收场，幸亏 C 太太说话了，像是加了一滴润滑油，这场口舌之争才逐渐平静了。

C 太太是一位白发苍苍、娴静高雅的英国籍老妇人，我们大家一向默认她为全桌的主席。她端庄地坐在那里，对每个人都同样和蔼可亲。她很少说话，不过对别人的讲话总显出兴味盎然的样子，单是她的神情体态就给人一个爽心悦目的印象：她那雍容高贵的仪表流耀出一种心敛意宁的奇妙风采。她对所有的人都保持着一定的距离，同时又很巧妙地让人人觉得跟她特别亲近：大部分时间她坐在花园里看书，常常弹奏钢琴，很少见她跟别人同在一处，或者热切地参加我们的谈话。我们都不怎么留意她，然而她自有一种奇特的力量笼罩着所有的人。譬如此刻，她刚刚加入辩论，大家马上获得一个痛苦的感觉，一致感到争

① 英语："先生们，算了吧！"

吵得过了分。

当时正是德国先生猛然跳起身来，接着又被按在桌边重坐下去的当儿，C 太太就趁着这一个令人难受的间歇加入了谈话。她出我意料地抬起一双晶亮的灰色眼睛，迟疑地对我望了一会儿，然后才以冷静客观的口吻开始发言，想要一下抓住主要问题。

“这么说，如果我了解正确的话，您真的相信亨丽哀太太，相信一个女人，会完全无辜地被卷进一场突如其来的冒险，相信确实有些行为会使一个女人作出一小时以前还认为自己决不可能做出，也无法负责的事情来吗？”

“我绝对这样相信，尊贵的太太。”

“这么一来，任何道德评判都是毫无意义的了，任何伤风败俗的事都是于理有据的了。如果您真的认为，法国人所说的 Crime passionel① 算不得什么 Crime②，国家的司法机关还有什么用处呢？一切就该凭着并不多见的好意来判断了——您的好意却是多得惊人，”她轻轻一笑补充一句说，“这样，才能在每一桩犯罪行为里找出热情，根据热情就可以宽恕一切了。”

她说话时那种清晰而又几乎很愉快的声调，我听来感到分外舒适，于是我也不自禁地模仿着她的冷静口吻，同样半说笑半严肃地回答说：“判断这类事情，司法机关当然比我严厉得多；毫不徇情地维护一般的风俗习惯，那是它们的职责：它们必须作的是判决，而

① 法语：热情造成的罪行。
② 法语：罪行。

不是宽恕。可是我，作为一个平民，却看不出为什么非要自动担任检察官的职务不可：我宁愿当一个辩护人。我个人最感兴味的是了解别人，而不是审判别人。”

C太太睁大晶亮的灰色眼睛，直瞪瞪地对我逼视了好一会，显得很是犹疑。我担心她没有听明白我的话，打算用英语再重说一遍。突然，她又接着发问了，态度非常严肃，简直像个考官。

“一位太太撇下自己的丈夫和两个孩子，随随便便跟人走了，根本不知道那人是否值得她爱，这样的事您不觉得可鄙或可厌么？一个女人，已经不算很年轻了，为孩子们着想也该自己尊重，却做出如此不知检点的事，难道您真的能够原谅她？”

“我再说一遍，尊贵的太太，”我坚持道，“遇着这类事我既不愿审问，也不愿判决。在您面前，我可以平心静气地承认，我先前的话有点过甚其词，——这位可怜的亨丽哀太太自然算不上女中豪杰，既不是天生的浪漫人物，更不是什么 grande amoureuse①。她在我的眼里，据我所见到的，只不过是一个平庸而又软弱的女人，我对她多少怀着敬意，那是因为她勇敢地随顺了自己的意愿，可是我对她怀着更多的怜悯，因为她明天，如果不是在今天，一定会深深陷入不幸。她的举动也许很愚蠢，失于轻率，却决不能称为卑劣下流，我始终竭力争辩的是：谁也没有权利鄙薄这个可怜的、不幸的女人。”

---

① 法语：“伟大的情人”。

“您自己呢？到现在还对她怀着同样的敬意吗？前天是一位跟您同在一处的可敬的女人，昨天是一位跟随素昧平生的男人私奔的女人，对这两种女人，您完全不加区别吗？”

“完全不。一点区别也没有，半点也没有。”

“Is that so?[①]”她不自禁地说起英语来了：这些话显然使她想着什么了。她沉吟了片刻，然后抬起清亮的眼睛，带着追问的神情又一次望着我。

“要是明天，假定说在尼查，您又遇着亨丽哀太太正跟那个年轻人挽着手，您还会上前向她问好么？”

“当然。”

“还会跟她攀谈么？”

“当然。”

“您会不会——如果您……如果您结了婚——将一个这样的女人介绍给您的太太，而且在介绍的时候，对她过去的行为只当并无其事？”

“当然。”

“Would you really?[②]”她又说起英语来了，满是疑惑诧异的样子。

“Surely I would。[③]”我不由得也用英语回答。

C太太不说话了。她似乎越来越沉于深思中。突然，她好像发觉自己太无顾忌而有些失惊了，一边望着我，一边说：“I don't know, if I would. Perhaps I

① 英语：“真的吗？”
② 英语：“您真会这样做吗？”
③ 英语：“我一定这样做。”

might do it also.①”随后，她以一种形容不出的稳重姿态站起身亲切地向我伸出手来，只有英国人才懂得用这种方式表示谈话结束，毫不显得唐突失礼。完全由于她的影响，饭厅里才终于恢复和平。人人心上都很感激她，正是因为她，我们这些刚才还是势不两立的人，此刻都微带歉意，恭恭敬敬地互相致礼了；说过一两句轻松的趣话后，紧张到了危险程度的空气就缓和下来了。

我们的纷争虽说最后收场倒也高尚大方，一度被激发的那点恼恨却留下了痕迹，使得我的对手们对我略有疏远之意。德国夫妇从此不多开口，意大利夫妇接连几天老是含讥带讽，问我有没有打听到“cara signora Henriett”②的下落。在形式上我们大家一味守礼，一桌人从前相见以诚不拘形迹，如今似乎已被破坏难以挽回了。

那次争论过后，C 太太竟对我表示出特殊的亲切。对照起来，更让我体味到那几位死对头的讥刺和冷淡。C 太太一向非常矜重，在吃饭时间以外更不爱找人聊天，现在却常常趁着机会在花园里跟我谈话，并且——我几乎可以这么说：她确是对我格外垂青，正因为她平日分外矜重，一次单独交谈就足以叫人觉得是特殊的荣宠了。真的，讲得直率些，我还必须说：她简直是故意找上我，借了各种因由走来跟我说话，每次做得用意显明，幸亏她是一位白发萧萧的老太太，

① 英语：“我不知道自己会不会那样。说不定我也要那样做的。”

② 意大利语：“尊贵的亨丽哀太太。”

不然真会让我想入非非了。可是，谈着谈着，我们的话题不可避免地总要回头，老是落到一个论点上，落到亨丽哀太太的问题上：她像是感到一种非常玄妙的兴味似的，谈起这事就对那个忘掉自身责任的女人大加非议，竭力谴责别人心志不坚。然而就在同时，看见我始终如一，对那位纤弱秀丽的女人不改同情之心，任什么也难使我放弃原意，她又似乎深觉快慰。她一再将我们的谈话拉往这个方向，到后来弄得我莫名其妙，对于这种古怪的、几乎像是忧郁症造成的执拗不知道该怎样想才好。

像这样过了好几天——大约五六天，这种方式的谈话在她说来为什么至关重要，她却不曾有一言半语泄露秘密。不过，其中一定别有缘故，在一次散步的时候我十分清楚地意识到了这一点。当时我偶然提起，我的假期已满，准备再过一天就要离开了。立刻，她的素来静如止水的脸上突然露出异样的紧张表情，恰像一片云翳天外飞来，罩住了她那双灰碧似海的眼睛："多么可惜！我还有许多话要跟您谈哩。"从这一霎开始，她现出一种迷离恍惚的神情，显而易见，她说这话时那桩时刻忘怀不了的事又在脑子里升起来了。最后，她自己蓦地惊觉过来，沉默了半晌，这才出其不意地向我伸出手来说：

"看来，我想要对您说的话是难于口述明白的。我宁愿写信告诉您。"一说完她就急急转身走回公寓，步伐匆忙，完全不是我平日习见的那样。

果然，当天傍晚快要开饭的时候，我在自己房间里发现了一封信，正是她的有力而爽朗的笔迹。遗憾得很，我年轻时对待文件书信相当随便，因此没法在这儿引录原文，只记得信上曾经问我，能不能听她叙述一件她自己的人生经历。她在信里说，那段小插曲如今已成陈迹，跟她现在的生活是没有什么牵连的了，而且我是再过一天即将远去的人，把二十多年来埋藏心底的苦恼事对我倾诉一回，说来也还不算太难。因此，如果我对这样一次谈话并不感到冒昧的话，她很想求我给予她一小时的时间。

以上只是那封信里的主要内容，原信在当时异乎寻常地感动了我：信是用英文写的，单是这一点就赋予了它极度明晰而果决的力量。可是在我这一面，回信万难措辞，我起了三次稿都终于撕毁，最后才这样回答：

> 您对我这么信任，我实在深引为荣。如果您认为必要，我可以保证严守秘密。凡不是您愿意吐露的事，我自然不敢强求。唯愿您叙述时，能够对己对人处处牢守真实。您对我的信托，我全当是特殊的荣宠，您可以相信我这话决非虚套。

晚上，我将这封短信送到她的房间里，第二天早晨我又发现了一封回信：

> 您完全正确：一半真实毫无价值，有意义的永远只在全部真实。我将竭尽全力，做到无所隐讳，以免违背了我的本意，辜负了您的期望。请您饭后来我屋里——我已是六十七岁的老人，用不着避谗防闲了。因为在花园里或人多的处所，我难于从容谈讲。您总能相信，在我说来，下此

决心不是一桩容易的事儿。

那天中午，我们在饭桌上还见过面，神色自若地谈了几句不关紧要的话。可是，吃罢饭来到花园里，她遇着我却慌忙闪避了，这位白发苍苍的老太太竟会羞羞怯怯如同少女，一转身溜进了松荫夹道中，我看着不禁深为痛苦，同时觉得大受感动。

到了晚上约定的时间，我在她的门前敲了两下，房门立刻应声开启：里面灯光很弱，平时原很阴暗的房间里此刻只点着一盏台灯，在桌上投射下一圈黄影。C 太太一点也不局促畏缩，她走过来迎接我，让我在一把圈椅上坐下，然后自己也面对着我坐下了：这些动作，我注意到，每一项都是她预先暗自排定了的。然而，这之后却还是出现了一个相对无言的场面，一次显然非她所愿的静默——迟迟难下决心的静默，竟至愈延愈久，而我也不敢轻发一言打开这个僵局，因为我看出，一个坚强的意愿正在努力挣扎，要战胜一种顽强的抗拒心情。楼下客厅里不时地隐约传来华尔兹舞曲的断续乐声，我屏息敛气，仿佛想要减轻一点这场静默的沉重压力。C 太太也似乎感到这种不自然的紧张局面很难受，她突然振作精神，像是要纵身跳跃似的，马上开始说话了：

“最难说出的只是第一句话。两天以来我早有准备，要讲得完全明白而又真实：但愿我能做到。您现在也许还不能理解，为什么我要向您，向一位不很熟识的人，讲述这一切。可是，从来没有一天，甚至没有一小时，我不曾想到过这桩往事。我这个老女人的话您不妨认真相信：一个人对于自己生命中唯一的一点，对于其中唯一的一天，竟全神贯注凝望了整整一生，这实在是不堪忍受。因为，我打算讲给您听的事，全部经过只占去我这六十七年生命里一段二十四小时的时间，而我曾经反复宽解自己，几乎到了神经错乱的地步。我对自己说：一生里既只有一霎时糊涂过一次，那又算得了什么。然而，一般人用一个很不确定的名词称之为良心的那点什么，是无法逃避得了的。上回听到您十分冷静地评论亨丽哀太太的事件，我曾经暗自思忖：如果我能够下一次决心，找到一个什么人，将我一生里那一天的经历对着他痛快地叙说出来，这样也许能结束我这种毫无意思的空自追忆和纠缠不已的自怨自艾。我信奉的要不是英国国教，而是天主教，我会早已得到忏罪的机会，说出了一切，以求解脱独自隐忍的苦楚——这种安慰在我们是无分的了，因此我今天试用这个离奇的方法，借着向您叙述来自求解脱。我知道，我这一切非常荒诞，可是，您既已毫不犹豫地接受了我的请求，我得要向您表示感谢。

"正是，我已经说过，我打算向您叙述的仅仅是我一生中唯一的一天——其余的一切在我想来全无意义，别人听来也很乏味。我四十二岁以前的人生经历可以说步步不离常轨。我的父母是苏格兰有钱的乡绅世家，开着几座工厂，还有许多田产。我们过着乡间贵族式的生活，一年里大部分时间住在自己田庄上，夏季上伦敦去歇暑。我十八岁时在一次宴会上认识了我的丈夫，他是名门世族 R 家的第二个儿子，在驻印度的英国军队里服务过十年。我们很快就结了婚，婚后在朋友圈里过着欢乐无忧的生活，一年中三个月留在伦敦，三个月消磨在自家的田庄上，剩下的时间到意大利、西班牙和法国去旅行。我们的婚姻非常美满，从不曾蒙上过半点阴影，我们所生的两个儿子如今也早已成人。在我四十岁上，我的丈夫突然去世了。他从前在热带地方的长年生活使他得了肝脏病，这次旧病复发为时不过两星期，挨过这段可怕的时间我就永远丧失了他。我的大儿子当时正在军队里服役，小儿子在大学里念书，这一来我突然陷入了空虚寂寞中，像我这样惯受温存体贴的人，一旦孤身独处实在痛苦不堪。那所凄凉的宅院处处令我触景伤情，念念难忘失去了亲爱的丈夫的悲痛损失，我只觉得在这所房子里再多呆一天也不可能了：于是我决定，在我的儿子们成家以前，尽量将那几年时光用来旅行以遣愁怀。

“对于自己从此以后的生活，我基本上将它看作是完全没有意义、没有用处的了。二十三年来与我形伴影随、心同意合的人已经亡故，孩子们并不需要我，我也担心自己郁悒寡欢会破坏他们的青春之乐——为自身计我倒是无所希求、无可贪恋了。最初，我移住在巴黎，烦闷时出去逛逛商店和博物馆；可是，那座城市和周围景物入眼生疏少趣，那地方的人我也不愿接近，我不高兴受到他们因见我服丧而表示礼貌的怜惜眼色。这几个月昏沉恍惚东飘西荡，那种日子究竟是怎样度过的，我自己也很茫然：我仅仅记得，当时我始终怀着一死了结此生的愿望，只是缺乏勇气，自己不能促成这一苦痛的心愿。

“在我居孀的第二年，也就是我四十二岁那一年，还是因为别无安顿，只好照旧四处流走，混过这一段已经失去价值、令人恹闷欲绝却又不能速死的时期，于是，我在三月末来到了蒙特卡罗。实在说，我到蒙特卡罗来是由于孤寂无聊，由于那种令人难受的、像是一阵胀塞胸臆的恶心似的内在空虚，这种内心空虚至少得要找点外来的琐屑刺激填补一下。我自己越是失情少绪心冷意沉，却越是感到有一股强大的力量，将我推往一处人生巨轮旋转得最为迅速的地方：对于缺乏人生体验的人，欣赏别人情感激荡倒不失为一种神经感受，戏剧和音乐就有这类作用。

“正因为这个缘故，我也就常常观光赌馆[①]。在那儿可以冷眼旁观，看那些人时而喜不自禁、时而错愕失色，无数张脸瞬息万变幻化无穷，这种惊涛险浪也同时在我身内震撼起伏，使我因而目眩神迷。另外，我的丈夫从前也爱光顾赌馆，偶尔入局从不逞性，对于他往日的这个习惯，我仍怀有某种无意的虔敬之心，继续受着它的导引。正是在这个地方，开始了我一生中的那二十四小时，回肠荡气远胜一切赌戏，从此我的运命长年永受困扰。

“那天中午，我跟封·M公爵夫人，我家的一位亲戚，在一道用午餐，直到后来吃罢晚饭，我还觉着没有累到能够安睡的程度。因此我就去到赌馆，自己并不

---

① 原文为“Kasino”，是蒙特卡罗一处规模相当大的游乐馆，里面主要的设备是许多赌厅。

下注，只绕着许多赌台来回闲蹓，用一种特殊的方法暗自观赏一堆堆围聚一处的赌客。我说‘特殊的方法’，那正是我去世的丈夫教给我的，因为我曾经向他抱怨，认为久看令人厌倦。从前我曾感到兴味索然，不愿意老盯着一些同样的面孔，一些坐在弹簧椅里隔几小时才敢下一回注的干瘪老太婆，一些刁猾的赌痞，一些玩着纸牌的妓女——所有这班人都是极可怀疑良莠不齐的，他们，您知道，在拙劣的小说里总是被描绘得有声有色，仿佛全是 Fleur delegance[①] 和欧洲贵族，实际看来，绚烂生动罗曼蒂克的情调却大为减低。不过，跟今天比较起来，二十年前的赌馆吸引人的地方可多得太多了，从前滚来滚去的还都是令人遐想的耀眼的金子，无数簌簌响的新钞票、无数金晃晃的拿破仑[②]、无数厚实的五法郎银币，而今天在现代式新建的豪华赌宫里，只见一帮平民气息的过路游客，拿着一把毫无特色的筹码，无精打采地随手扔光便算完事。我当初在那批千篇一律索然无趣的面孔上所发现的兴味实在太少，因此我的丈夫——他本人对手相术，即揣摩手部意义，有着强烈的爱好——教给我一个非常别致的欣赏方法，比懒懒散散四面呆站确实有趣得多，确实更为令人激动紧张。这方法就是：不看任何一个人的面部，专注视桌子的四角，在桌子四周又只盯着许多人的手，只留神那些手的特殊动作。我不知道您是否也偶尔有过一回，眼里只注意到绿呢台

① 法语：高雅的花朵（意即上流人士）。
② 19 世纪法国的一种钱币。

面，只凝望着那一片绿色的方围之地。在它的正中央滚动着一个圆球，活像醉汉似的跌跌撞撞，一个码子一个码子地往前跳，许多钞票，许多圆溜溜的银币金币，接连不断地落到方围内，好似播种一般，马上，管台子的挥动手里的耙竿，割麦似地揽尽全部收获，或者把它们推到赢家面前。像这样放眼静察就能看到，唯一摆晃不宁的只有那些手——绿呢台面四周许许多多的手，都在闪闪发亮，都在跃跃欲伸，都在伺机思动。所有这些手各在一只袖筒口窥探着，都像是一跃即出的猛兽，形状不一，颜色各异，有的光溜溜，有的拴着指环和铃铃作声的手镯，有的多毛如野兽，有的湿腻盘曲如鳗鱼，却都同样紧张战栗，极度急迫不耐。见到这般景象，我总是不觉地联想到赛马场，在赛马场的起赛线上，得要使劲勒住昂奋待发的马匹，不让它们抢先窜步：那些马也正是这样全身战栗、扬头竖颈、前足高举。根据这些手，只消观察它们等待、攫取和踌躇的样式，就可叫人识透一切：贪婪者的手抓搔不已，挥霍者的手肌肉松弛，老谋深算的人两手安静，思前虑后的人关节弹跳；百般性格都在抓钱的手势里表露无遗，这一位把钞票揉成一团，那一位神经过敏竟要把它们搓成碎纸，也有人精疲力竭，双手摊放，一局赌中动静全无。我知道有一句老话：赌博见人品；可是我要说：赌博者的手更能流露心性。因为，所有的赌徒，或者说，差不多所有的赌徒，很快就能学到一种本领，会驾驭自己的面部表情——他们都会在衬衣硬领以上挂起一幅冷漠的假面，装出一派 Impassibilit-c① 的神色——他们能抑制住嘴角的纹缕，咬紧牙关压下心头的惶乱，镇定眼神不露显著的迫急，他们能把自己脸上棱棱突暴的筋肉拉平下来，扮成满不在乎的模样，真不愧技术高妙。然而，恰恰因为他们痉挛不已地全力控制面部，不使暴露心意，却正好忘了两只手，更忘了会有人只是观察他们的手，他们强带欢笑的嘴唇和故作镇静的目光所想掩盖的本性，早被别人从手势里全部猜透了。而且，在泄露隐秘上，手的表现最无顾忌。因为，无可避免地，必然会有一个瞬间，所有这些竭力约制、似有睡意的手指会因一时疏忽一齐脱出束缚：那就是在转轮里的圆球落进码盘、管台子的报出彩门惊心夺魄的那一秒钟，就在这一秒钟，一百只手或五百只手不由自主纷纷有所动作，因人而异，各具个性，种种潜在的本能全都表露无遗。谁要是像我这样习以为常（我是由于我丈夫有此癖好而获得传授的），爱观看这个手的舞台，他一定会感到，永远千般百样、意外突发的手姿暴露出永远千差百异的情性的这种表演，比较戏剧音乐更能荡人心弦：这种手的表情究竟怎样千般百样，我简直没法给您描述。每一只手都仿佛是野性难驯的凶兽，只是生着形形色色的指头，有的钩曲多毛，攫钱时无异蜘蛛，有的神经战栗指甲灰白，不敢放胆抓取，高尚的、卑鄙的、残暴的、猥琐的、诡诈奸巧的、如怨如诉的，无不应有尽有——给人的印象却是各各不同，因为，每一双手就

① 法语：无动于衷。

反映出一种独特的人生，只有四五双管台子的人的手算是例外。管台子的人的手全像是一些机器，动作精确，作买卖似地按部就班执行着职务，对一切概不过问，跟那些生动活跳的手对照起来，恰像计算机上嘎嘎响的钢齿。可是，这几双冷静的手，正因为跟那些昂扬兴奋的同类成了对照，却又大可鉴赏：他们（我可以这么说）好似群众暴动时街上的警察，武装齐整地稳站在汹涌奋激的人潮当中。除了这些，我个人还能享受一项乐趣：接连看了几天，我竟跟某些手成了知己，它们的种种习惯和脾性我都一见如故；几天以后我就能够从许多手里识别一些老朋友，我把它们当作人一样分成两类，一类投我心意，一类可厌如仇。不少的手贪婪无比，在我看来非常可憎，我总是避开眼睛不加注意，只当遇着邪事。台子上忽然出现一只新手，那可就增添了我的感受和好奇：我往往忘了抬眼看看那人的脸貌，总觉得不过是一幅冰冷世故的假面，呆呆地插在一件扣到脖子的礼服或珠光宝气的胸部上面而已。

“那天晚上我走进赌馆，有两只台子已经围满了人，我绕着走向第三只台子，摸出几个金币预备下注，忽然迎面传来一阵非常奇怪的声响，使我吃了一惊。那时正当人人定睛个个紧张、心神似乎都被静默震慑住了的一霎，每逢圆球奔跑得疲惫无力，只在最后两个码盘上颠踬着时，就会出现这样的一霎。此刻我竟听到一阵咯咯喳喳的响声，像是骨节折裂。我不自主地向对面望了一眼，立刻见到——真的，我吓呆了！——两只我从没见过的手，一只右手一只左手，像两匹暴戾的猛兽互相扭缠，在疯狂的对搏中你揪我压，使得指节间发出轧碎核桃一般的脆声。那两只手美丽得少见，秀窄修长，却又丰润白皙，指甲放着青光、甲尖柔圆而带珠泽。那晚上我一直盯着这双手——这双超群出众得简直可以说是世间唯一的手，的确令我痴痴发怔了——尤其使我惊骇不已的是手上所表现的激情，是那种狂热的感情，那样抽搐痉挛地互相扭结彼此纠缠。我一见就意识到，这儿有一个情感充沛的人，正把自己的全部激情一齐驱上手指，免得留存体内胀裂了心胸。突然，在圆球发着轻微的脆响落进码盘、管台子的唱出彩门的那一秒钟，这双手顿时解开了，像两只猛兽被一颗枪弹同时击中似的。两只手一齐瘫倒，不仅显得筋弛力懈，真可说是已经死了，它们瘫在那儿像是雕塑一般，表现出的是沉睡、是绝望、是受了电击、是永逝，我实在无法形容。因为，在这以前和自此以后，我从没有也再见不到这么含义无穷的双手了，每根筋肉都在倾诉，所有的毛孔几乎全都渗发激情动人心魄。这两只手像被浪潮掀上海滩的水母似的，在绿呢台面上死寂地平躺了一会。然后，其中的一只，右边那一只，从指尖开始又慢慢儿倦乏无力地抬起来了，它颤抖着，闪缩了一下，转动了一下，颤颤悠悠，摸索回旋，最后神经震栗地抓起一个筹码，用拇指和食指捏着，迟疑不决地捻着，像是玩弄一个小轮子。忽然，这只手猛一下拱起背部活像一头野豹，接着飞快地一弹，仿佛啐了一口唾沫，把那个一百法郎的筹码掷到下注的黑圈里面。那只静卧不动的左手这时如闻警声，马上也惊惶不宁了；它直竖起来，慢慢滑动，真像是在偷偷爬行，挨拢那只瑟瑟发抖、仿佛已被刚才的一掷耗尽了精力的右手，于是，两只手惶惶悚悚地靠在一处，两只肘腕在台面上无声地连连碰击，恰像上下牙打寒战一样——我没有，从来还没有，见到过一双能这样传达表情的手，能用这么一种痉挛的方式表露激动与紧张。望着这双颤抖喘息迫不及待的手，看着它寒栗悚惧的神情，我突然觉得整座大厅里其他一切全都死灭僵凝了。尽管四周营营扰扰，管台子的喊声像小贩叫卖，人来人往川流不息，转轮里的圆球循回滚动，终于高起低落、跳进它那坦平的圆形牢笼——所有这些动荡嘤嗡冲袭神经的纷乱景象对我全不存在，我紧紧盯着平生难遇的这双手，竟被它迷住了。

"可是最后，我再也按捺不住了：我一定要看看这个人，看看与这双具有无限魔力的手相关连的那张脸，于是，我提心吊胆地——的确，真是提心吊胆地，因为，那双手早已经叫我心惊胆战了——慢慢儿移动目光，顺着衣袖向上探溯，掠过两只瘦窄的肩膀。这一次又令我全身猛震了：这张脸竟跟那双手一样，倾吐着同一种惶乱的语言，脱出羁束、驰骋幻境中的语言；一副固执倔拗的神情，跟它那几乎像是女人般的俊美同样使人惊奇。我从来还没有见到过这样一张脸，一张如此出神入化忘形一切的脸，它使我有了充分的机会，将它当作一副面具，当作一尊缺少眼珠的雕像来仔细观赏。那一对着了魔的眸子从无瞬息转动，决不顾盼左右：漆黑的瞳仁凝定着，像两粒没有生命的玻璃珠，嵌在睁大着的眼睑下，仿佛两面镜子，反映着那个桃花心木的、在转轮里癫头傻脑地起劲滚动落进码盘的圆球。我要再说一遍：我从来没见过一张如此急切紧张、如此惊心动魄的脸。那是一个二十四岁左右的年轻人的脸，狭窄秀俊，稍嫌纤长，然而极富表情。它正像那双手，完全不是男子气派，倒更像是在游戏中兴会淋漓的孩子的脸——不过，这些都是我后来才注意到的，在当时，这张脸完全隐蔽在一幅激情和狂乱的神色后面了。窄窄的嘴焦渴地微张着，露出一半牙齿，让人十步以外就能看到它们在打寒战，两唇始终呆呆地张开着。额头上粘着一绺湿漉漉的淡黄头发，往前边耷拉着，像跌过一跤那样，两只鼻翅不住地一张一翕，仿佛皮肤底下有一阵无形的激浪在汹涌翻腾。他一直伸探着头，不自觉地越来越朝前倾，使人感到他似乎想全身投进轮盘，追着圆球旋转。这时我才懂得为什么那双手那么痉挛抽搐：只有仗着这种抗力，仗着这样的撑拒，才可以使已失重心的身躯保持平衡。

“我从来还没有——我定要反复这么说——看见过一张脸，会这么公开地、这么兽性毕现地、这么恬不知羞地表露激情，我紧盯着它，紧盯着这张脸……对于他的如痴如醉的神情我心荡意迷目难旁移，正像他的两眼对于滚转跳弹的圆球那样。从这一秒钟起，大厅里旁的一切全不在我眼里，跟这张脸上熊熊的烈焰一比，一切显得朦胧黯淡模糊不清了。大约整整一个钟头，我隔着人丛只注视着这一个人，不放过他的每一姿态：当管台子的终于满足一次他的急于攫取的欲念，将二十个金币推到他的面前，那双眼睛倾泻出多么辉煌的光耀啊，两只手像是受到炮弹震撼，痉挛虬结的筋肉顿时松懈，抖抖索索的手指一齐张开了。在这一秒钟里，他的脸忽然容光焕发变得非常年轻，平滑润泽不见皱纹，眼睛开始有了神采，俯斜的身子精神抖擞、轻快自如地挺直起来——他居然也坐下一回了，安安稳稳像是骑在马上，眉飞色舞满露得胜之感。他将那些圆圆的金币揽过来，昂然得意地用指头弹着它们，使它们彼此碰击，弄得它们叮当乱响。然后，他又静静地转动着脑袋，对绿呢台面扫视了一周，恰像一头小猎狗伸出鼻子嗅查着要找出准确的路线。蓦地他抓起一把金币向前一扔，全投到一个角落上。马上，又开始了那种急切盼待，又开始了那种紧张不安。嘴角上又起了那种触电似的抽搐，两只手重新痉挛不已，孩子气的神情完全消失，罩上了贪婪的期待神色，直到最后，这种抽抽搐搐的焦灼紧张猛然崩溃，爆炸了似的化成失望：刚才兴奋得像孩子一般的脸孔突然憔悴不堪，变得灰白苍老了，眼神呆钝失了光辉——这一切全在一秒钟之内出现，就在转轮里的圆球落进他不曾猜中的号码里去的那一秒钟。他输了：他瞪眼望着前面，过了几秒钟，目光近似痴呆，仿佛不明了发生了什么事；可是，管台子的刚一高声喊叫，他立刻伸手一攫，又抓起了几个金币。然而，信心已经消失，他先将那几块钱押在一门上，随后又改变主意，挪到了另一门上，圆球已经开始滚动，他猛地一俯身，举起战栗栗的手来一扬，飞快地又丢出两张捏成一团的钞票，押在同一门上。

“像这样一会儿输一会儿赢，忽胜忽败从不歇手，过了大约一小时。这一小时里，我一直盯着那张变化莫测的脸和那双魔力无边的手，没有放过片刻，直看得目眩神迷。那张脸上布满激情，潮汐一般一时陡涨一时猛退。那双手根根筋肉如像喷泉，一时突起一时降落，雕塑式地表现出情绪回荡的节奏。即使在剧院里，我也不曾这么心弦紧张地注视过一位演员的面部，也不曾在一张脸上见到这样无穷的色调和情绪的变幻，霎时改换，刻刻不停，好似阳光和阴影改变着一片自然风景。从来在看戏的时候，我不曾有过一回，像这样如经其事如历其境，让别人的忧喜悲欢映入我心。谁要是那晚上看到了我，会认为我那么目定眼呆准是受了催眠，我当时全然神智昏迷，那状态确也像是受了催眠——那张脸表情万分生动，我的两眼实在无法移开。大厅里的其他一切，许多灯光，许多笑声，无数人影，无数眼色，全都迷蒙暗淡混杂交织，只仿佛四周浮着一团浑黄的烟雾，雾里唯有那张脸灼灼闪烁，简直是烈焰中的烈焰。我耳无所闻目无所视，身边的人挤进挤出我全然不觉，另外许多只手触须似的突然伸进来，或者扔钱或者攫取，我都不加注意；转轮里的圆球我既不瞥一眼，管台子的连声叫喊我也全没听见。然而，那双手恰像两面凹镜，它的激动和兴奋能够显示一切，我如同身在梦中，台子上发生的事我无不历历如见。因为，圆球落进红门或是黑门[1]，正在滚动还是已经停止，要知道这些我用不着看转轮：那张满布激情的脸神经敏锐，表情灵活，每霎时如焰似

[1] 轮盘赌每一号码分为红、黑两门，赢输有所不同。

火的变化反映出每一情况，能说明赢输得失，有无希望。

“可是，一个令人震骇的瞬间终于出现了——我心中模模糊糊一直在担念着会有这样的瞬间，它一直像即将来临的风暴预悬在我的紧张不安的神经之上，此刻果真突然降临了。转轮里的圆球又发出轻微的脆声向后倒滚，又到了两百张嘴停住呼吸的那一秒钟，只见管台子的一边高声唱报——这一回报的是：‘空门’——一边急忙挥动筢竿，将许多哗琅琅的金币银币和簌簌作响的大小钞票全部揽光。就在这一瞬间，那两只手做出一个分外惊人的动作，它们猛然跳向半空，仿佛要抓住一件看不见的东西，随即跌落下来，落时全不用劲，只凭本身重量，力尽气绝似的掉在桌上。可是后来，它们忽地一下又活转过来，离开了桌面，像发高热一般逃回自己的身上，像野猫一般在身上爬来爬去，忽上忽下、忽左忽右，神经发作似的窜遍了所有的衣袋，想在什么地方发现一个被遗忘的金币。然而，它们搜来搜去始终空无所获，这种毫无意义、毫无结果的搜寻却一遍又一遍地不断重复着，越来越急切。这当儿轮盘已经重新旋转，别人都在继续赌赛，钱币叮当乱响，椅子纷纷摇动，百样杂声嗡嗡嘤嘤，合成一重闹声充塞了整座大厅。这一幕可怕的情景使我震栗，我不禁全身发抖：我自然而然十分清楚地有了同样的感觉，似乎那些就是我自己的手指，迫切绝望地掏摸着个个衣袋，抓捏着衣服上每一褶裥，要找出一个金币来。突然，我对面这个人蓦地站起身——完全像个猛然感到不爽的人，站起来以免窒息，他背后的椅子吧嗒一声倒在地上。他却没有回顾一眼，也不注意身边的人，拖着步子离开了赌台，别人对这个晃晃欲倒的人既惊且惧，慌忙避让。

“这一刹那间我仿佛全身僵化了。因为，我当时立刻明白这个人要上哪儿去：他是要走向死亡。谁要是这样子站起身，决不会是走回旅馆，也不是去到酒店，去找一个女人，去搭火车，或是去另换一种生活，而会是直截了当地投入那座黑渊。在这间地狱般的大厅里，即使是最冷酷的人也一定看得出来，知道这个人不会再在什么地方与家人团聚，不会再在银行里或亲戚那儿得到支援了，他明明是带着最后一笔钱，带着他的生命，到这儿坐下来孤注一掷的，现在他踉跄着离开了，是要走出这个地方，同时也无疑是要走出生命。我一直胆战心惊，从第一眼起始就像遇着魔法似地有了一个感觉，只感到在这场赌赛中有点什么，远超出赢输得失之上，然而此刻，我看见生命从他的眼里突然逃遁，这张刚才还那么灵活的脸竟被死亡罩上一层灰白，我只觉得那点什么像一阵黑黝黝的电击，猛力打在我的身上。当这个人从座位上忽然抽身蹒跚着走开时，我不由自主——他那种雕塑式的身姿给我的感印太深刻了——非要用手抵住桌子不可，因为，那种蹒跚的情状现在也从他的步态里传到我的身上来了，正像在这以前他的昂奋紧张感染我的血脉和神经一样。可是后来，我还是被带走了，我一定得要跟随着他：一点也不是出于自愿，我的脚步开始移动了。这一切完全是不自觉地发生的，并不是我自己在行动，而是行动来到我的身上，我对任谁不加理睬，对自己也毫无感觉，径直向着通往门外的过道跑去。

“他在存衣处那儿站住了，管衣帽的替他取出了大衣。可是，他的手臂转动不灵了，殷勤的侍役帮他穿上大衣，费了好大的劲，像是帮助一个手臂折断了的人。我看见他把手伸进背心口袋里，机械地摸索着，想要赏给侍役一点小费，可是，抽出来的还是一只空手。马上，他像是突然间记起了一切，喃喃着十分狼狈地向侍役说了一句什么，便又像刚才那样蓦地一下转过身去走开了，跌跌跄跄跨下赌馆门前的石阶，完全像个酒醉的人，那位侍役对他身后望了一会，作出轻蔑的样子，随后又露出了会心的微笑。

“他的这些动作非常令人感动，我在一旁看着很难为情。我不自主地站开了，不好意思像在剧院的舞台前那样，把一个陌生人的失望情状看进眼里，——可是后来，那点莫名其妙的惴惴不安又突然推动了我，使我跟上前去。我匆匆忙忙叫侍役取过我的外衣，脑子里一无主意，十分机械地、十分被动地走向黑地里，急急追赶这个素不相识的人。”

C太太讲到这儿停了一会。她一直保持着她那种独有的安详冷静，稳重沉着地坐在我的对面，娓娓叙述，几乎毫无间断，只有内心早有准备、对情节仔细整理过一番的人才会这样。此刻她第一次默不作声，显得有点踌躇，然后，她忽然中止了叙述，抬起头来看着我：

“我向您，也向自己作过保证，”她略显不安地开始说，“要极其坦率地讲出全部事实。可是，我现在必须请求您，希望您能够完全信任我的坦率，不要以为我那时的举动有着什么不可告人的动机。即使真有那样的动机，今天我也不会羞于承认的，然而，如果认为在当时的情形下必定有那样的动机，却实在是妄作猜测。所以，我必须着重说明，当我跟着这个希望破灭了的人追到街上，我对这位青年丝毫没有什么爱恋之意——我脑子里根本不曾想到他是一个男人——我那时已经是四十多岁的女人了，自从丈夫去世以后，事实上我从来没再正眼注视过任何男子。那些事在我已是**无所动心**的了：我向您说得这么干脆，而且非要说明这一点不可，因为，如果事实并非如此，那么，随后的全部经过何以非常可怕，在您听来就会难以理解了。真的，另一方面说来我也极感困难，没有办法给予当时我的那种情感一个名称，它竟能那么急迫地推动我去追赶那个不幸的人。那种情感里面有着好奇心的成分，可是，最主要的还是一种恐怖不安的忧虑，或者更确切些说，是对于某种恐怖的忧虑。从头一秒钟起，我就隐隐地感到有点非常恐怖的什么，一团阴云似的罩着那个年轻人。然而，这类感觉是谁也分析剖判不了的，尤其因为它错综复杂，来得过于急遽，过于迅速，过于突兀了——谁要是在街上看到一个孩子有被汽车碾死的危险，会马上跑过去一把将他拉开，当时我所做的很可能正是这种急于救人的本能行动。或者，换个比喻也许更说明问题：有些人自己不会游泳，看见别人吃醉了酒掉进河里，就立刻从桥上跳下水去。这些人来不及考虑决定，不问自己甘冒生命之险的一时豪勇究竟有无意义，只像着了魔，受了牵引，被一股意志的力量推动着便跳下去了。

我那次正是这样，不假任何思索，意识里没存着任何清醒的顾虑，立刻跟着那个不幸的人走出赌厅来到过道里，又从过道里一直追到临街的露台上。

"我相信，不论是您，或是别个双目清醒、感觉敏锐的人，也会受到这种忧急焦虑的好奇心理的牵引，因为，看到那个最多不过二十四岁的青年，步履艰难竟如老人，四肢松懈无力，醉汉似的悠悠晃晃走下石阶，蹭蹬着来到临街露台上，这般凄楚的情景不容人再有思索的余地了。他走到那儿就像一只草袋似地倒在一张长凳上面。这个动作又一次使我不胜惊恐地看出：这个人已经完了。只有一个失去生命的人，或者一个全身筋肉了无生意的人，才会这样沉重地坠倒。他的头偏斜着向后悬在长凳的靠背上，两只手臂软软地吊垂着，在煤气街灯惨淡昏暗的亮光里，任何过路的都会以为这是一个自杀了的人。他的形状的确像一个自杀了的人——我弄不明白，为什么我会忽然有了这样的印象，可是，它突然呈现在我眼前，像雕像似地触摸得到，真实得令人栗栗恐惧——在这一秒钟里，我两眼望着他，心上不由得不肯定地相信：他身边带着手枪，明天早上别人将发现这个人已经四肢僵硬，气息断绝，鲜血淋漓地躺在这一张或另一张长凳上了。我确信不疑，因为我看出，他那样倒向靠凳，完全像是一块巨石坠下深谷，不落到谷底决难停止。像这样的体态动作，充分表示疲惫绝望，我还从来不曾见到过。

"您现在试想想我当时的情境：我离他二十或三十步远，站在那张长凳后面，那上边躺着一个毫不动弹、希望破灭了的人，我万分茫然，不知道该怎么办，单凭着意愿的驱使，极想援助别人，而因袭成习的羞怯心理又令我畏缩不前，不敢去跟大街上一个不认识的男人说话。街灯幽光微闪，天上阴云密布，来往行人异常稀少，已近午夜了，我几乎是孑然一身站在临街的花园里，独对着这个像是自杀了的人。接连五次、十次，我一再鼓起勇气，走近他的身边，却总是感到羞惭，依旧退了回来，也许这只是一种本能吧，因为我深心里存着畏惧，害怕踉跄失足的人会带着上前扶救的人一同摔倒——我这样忽进忽退，自己也清楚地认识到处境十分可笑。然而，我还是既不敢开口说话，又不敢转身离开，我不能一事不做将他撇下不再过问。要是我告诉您，我在那儿迟疑不决，徘徊了大约一个小时，绵长无尽的一小时，我希望您能相信我的话。那一小时的时间，是随着一片无形的大海上面千起万伏的轻涛细浪点点消逝的；一个虚寂幻灭的人的形影，竟是这么有力地令我震动，使我无法脱身。

“可是，我始终找不出说一句话、做一件事的勇气，我会整整半晚那样站着等待下去，或者，我最后也许会清醒过来顾念自己，离开他转回家去；的确，我甚至相信自己已经下了决心，准备撇开眼前的凄惨景象，就让他那么晕厥过去——可是，一股外来的强大威力，终于改变了我这种左右为难的境况：那当儿忽然下起雨来了。那天黄昏时一直刮着海风，吹聚起满天浓厚潮润的春云，早使人肺腔里和心胸间窒闷阻塞，直感到整个天空都沉沉降落了。这时突然掉下一滴雨点，接着风声紧促，催来一阵暴雨，水丝沉重密集，淅沥淅沥地来势异常猛急。我不由自主，慌忙逃到一座茶亭的前檐下边，虽然撑开了手中的伞，狂风骤雨仍旧摇撼着我的衣衫。噼噼啪啪的雨点打着地面，激起冰凉带泥的水沫，溅在我的脸上和手上。

“可是——这一霎令人惊骇无比，二十五年后的今天，我回忆起来仍不免喉管发紧——任是大雨滂沱，那个不幸的人却还坐在凳上毫无动静。所有的檐溜水沟都有雨水滔滔不绝地流着，市内车声隆隆遥遥可闻，人人撩起外衣纷纷奔跑；一切有生命的都在畏缩避走，都要躲藏起来，不论什么地方，不论人或牲畜，在猛烈冲击的骤雨下张皇恐惧的情状显然可见——唯有那儿长凳上面漆黑一团的那个人，却始终不曾动弹一下。我先前对您说过，这个人像是有着魔力，能用姿态动作将自己的每一情绪雕塑式地表露出来；可是现在，他在疾雨中安然不动，静静坐着全无感觉，世界上绝难有一座雕塑，能够这么令人震骇地表达出内心的绝望和完全的自弃，能够这么生动地表现死境；他显得疲惫已达极点，再也无力站起来走动几步躲向一处檐下了，自己究竟存在与否，在他也已是极端的无足轻重。我只觉得，任何一位雕塑家，任何一位诗人，米开朗琪罗也罢，但丁也罢，也塑造不出人世间极度绝望、极度凄伤的形象，能像这个活生生的人这么惊心夺魄，深深感人。他听任雨水在身上浇洒淌流，自己已经力尽气竭，难再移动躲避了。

“我再也不能等待下去了，我也没有别的办法。我猛然纵身，冒着鞭阵一般的疾雨，跑过去推了一下长凳上那个湿淋淋的年轻人。‘跟我来！’我抓起了他的手臂。他那双眼睛非常吃力地向上瞪望着。好像有点什么在他身上渐渐苏醒,可是他还没有听懂我的话。‘跟我来!’我又拉了一下那只湿淋淋的衣袖,这一次我几乎有点生气了。他缓缓地站了起来,摇摇晃晃不知所措。‘您要我上哪儿?’他问。我一时回答不出,我自己也不知道要带他上哪儿去:仅只是要他不再听任冷雨浇洒,不再这样昏迷不醒地坐在那儿深陷绝望,自寻死路。我紧紧抓着他的手臂,拉着这个完全心无所属的人往前走,将他带到茶亭边,这般雨横风狂,一角飞檐总还能够多少替他遮挡一些。下一步该怎么办,我一点也不知道,我没有任何打算。我所要做的只是将这个人领进一个没有雨水的地方,拉到一处屋檐下:以后的事我根本不曾考虑。

“我们两人就这么并肩站在一个狭窄的干处,背靠着锁着的茶亭门墙,头上只有极小的一片檐角,没休没歇的急雨不时偷袭进来,阵阵狂风吹来冰凉的雨水,扫击着我们的衣衫和头脸。这种境况无法久耐。我不能老是那么站着,陪着一个水淋淋的陌生人。可是另一方面,我既已将他强拉过来,又不能什么话也不说就将他一人撇在那儿。真得要设法改变一下这种情况才好;我慢慢儿强制着自己,要清醒地思索一下。我当时想到,最好是雇一辆马车让他坐着回家,然后我自己也转回家去:到了明天他会知道怎样挽救自己的。于是,我问身旁这个呆瞪瞪凝视着夜空的人:‘您住在哪儿?’

“‘我没有住处……我今天下午才从尼查来到这儿……要上我那儿去是办不到的。’

“最后这句话我没有立刻了解。后来我才明白，这个人竟将我看作……看作一个妓女了。每天晚上，总有成群的女人在赌馆附近流连逡巡，希望能从走运的赌徒或醺醉的酒客身上发点利市，我竟被看作是这样的女人了。归根结底，他又怎样会有别的想法呢。我自己也只是到了现在，当我讲给您听的时候，才体会到我当时的行径完全叫人无法相信，简直是荒唐怪诞。我将他从凳上拖了起来，拉着他一同走，全不像是高尚女人应有的举动，那又叫他怎能对我别有想法呢。可是，我没有立刻意识到这些。只在过了一会以后，直到已经太迟了，我才发觉这个骇人的误会，我才了解他将我看作了什么样的人。因为，如果我当时早一些理解到这一点，决不至于接着又说出一句更为加深他的错误想法的话来。我说：‘找一处旅馆要一个房间吧。您不能老呆在这儿。必须马上找个地方安歇才好。’

“立刻，我突然明白了他这种叫我痛心的误会，因为，他并不转过身来向着我，只用一种颇含讥讽的语调表示拒绝道：‘不用了，我不需要房间，什么都不需要。你别找麻烦啦，从我这儿什么也弄不到手的。你找错了人，我已经身无分文了。’

“他说话时还是那样令人惊恐，还是那样意冷心灰，令人震骇；这么一个心志精力俱已枯竭的人，遍身湿透，昏昏沉沉靠着墙站在那儿，直叫我震恐不已，全然不暇顾及自己所受到的那点虽然轻微却很难堪的侮辱。我这时唯一的感觉，还和我看见他蹒跚着走出赌厅那一霎，以及在恍同幻境的这一小时里的感觉一样：这个人，一个年轻的、还活着的、还有呼吸的人，正站在死亡的边缘上，我一定要挽救他。我挨近了他的身旁。

"'不用愁没钱，您跟我来吧！您不能老站在这儿，我会替您找个安顿的地方。什么全不用犯愁，只管跟我走吧！'

"他扭过头来了。四周雨声闷沉，檐溜里水漫滔滔，这时我才见到，他在黑暗中第一次竭力想要看清我的面貌。他的全身也仿佛渐渐儿从昏迷中醒转来了。

"'好吧，就依着你，'他表示让步了，'在我什么全都一样……究竟，那会有什么不一样呢？走吧。'我撑开了伞，他靠近我，挽起了我的手臂。这种突然表现的亲昵使我很不舒服，简直令我惊惧，我深心里感到害怕了。可是，我没有勇气阻止他；因为，如果这时我推开了他，他会立刻掉进深渊，我所一直企求的就会全部落空。我们朝着赌馆那边走了几步。这时我才想起来，我还不知道怎样安顿他。我很快地考虑了一下，最好的办法是领着他找到一处旅店，然后塞给他一点钱，让他能在那儿过夜，明天早上能够搭车回家：此外我就没再想到什么了。正有几辆马车在赌馆门前匆匆驶过，我叫来一辆，我们坐进了车里。赶车的询问地址，我一点也不知道怎样回答。可是我忽然想到，带着这么个遍身水淋的人，高级旅馆是不会接待的——而且另一方面，我确是一个未经世事的女人，全没想到会引起什么不好的猜疑，于是我对赶车的叫道：'随便找一处普通的旅馆！'

"赶车的漫不在意地冒着大雨赶动了马匹。我身旁那位陌生人一直默不作声，车轮轧轧滚动，雨势猛急，车窗玻璃被扫击得噼啪有声：我坐在漆黑的、棺材形的车厢里，心绪万分低沉。只仿佛陪送着一具死尸。我竭力思索，想要找出一句话来，改变一下这种共坐不语的离奇可怖的局面，结果竟想不出有什么话好说。过了几分钟，马车停住了。我先下车付了车费，那位陌生人恍恍惚惚地跟着走下，关上了车门。我们这时站在一处从没到过的小旅店门前，门上有一个玻璃拱檐，小小一片檐盖替我们挡着雨水，四处单调的雨声使人厌烦，雨丝纷披，搅碎了一望无尽的黑夜。

"那个陌生人全身沉重难以支持，他不由自主地靠向墙壁，他的湿透的帽子和皱缩的衣衫还在淋漓地滴落雨水。他站在那儿，像个刚被人从河里救上岸来、还没有完全恢复知觉的醉汉，墙上他所倚靠的那片地方水流如注，渍痕明显。可是，他不曾微微使出一点力气摇抖一次衣衫、甩动一下帽子，却让水滴不停地顺着前额和脸颊向下淌流。他站在那儿对一切全不理会，我没有办法向您说明，这种心灭形毁的情状多么使我震动。

"这时，我必须做点什么了，我从衣袋里掏出了钱：'这是一百法郎，'我说，'您拿去吧，去要一个房间，明天早晨搭车回尼查。'

"他失惊地抬起头来望着我。

"'我在赌馆里看到了您的情形，'我见他有些迟疑，便催促着他说，'我知道您已经输得精光，我担心

您会走上绝路做出蠢事。接受别人的援助不算失了体面……拿去吧!'

"然而,他却推开了我的手,我没料到他竟还有这样的力气。'你这人心地很好,'他说,'可是,别白白糟蹋你的钱吧。我已经是没法援助的了。这一夜我睡觉也好,不睡也好,完全无关紧要。明天早上反正一切都完了。对我是援助不了的。'

"'不,您一定得拿着,'我逼着他说,'明天您就会有不同的想法。现在先到里面去吧,好好儿睡一觉就会忘掉一切。白天里一切自会另是一种面貌。'

"我再一次将钱递了过去,他仍旧推开了我的手,几乎推得很猛。'算了吧,'他又低沉地重复道,'那是毫无意义的。我最好还是死在外面,免得给人家的屋子染上血污。一百法郎救不了我,就是一千法郎也没有用。哪怕身边只剩几个法郎,天一亮我又会走进赌场,不到全部输光不会歇手的。何必从头再来一回呢,我已经受够了。'

"您一定估量不出,那个低沉的声音多么深刻地刺进了我的灵魂;可是,您自己设想一下:离您面前不过两英寸远,站着一个年轻、俊秀、还有生命、还有呼吸的人,您心里明白,如果不用尽全力牢牢拉住他,两小时以内这个能思想、会说话、有气息的青春生命就会变成一堆死骸。而想要战胜他的毫无理智的抗拒,当时在我无异一阵狂乱、一场愤怒。我抓住了他的手臂:'别再说这些傻话!您现在一定得要进里面去,给自己要一个房间,明天早晨我来送您上车站。您必须离开这个地方,明天必须搭车回家,我不看着您拿着车票跨进火车决不罢休。不论是谁，年纪轻轻的，决不能只因为输掉一两百或一千法郎，就要抛弃自己的生命。那是懦弱，是气愤懊丧之下一时糊涂发疯。明天您会觉得我说的没有错！'

"'明天！'他着重地重复着说，声调奇特，凄恻而带嘲讽，'明天！您能知道明天我在哪儿才好哩！如果我自己也能知道，我倒是真有点愿意知道。不，你回家去吧，我的宝贝，不用枉费心机了，不用糟蹋你的钱了。'

"我却不肯退让。我像是发了疯病。我使劲地抓着他的手，把钞票硬塞在他的手里。'您拿着钱马上进去！'我十分坚决地走过去拉了一下门铃。'您瞧，我已经拉过了铃，管门的马上就要来了，您进去吧，立刻上床睡觉。明天早上九点钟我在门外等您，带您去车站，一切事您都不用担心，我自会做好必要的安排，让您能回到家里。可是现在，快上床去吧，好好地睡一觉，什么也别再想了！'

"就在这时，里面发出门锁开动的响声，管门的拉开了大门。

"'进来！'他突然说道，声音粗暴、坚决而有恨意。我忽然觉得，他的钢铁一般的手指牢牢攥住了我的手。我猛吃一惊……我惊骇无比，我全身瘫软，我像受了电击，我毫无知觉了……我想抵抗，我要逃脱，……可是，我的意志麻痹了……我……您能了解……我……我羞愧极了：管门的站在一旁等得不耐烦，我却在跟一个陌生的人揪扯挣扎。于是……于是，我一下子进到旅馆里面去了；我想要说话，可是，喉咙里堵塞了……他的手沉重地、强迫地压在我的臂腕上……我懵懵地感到，我已不自觉地被那只手拉着走上了楼梯……一只门锁响了一声……

“就这样突如其来，我竟跟这个不认识的人独在一处，在一个不认识的房间里，在一处旅店里，旅店的名字我到今天还不知道。”

C太太讲到这儿又停住了，她蓦地站起身，像是忽然喑哑了。她走向窗口，默默不语地望着外面，过了几分钟，也许，她并没有看望外面，只是把额头放在冰凉的玻璃上贴了一会——我没有勇气仔细注意她，因为，注意观察一位老太太的激动情状，会要使我感到痛苦。因此我只静静地坐着，不发问，不出声，一直等到她轻悄地重新走回来，又在我的对面坐下。

“好啦，——最难叙述的已经叙述过了。我希望您能相信我，我现在还要再一次向您保证：直到最后一秒钟，我脑子里丝毫不曾想到，会跟这个不认识的人发生什么……什么关系，我可以用一切在我是神圣的东西——用我的名誉和我的孩子来发誓，我的确不曾有过任何清醒的意愿，完全没有一点意识，就那么突如其来地，像是在平坦的人生路途上失足跌进地窟，一下子陷入了那样的境地。我在心上立过誓，要对您、也对自己诚实不欺，因此我要向您再说一遍：我落进了这场悲剧性的冒险，仅仅由于一种差不多是急切过度的、想要救人的心意，不带任何别的个人情感，因而没存着半点私念，也不曾有过什么预感。

“那天晚上那间屋子里发生的事，请您容许我不讲了吧，我自己从不曾忘掉过那一夜的每一秒钟，以后也不会忘却。因为，那一夜我是在跟一个人搏斗，要想挽救他的生命；因为，我再说一遍，那是一场生死攸关的斗争。我身上每根神经都有感觉，万分确切地觉察到：这个陌生的人，这个一半已经沉沦的人，像是在绝命的一刹那忽然惧怕死亡，露出了无尽的渴念和激情，要抓牢最后一点希望，他像一个发现自己已经濒临深渊的人，紧紧攀住了我。我却奋不顾身，拿出全部力量来挽救他，我献出了自己所有的一切。像这样的一小时，一个人大概一生只能体验一回，而且，千百万人里面大概只有一个人能够体验到——拿我来说，如果没有这一次可怕的意外遭遇，也决难料想到人生会有这种经历。一个已经自弃了的人，一个已经沉沦了的人，竟会多么热切如焚地、多么苦痛绝望地露出渴念——何等放纵不羁的渴念，要再吮啜一回生命，想吸干每一滴鲜红的热血！如果不是亲身经历，我在今天，与所有生活里的邪魔力量疏远了二十多年，决难体会大自然的豪壮和瑰奇，它常常能够瞬息之间千聚万汇，使冷和热、生和死、昂奋和绝望一齐同时奔临。那一夜是那样地充满了斗争和辩解，充满了激情、愤怒和憎恨，充满了混合着誓言与醉狂的热泪，我只觉得像是过了一千年。我们这两个扭在一处一同滚下深渊的人，一个濒死疯狂，一个突逢意外，冲出这场致命的纷乱以后都变成了另外的人，与最初判然不同，感觉两样，心情也两样了。

“可是，我不想再谈这些了。我描绘不出，也不愿描绘。只是第二天早上我醒来时万分可怕的那一分钟，一定得要向您说说。我从向来不曾有过的沉睡中、从最深沉的黑夜中醒转来了。我竭力睁眼，很久才能睁开，我第一眼见到的是一片从没见过的屋顶，慢慢放眼四顾，见到一个完全陌生、从没见过、十分可厌的房间，我一点也不知道自己怎样进来的。我马上对自己说，这是梦，梦境鲜明清晰，是因为我昏睡方醒迷离失神罢了——然而，窗外曙色鲜明，阳光亮得刺眼，楼下传来满街隆隆不绝的马车声、叮当乱响的电车声、喧嚣闹杂的人语声，我这时才知道并非在梦中，而是完全清醒着。我不自主地抬起身来，想弄清楚一切，突然……我刚一侧望身旁……我立刻看见——我永远无法向您形容当时我的惊骇——一个不认识的人，挨近着我睡在宽大的床铺上……可是，我不认识他，我不认识他，我不认识他，一个半裸的、从没见过的人……

“不，这种惊骇，我知道，是描绘不出的：它猛然落到我的头上，万分可怕，我顿时全身无力倒了下去。可是，我并没有真正晕厥，并没有完全神志不清，正相反：一切像闪电一般迅速地来到我的意识里，而又觉得极不可解。我心里只有一个愿望：立刻死去——忽然发现自己跟一个毫不相识的人睡在一张从没见过的床上，那地方或许还是一处非常可疑的下等旅店，我不禁羞愧之极。到现在我还清清楚楚记得：我的心脏停止了跳动，我竭力屏住气息，仿佛这样就能窒灭自己的生命，首先是能窒灭我的意识，那种清晰而骇人的、知道一切却又什么全不了解的意识。

“我就这样四肢冰凉地躺在那儿，我永远无法知道躺了多久:棺材里的死人准是那样僵直地躺着的。我只知道,我曾经紧闭两眼祈祷上帝,祈祷某种上天的神力,唯愿所见非真,盼望一切全是虚幻。然而,我的感觉分外敏锐,不再容许我欺骗自己了,隔壁房间里有人在谈话,有水管在放水,外边走廊里有脚步在往来走动,这些我都听见了,每一种声音都确切地毫不留情地证明我的感觉完全清醒,这太可怕了。

“这种可怕的境况究竟延续了多久,我没有方法说明:这不是日常生活里那种均衡平稳的时间,每一秒钟却都和普通的标准不同。可是,我心上忽然有了一个新的惶恐,一个急迫的、可怖的惶恐:我还不知道他的姓名的这个陌生人,可能马上就要醒来,醒来以后还要跟我说话。我立刻意识到自己只有一条路:趁他未醒赶快逃走。不能让他再看见我,不能再跟他交谈。及时地拯救自己,赶快,赶快走掉,回到自己的不管什么样的生活里去,回到我的旅馆里去,然后立刻搭车,离开这个万恶的地方,离开这个国土,永远不再遇到他,永远不再见到他,不让谁能作见证,不让谁能指责我,不使任何人知道这一切。这个念头促使我脱离了四肢无力的状态:我小心翼翼,像小偷似的慢慢挪动身体(免得弄出响声)溜下床来,悄悄摸索着我的衣裳。我非常小心地开始穿着,每一秒钟都在颤抖,唯恐他会醒转来。我穿着完毕,我达到了目的。还剩下我的帽子,它被扔在另一边的床脚前面,我踮着脚轻轻走过去拾取它——就在这一秒钟,我实在禁不住自己:我一定要向这个陌生人的脸上再瞥一眼,他对于我原像是天外飞来的陨石,闯进了我的生命。我只想再瞥一眼，可是……太奇怪了，这个躺着不动酣睡沉沉的陌生的年轻人，在我看来确实陌生：我那一眼所瞥到的竟不是昨天那张脸了。所有那些因为热欲充盈而抽搐奋胀、情绪激烈得不顾性命的紧张神色，全部一扫而净了——这儿现在是另外一幅面貌，完全像个孩子，完全像个婴儿，纯洁舒畅，光灿夺目。昨天咬住牙狠狠紧闭的嘴唇，这时在睡梦里线条非常温柔，微微张作半圆，仿佛满含笑意；淡金色的鬈发覆盖着皱痕全消的前额，匀静的呼吸缓起缓落，轻轻的波纹漾遍了宁睡着的全身。

“您也许还记得，我先前向您说过：我从来不曾在赌台上观察到一个人，会像这个陌生人那么强烈地、用那样一种强烈逾分、形同犯罪的方式，表现出欲念和激情吧。现在我要向您说：我从来没有见过，甚至在婴孩们身上也没见过这样的睡态。襁褓中的婴孩舒爽自然，有时候会散发出天使般的明辉，却也还不及他这时表现的那么圣洁，真正是无上幸福的酣睡。在这张脸上，恰像是有着绝妙的雕塑技巧，全部情绪充分呈现，表达出内心重压解除无余的那种天堂福祉一般的舒坦、恬适、得救。一见到这种惊人的异象，我心上的全部惶恐、全部厌恨马上滑落，仿佛卸掉了一袭沉重的黑罩衫——我不再感到羞愧了，不，我几乎感到快乐了。那点可怕的什么，那点不可理解的什么，立刻对我显出意义来了，我脑子里有了一个想法：这个年轻、柔媚而俊美的人，现在竟像一朵鲜花，舒放而恬静地躺在这儿，如果不是由于我的牺牲，他一定会跌得粉碎，染遍了污血弄得面目不可辨认，气息断绝，眼珠迸裂，被人在随便哪一处悬岩边上发现的；是我挽救了他，他已经被我挽救住了——我有了这样的想法不禁**欣欣自喜**，不禁**骄傲**起来了。而现在，我用一双——我不能换一个说法——**母亲**的眼睛凝望着这个熟睡的人，他是从我的身上重新获得生命的，我经受了无边的痛苦，正像是自己生育了一个孩子。在这间朽蔽污浊的屋子里，在这个可厌的、不洁的、偶然来到的旅店里，我忽然得到一个——我说出来您会更觉得可笑的——置身教堂的感觉，奇迹降临、圣灵荫庇的福乐感觉。我整个一生中最最可怕的那一秒钟，现在忽然成长，变成了另一个一秒钟，极可惊异，极有力量，又是无限的亲切。

"也许是我的动作有了声响。也许是我情不自禁说了一句什么。这些我都无法知道。反正那个熟睡的人突然睁开了眼。我猛吃一惊，连连后退。他十分诧异地四面环顾——恰像我起初时一样，他现在也仿佛是在竭力挣扎，正从无尽的深处和昏乱的迷离中慢慢漂浮上来。他的目光非常吃力地巡扫着这间陌生的、从没见过的屋子，然后十分惊奇地落在我的身上。可是，不等他开口说话，不等他能有回忆，我已经心神宁定了。不能让他说话，不能让他发问，不能让他表示亲昵，昨天以及昨天晚上的事不应该再有，也用不着解释，用不着谈起了。

"'我现在必须马上离开，'我急忙告诉他说，'您仍旧留在这儿，赶快穿好衣裳。十二点钟时我在赌馆门前等您，那时再替您安排其他的一切。'

"趁着他还来不及回答，我立刻逃了出来，不愿意再看见那间屋子。我头也不回地跑着离开了旅店，旅店的名字我也毫无所知，就像我对于和自己同在那儿过了一夜的陌生男人一样。”

C太太停下来略略缓了缓气。可是，从这时开始，所有的紧张和痛苦都从她的声音里消失了：像一辆马车，费尽艰辛爬上山坡，到达了山顶便轻捷如飞地急驰而下，她现在就这么如释重负地往下叙说着：

“就这样，我急急忙忙赶回自己所住的旅馆，大街上晨光灿烂，隔夜的风暴扫净了整个天空，我也像是心胸受了洗涤，悲情愁绪了无踪影。因为，您不要忘了，我先前对您说过：自从丈夫去世，我早已将自己的生命看得无足轻重了。我的孩子们不需要我，我自己也无从排遣余生，活着而没有什么固定的目的，整个生命自然毫无意义。现在居然意想不到，第一次有桩任务落到我的身上：我挽救了一个人，我用尽全力将他从毁灭的道路上拉回来了。只需要再克服一点小小的困难，这个任务就一定能全部完成。就这样，当我跑回自己的旅馆，看门的发现我清晨九点才转回来，用诧异的眼色打量着我，我却全不在意——对于昨天的事，我心上不再受到羞愧和懊丧的压抑了，只觉得突然精神振奋，乐生之愿重又复活，意外地有了一个此生不虚的新鲜感觉，使得我全身脉管热血充盈。回到了自己的房间里，我匆匆换装，不自觉地（后来我才注意到）除掉身上的丧服，改穿了一件较为鲜明的外衣。我上银行里去取了钱，又急急赶到火车站，探明了火车开行的时间；另外——我行动果决，连自己也有些惊讶——我还办了几桩别的事,赴了一两处约会。然后,我没有其他该做的事了,只等着将命运扔给我的那个人送上火车,完成援救他的心愿。

“真的,现在再去跟他见面,那是需要勇气的。昨天的一切全在黑夜之中,是在猛旋的涡流里发生的,就像一股湍流冲下两块岩石,骤然撞击在一处了;我们本是对面不相识的,我决不相信那个陌生人再见到我还会认识出来。昨天——那是一场意外、一阵迷醉,是两个头脑昏乱的人一时入魔,可是今天,却非要向他露出自己的真面不可了,因为现在是在残酷无情的白天里,我是一个无法藏头隐身的凡人,只能这样前去见他。

“不过,实际上倒还不是我所想的那么困难。到了约定的时间,我刚来到赌馆门前,就见一个年轻的人,从一张长凳上一跃而起,急急向我走来。他那种喜出望外的神情,他的每一个胜过语言的动作,都表现得十分自然、十分稚气、十分天真:他简直是飞奔而来,眼里射出快乐的、透露着感谢的光芒,同时显得非常诚敬,然而,一看到我与他相反,在他面前很是局促,他立刻谦卑地低下眼来。在一般人身上,感谢的心意原是很难看出的,而且,越是心怀感谢往往越是找不到表达的方式,总是怅惘惶乱,沉默不语,总是感到羞愧,常常假充倔强,掩饰着真实的心情。可是这儿这个人,仿佛上帝要在他身上显示自己是神秘莫测的雕刻家,一举一动无不宣泄情感,表现得意义丰富、极其美妙、极有雕塑意味,竟连表达感谢的姿态也是煌煌无比,似有满腔炽情从身体内部涌进散发,光耀照人。他弯下腰来吻我的手，恭顺地低下了轮廓清秀的孩子式的头，非常虔敬地俯垂了一分钟，可是只接触到我的手指，然后，他先退回一步，接着向我问好，极为动人地凝望着我，他的话字字说得庄重得体，我最后的一点局促不安也消失无踪了。四周景物全像着了魔法，霎时之间光灿鲜明，镜子一般地映衬出我当时的开朗心情：昨晚还是怒涛汹涌的大海，这时万分平静，异常清澄，微波荡漾的水面下粒粒圆石闪闪发白，向我们炫射着光煌；罪恶渊薮的赌馆在净如缎面的天空下黝亮爽洁；昨晚一阵狂雨逼得我们避身檐下的那座茶亭，现在门窗尽启，变成了一间鲜花店：摆满了白色的、红色的、绿色的和各种彩色的大花小花，卖花的是一位衣衫美丽得像着了火似的年轻姑娘。

“我邀请他到一家小餐馆去进午餐，这位陌生的年轻人在餐馆里将他自己悲剧性的冒险生活讲给了我听。当初我在绿呢赌台上一见到他那双瑟缩战栗的手，就曾经有过一个揣想，他的叙述完全证实我揣测得不错。他出生于一个奥国籍波兰贵族家庭，一直在维也纳求学，准备将来进外交界服务。一个月前，他参加了初考，成绩非常优异。为了庆祝这场胜利，他的一位在参谋部当高级军官的叔父（他在维也纳时寄居在叔父家里）想要对他表示奖励，带着他乘坐一辆大马车，一同去到市郊游乐区赛马场观光了一次。叔父赌运亨通，接连赢了三回，于是，他们怀着一大叠白手赚来的钞票，到一家豪华餐馆去吃喝了一通。第二天，这位新进的外交家收到父亲汇来的一笔钱，数目超过了他平时的月费，也为的是奖励他的考试胜利。要是在两天前，这笔款子在他眼里倒还相当可观，可是现在，见识过白手发财的捷便门路，只觉得它微不足道了。因此，吃罢饭他立刻去到赛马场，热烈兴奋地狂赌了一阵，居然鸿运当头——或者更该说是晦星照命——赛完了最后一场他离开那儿时，手里的钱增多了三倍。从此以后，他大得其乐，时而赛马场，时而咖啡馆，时而俱乐部，将自己的时间、学业、神经、尤其还有金钱，尽量浪费虚掷了。他脑子里再也不能思索什么，夜里再也不能安眠，对于自己更是丝毫控制不了。有天晚上，他在俱乐部里输得精光转回家来，正要脱衣上床，忽然发现背心衣袋里还有一张忘记了的钞票，已经揉成一团了。他禁不住自己，马上穿起衣服，跑到外边东悠西晃，最后在一处咖啡馆里找到几个玩骨牌的人，就坐下来一直赌到天亮。他的一位出嫁了的姐姐帮过他一回忙，替他偿还了高利贷商人的债款，人家因为他是贵族世家的继承人，十分乐意借钱给他。有一阵子他又交了赌运，可是后来手气越变越坏，而他越是输得厉害，却越是急于希望大赢一回，好清偿许多无法弥补的赌债和一再拖延的借款。他的表、他的衣裳，早已当光了，最后发生了一件骇人听闻的事：他从叔父家橱柜里偷取了年老的婶母不常戴用的两枚胸针。他当掉了一枚，得了很大一笔钱，当天晚上赌了一场，赢了四倍。可是他没去赎回胸针，却拿所有的钱又到赌场里去输得干干净净。直到他离开维也纳前一小时，偷窃饰物的事还没有被发觉，他于是当掉第二枚胸针便马上逃走，临时灵机一动，搭上火车来到蒙特卡罗，梦想着能在轮盘赌上发一注大财。来到这儿以后，他将自己的皮箱、衣服、阳伞统统卖去，身边只剩装有四发子弹的一支手枪，还有一个嵌宝石的小十字架，那是他的教母 X 侯爵夫人送给他的礼物，他舍不得卖给别人。可是昨天下午，他终于卖掉了这个小十字架，得了五十法郎，只为了晚上能够最后再赌一回，他经受不住那种得手应心之乐的引诱，决意不顾死活再去试试运气。

"他在向我叙述的时候，还是那么神态曼妙，令人着迷，他那种天赋的优美身姿还是那么栩栩生动。我听得十分出神，却一点也不生气，一刻也没想到同我坐在一处的这个人原来是贼。我是一个终生操行无污的女人，与人交往一向重视合于习俗的身份人品，在这方面要求得最是严格，如果先一天有人告诉我，说我会跟一个从来不认识的年轻人，一个比我的儿子大不了多少、而且偷窃过珠宝胸饰的人，非常亲密地共坐一处，我一定认为说这话的人精神失常。可是，听着他叙述一切，我不曾有一霎感到些微惊骇；他说得那么自然，那么富于激情，直叫人觉得他所描述的是一场热病，不是什么令人愤恨的事。而且，谁要是像我那样，前夜亲身经历过那类狂风骤雨一般的意外遭遇，就会觉得'不可能'这个词忽然失去了意义。在那十个小时里，我对于现实获得了无限多的认识，远超过在那以前四十多年中产阶级方式的生活体验。

"不过，在他作表示忏悔的娓娓自述时，还是有一点另外的什么，使我心上悸动，那就是他眼里似发高热的熠熠闪光，一谈到赌钱他就目光炯炯，脸上所有的神经像触电似的不住抽搐。讲到那儿他自己似乎还像当时一样激动不已，他的雕塑式的脸上重绘出种种紧张情状，忽而狂喜，忽而苦恼，清晰得极为惊人。他的两只手，那两只奇妙、修窄、敏感的手，不由自主地开始动作，跟它们在赌台上一般无二，又是那么猛如凶兽，又是那么迫不及待，变化多端。我看到，他嘴里说着话，两只手的关节突然颤战不已，手指猛力钩曲紧紧拳拢，接着蓦地一弹，一齐张开，后来又重新彼此扭缠起来了。当他讲到偷取胸针时，两只手像闪电一般突然伸出（我不由得打了一个寒噤），做了个飞快的窃取姿势：手指怎样忙迫地攫住那件饰物，又怎样急急地将它紧握掌中，我都立刻了如亲见。我感到一阵不可名状的震惊，看出这个人全身血液没有一滴不曾受到他自己的激情的毒害。

"他的叙述使我感到震动惊骇的仅仅只有这一点，我所万分震骇的是：这么一个年轻、爽朗、本性纯洁、不识忧患的人，竟这么可怜地屈从于一股迷误昏乱的热情。因此，我认为自己首要的责任在于恳切规劝我的这位不期而得的被保护人，我告诉他必须马上离开蒙特卡罗，这地方的诱惑危险透顶，必须在今天，趁着丢失胸针的事还没被发觉，趁着自己的前途还不曾永远断送，立刻转回家去。我答应供给他回家的旅费和赎取那两件饰物所需的钱，只有一个条件：他今天就动身，并且向我起誓，以后不再接触一张纸牌，也不再从事别的赌博。

"我永远忘不了，当我答应帮助他时，这个误入迷途的陌生人怀着怎样一种最初十分沮丧、随后渐渐开朗的感激之情听着我说话，他像是在一字一字地吞饮着我的话语；突然，他将两手隔着桌面伸过来，用一种使人难以遗忘的姿势捉住了我的手，就像膜拜神灵默许宏愿一样。他那双莹亮而略显惶乱的眼睛里噙着泪珠，他感到幸运而内心激动得全身发抖了。我已经尝试过不知多少回，想向您形容他的身姿体态所具有的世间唯一的表情本领，可是，他这时的情态却不是我所能描述的，因为，它所表露的是一种超轶凡俗的极乐至福，平时在一个常人的脸上我们不易见到，只有当我们梦中醒来，依稀记着有一个隐隐消逝的天使面容，那一团白影还差可比拟。

"何必隐瞒呢：我那时看着他确实心神荡漾了。领受感谢是幸福的悦乐，这般透澈的情意更是少见，柔腻的至情原是一种福惠，对于我这个素来拘谨冷漠的人，如此洋溢的真情确要算是有益身心的新鲜感受。更加上在那当儿，自然景物也随着这个曾受摧残的人，经过隔夜一场暴雨蓦然复苏了。我们走出餐馆满眼是灿烂辉煌，平静宁谧的大海澄澄碧蓝，展接天际，高空之中另是一派青蔚，仅有几只轻鸥往来翔掠，点缀出些许白影。里维耶拉一带的自然风貌您当然十分熟悉。这儿的美景永远动人，却又像画片似的芜远平旷，无尽的彩色舒徐有致地缓缓映入眼中，呈现出一种似已入睡的慵怠之美，意态漠然地尽人抚视，永远婉顺柔从，极像东方美人。可也有的时候，虽说极难遇见，仍会出现那么几天，这位美人忽然睡醒，忽然振衣而起，忽然秾丽绚烂，奇彩交迸如火星，似在向人放声召唤，忽然繁花吐艳，喜洋洋地五彩缤纷，忽然热焰腾腾，忽然炽情如焚。那一天也正是这样一个勃然振兴的日子，从风雨纵横的一夜混乱中脱然而出，所有的街道被冲洗得洁白璀璨，天宇碧蓝似靛，杂树青翠欲滴，万绿丛中百花争妍，星星点点如火如荼。四周的群山突然面目清新，在凉爽皎晴的空气中显得像是齐从远地赶来，想要围得近些仔细窥探这座鲜亮光洁的小城。放眼四顾，只觉得大自然处处都在对人激励鼓舞，不由得使人心扉顿开。我立刻提议说：'我们雇一辆马车，沿着海边走走吧。'

"他高兴地点了点头：这个年轻人好像自从来到这儿，现在才第一次留意观赏风景。直到这时，他所见到的只是闷沉沉的赌场大厅，充满了蒸郁的汗气，挤满了恶俗可厌的人群，加上一个暴戾的、灰暗的、吼嚣的海面。可是现在，海滩上阳光如泻，沙畈层叠一望无垠，愈望愈使人目眩心畅。我们坐在缓缓前进的马车里（那时候还没有汽车），一路风光玮丽，驶过许多别墅，浏览了一处处美景，每逢经过一处房舍，经过一座绿荫四覆的别墅，总有一个极为隐秘的愿望一再出现不下百次：但愿能在这儿住下来，宁静、安谧、与世隔绝！

"我一生里还有什么时候比在那一小时更感幸福呢？我不记得曾经有过。我身边坐着这个年轻的人，昨天他还在死神的掌握里听凭命运摆布，现在却在阳光倾照下容采焕发，更显得年轻了许多。他仿佛变成了一个孩子，一个陶醉在嬉戏中的美丽幼童，两眼兴高采烈，同时满含敬畏。最使我欣慰的无过于他那种敏感清醒的细腻柔情：车子驶上陡坡时马力不济，他立刻敏快地跳下车去帮着推动。我提到一种花的名字，或是指了指路边一朵什么花，他就急忙跑去采摘。路上有一只小甲虫，昨夜在风雨下迷失途径，正在十分艰难地慢慢爬着，他将它捉起来，细心爱护地送往青草丛中，不让马车驶过时碾碎了它。他一边作着这些，一边还兴冲冲地谈讲着许多非常可乐而又文雅的趣事：我相信，这种笑乐对于他是一种解救，因为，他突然有了过多的快乐，使他那么高兴、那么迷醉，如果不尽情大笑，就只好放声高歌或纵身猛跳了，也许还会做出一些傻头傻脑的举动来。

"后来，我们慢慢驶上高坡，路过一处极小的村庄，半道里他忽然取下了头上的帽子。我很是惊讶：这儿谁也不认识他，他向什么人表示敬意呢？他听到我的疑问微微有点脸红，连忙向我解释，用几乎很抱歉的样子告诉我：我们正从一座教堂前面走过，在波兰也像在所有教规严格的天主教国家里一样，人们从小养成了习惯，遇到任何一座教堂或供奉神像的圣殿总要脱帽。对于宗教事物的这种美好的敬畏态度深深地感动了我，我记起了他对我说到过的那个小十字架，便问他是否真正信教。他微露羞赧地回答说，他希望能蒙受圣灵恩宠。这时候我突然有了一个念头，'停住！'我向车夫喊了一声，立刻匆匆跳下马车。他跟在后边十分诧异：'我们往哪儿去？'我仅仅回答道：'随我来！'

"我让他跟随着我，一同走向那座教堂。那是一所砖砌的乡村小圣殿，里面的四壁粉刷着白垩，晦暗阴森，前门敞开着，一股黄澄澄的阳光强劲地劈入昏暗，直射到一座小祭坛上，在地面投出一团青影。殿内烟气氤氲，朦胧中闪烁着两支神烛，像是罩在面纱里的两只眼睛。我们走了进去，他脱掉帽子，在净水缸里浸了浸手，画了个十字，然后屈膝跪下。他刚站立起身，我立刻拉住了他。‘您上前边去，’我强迫他道，‘跪在一个祭坛或一帧您所尊奉的神像前，照着我要教给您的话立一回誓。’他诧异地瞪着我，像是吃了一惊。可是，他很快地了解了我的话，立刻走到一座神龛前，画了个十字便柔顺地跪了下去。‘照着我的话说吧，’我对他说道，自己心情激动得全身战栗，‘照着我的话说：我立誓。’‘我立誓。’他重复道。我继续往下说：‘我永远不再赌钱，从此戒绝一切赌博，我立誓不再把自己的生命和名誉，断送在这样的激情之下。’

“他颤抖着重复了我的话：清楚、嘹亮，空荡的殿堂里震着回响。随后静寂了一霎，殿外风过树梢，叶声簌簌，清晰可闻。突然，他像一个忏罪者那样扑倒在地上，用一种我从来没听到过的狂热的声音念叨起来，急而且快，字句串乱连续，说的是我所不懂的波兰语。想来他一定是在做着狂热的祈祷，一场感恩和悔恨的祈祷，因为，这位激乱的忏悔者一再低下头去，卑恭地碰击着经案，越来越昂奋地一再重复着那些外国话，表现出难以形容的激烈情绪，越来越热切。在那以前和自此以后，我从不曾在世界上任何一座教堂里听见过这样的祈祷。他祈祷时两手痉挛地紧抱着经案，同时仿佛心上掀起了一阵飓风，使得他全身震摇，不住地一会儿抬起头来，一会儿扑倒下去。他什么也不看，什么也没感觉到，像是整个儿身在另一世界，像是在涤罪的净火里整个儿被焚化了，或者飞升到更高的天界里去了。最后，他慢慢儿站起身，画了个十字，疲乏地转过脸来。他的两膝还在颤战，脸色苍白，像个精疲力竭的人。可是，一看见了我，他立刻两眼熠亮，脸上浮起一副纯洁的、真正虔诚的微笑，疲惫的面容忽然变得光灿夺目了。他走到我的面前，深深地鞠了一个俄国式的躬，拿起了我的两手，十分崇敬地将自己的嘴唇印在上面：'是上帝派您来救我的。我向上帝谢过恩了。'我不知道说什么好。可是，我这时真希望，这间摆着许多矮凳的教堂里会突然琴声大作，响彻一阵乐音，因为我觉得自己所企求的已经全部实现了：我已经将这个人完全挽救过来了。

"我们走出教堂，又回到了辉煌灿烂、倾泻不尽的五月天的阳光下面：世界在我眼里从来没有这般美丽。我们坐上马车继续游逛了两小时，翻越高坡缓缓前进，沿途风光旖旎，山回路转，处处美不胜收。可是，我们不再谈话了。经过那么一场感情泛滥，语言似乎微弱无力了。而且，我每次偶然地和他目光相遇，总不得不感到羞涩地避开了他：审视自己创制的奇迹会使我受到太强烈的震动。

"下午五点左右，我们回到了蒙特卡罗。那时候我必须去赴一处亲友的约会，要想设法推辞已是来不及了。而且，我自己深心里感到需要休息一会，舒散一下奔放得过于猛急了的心情。我觉得，这种炽热的、狂欢的心境，一生里还从来不曾有过，一定要歇息一会安静下来。因此我请求我的这位被保护人，要他到我的旅馆里来一趟，只耽搁一小会儿；到了我的房间里以后，我准备将旅费和赎取胸针的钱拿出来交给他。我们说好了：我去赴约会，他去买车票；晚上七点我们在车站候车室里再见面，火车七点半离站，它将载送他穿过日内瓦平安抵家。当我拿出五张钞票正要递给他时，他突然嘴唇发白了：'不……不要钱……我求您，不要给我钱！'他咬紧了牙说，一边神经紧张地战栗着慢慢缩回了手指。'不要钱……不要钱……我不能看到钱。'他重说了一遍，仿佛满心厌恶，周身不宁。我设法减轻他的愧疚，我对他说：这笔钱只算是借给他的，如果他觉得不便接受，不妨写个借据给我。'好吧……好吧……写一个借据。'他避开眼睛喃喃地说，一边接过钞票，捏在手指间轻轻折拢，像是拿着什么粘腻污秽的东西，不看一眼便放进了衣袋，然后取过一张纸，在上面潦草地写了几个字。他写罢借据抬起眼来，额头上热汗涔涔：似乎他的身体里面有点什么在猛力向上冲涌。他刚将那张纸条递给了我，忽然全身一震，蓦地一下——我不禁失惊地后退了一步——跪倒在我的面前，捧着我的衣裾连连亲吻。这种姿态真是难以描述：它以一种非常强烈的力量震撼着我，我的整个身子马上战抖起来了。我满心惊骇，十分惶惑，只能喃喃着说：'您这么感激，我很谢谢您。可是，请您现在就走吧！晚上七点在火车站候车室里见面，那时我们再作告别。'

"他凝望着我，神情激动，两眼润湿闪亮。有一霎我以为他还想要说什么，有一霎他像是想要走近我。可是，他突然深深地鞠了一躬，立刻走出了屋子。"

C太太又停止了叙述。她立起身来走到窗口，凝立在那儿向外注视了很久：我望着她的背面侧影，看出她正在轻轻战栗摇晃。她猛一下转过身来，态度很是坚决，一直安静无事的两只手突然间用力地左右甩开，像是要撕裂一点什么。接着，她坚定地——几乎可以说是勇敢地——抬眼盯着我，重又开口了：

"我答应过您，要做到完全坦率。我此刻感到这一诺言很有必要。因为现在，我第一次迫使自己，要按照情节先后顺序描述那一天的全部经过，要找出明白清晰的语句，来说明当时那种纷杂紊乱的心情，今天我才清楚地得到了许多认识，是我当初所不知道的，也许，我当初只是不想知道罢了。因此我要十分坚决地向自己、也向您说出真实情况：当时，在那个年轻人走出屋子、剩下我孤零零独自一人的一秒钟里，我曾经——仿佛一阵晕厥沉沉地向我压来——感到心上受了一下猛击，有点什么使我伤痛欲绝了。可是，我的被保护人对于我无限尊敬，他的这种态度那时还使我怦怦感动，怎的竟会忽然令我万分伤痛了，这却是我弄不明白的——或许是我不愿意弄明白吧。

"可是现在，当我迫使自己回溯往事，要坚决而又有层次地从内心里吐出一切，只当全是别人的事，要对于您这位证人毫不隐藏，不在您的面前感到羞愧而怯懦地有所避讳，这时我才明白了：当初我万分伤痛，实在是出于失望……我感到失望，因为……因为那个年轻人竟那么驯顺地离开了我……竟那么的一次也不曾企图抓住我，要求留在我的身旁……我所失望的是，我只说出了一个愿望，要他转回家去，而他竟卑顺敬畏地立刻依从了我，却不曾……却不曾有过一次企图，将我拉近他的身边……我所失望的是，他尊敬我，只是因为将我认作了忽然出现在他面前的一位圣者……而没有……而没有觉得我是一个女人。

"这些正是当时我所失望的……这种失望，我当时和过后都不曾自己承认过，然而，一个女人的感觉是无所不知的，并不需要语言和意识。因为……我现在用不着再欺骗自己了——如果那位年轻人当时抓住了我，当时恳求过我，我定会跟着他去到天涯海角，我会听任自己和我的孩子们的姓氏蒙上羞辱……我会不顾别人的非议和自己的理智，随着他一起逃走，就像那位跟一个刚认识了一天的年轻的法国人一同私奔的亨丽哀太太一样……逃到哪儿去，一道生活多久，这些我都会一概不问，对于自己先前的生活，我决不会稍稍回顾一下……为了这个人，我会将我的钱、我的姓氏、我的财产、我的名誉全部牺牲……我会甘心沿路乞讨，只要是他领着我走，世界上好像没有一处卑下的角落是我所不愿去的。一般人所谓的廉耻和顾虑，我可以完全抛在一边，他只需说一句话，只需向我走近一步，只要他曾经企图抓牢我，我就会在那一秒钟里立刻将自己整个儿交给他。可是……我向您说过的……这个人当时如醉如痴地看着我，竟不再觉得我是女人了……我那时多么狂热地倾向着他，多么地甘愿委心相从啊，而只在剩下孤身一人时我方才自己感觉着了，我那一股激情被他的辉煌无比的、天使一般的面容引导着正在高涨，却突然坠跌下来，落回空虚凄凉的心胸之中，在里面翻腾不已。我勉强振作精神，出去赴约会，加倍感到非我所愿。我直觉得头上箍着一顶又重又紧的钢盔，压得我左摇右晃了：当我终于走向另一处旅馆，到我那位亲戚的寓所里去时，我的思绪纷歧散乱，正像我的脚步一样。我坐在那儿闷闷恹恹，听着别人谈得上劲，我一再地忽然失惊，偶尔抬起眼来，见到的是一些呆板的脸孔，它们比起那张像是高空行云变幻无穷、阴晴不定无限生动的脸来，全都像些纸糊的或僵冻的脸孔。我仿佛坐在了死人堆里，这一次亲友聚会竟这么可怕地了无生趣；当我一边舀着糖放进茶里、一边心不在焉地跟别人应答着时，那张唯一的脸不停地在我心上浮升，恰像是我心中的阵阵热血在推涌着它。观察那一张脸曾经成为我的无上欢乐，而现在——想想实在骇然！——再过一两小时我就只能最后一次重见它了。我一定是不自主地轻轻叹息了一声，或竟发出了呻吟，因为我丈夫的表姊突然俯下身来问我怎么样了，是否很不舒适，说我脸色发白，呼吸紧促了。她这么一问，很是出我意外，马上使我毫不困难地找到一个借口，我急忙承认确是患了头痛病，请她允许我悄悄离开这儿，不让别人发觉。

“就这样，我得到了脱身之计，立刻不再迟延，匆匆赶回自己的旅馆。我走进屋子，四顾寂寥，空虚凄凉的感觉重又袭上心头，我同时焦灼地感到迫不及待地只盼望再见到就要与我永别的那位年轻人。我在屋子里踱来踱去，枉费心力地打开橱柜，换了衣服和腰带，在镜子里仔细端详了一回，看看自己的装扮能不能引起他的注意。突然，我明白了自己的意愿：一切在所不惜，只要不失掉他！在那万分急遽的一秒钟里，我这个意愿立刻变成决心。我飞奔下楼找到管门的人，告诉他我要搭乘当晚的火车离开那儿。必须赶快准备：我打铃唤来使女，让她帮我收拾行李——时间确是很紧迫了。我们像上阵似的慌慌忙忙，将衣裳杂物胡乱塞进皮箱，这当儿，我暗自梦想着怎样给他一场惊喜：我将他送上火车，等到最后，等到只剩下最后的一霎，当他伸出手来跟我握别，我就出其不意地跳上车去，这一夜就和他同在一起，以后夜夜——只要他愿意，都和他同在一起。我想着这些不禁心跳血涌，感到一阵欢快兴奋的晕眩，好几次一边拿着衣裳扔进皮箱，一边失声大笑，弄得那位使女完全莫名其妙：我自己也觉得有些神经错乱了。脚夫进来搬取行李，我瞪眼望着，全不明白他在干什么：我心里激动得太厉害了，难以理解身外的一切。

“时间很紧迫，我估计已经是七点钟了，最多还剩二十分钟就要开车了。是的，我安慰着自己说，现在我不是去送行，我已经下定决心，要陪着他一同走，不论多久多远，完全听凭于他。脚夫搬出了行李，我匆匆去到账房结算账目。旅馆经理将钱找还给我，我正要转身离开，忽然有一只手在我肩上轻轻拍了一下。我受了一震。那是我的那位表姊，我刚才假称身体不爽，她放心不下，特意前来探望。我觉得眼前发黑了。我这时不需要她来看我，每一秒钟的耽搁都意味着无法弥补的损失，可是，又不得不顾及礼貌，至少得要站着跟她谈几句。‘你必须躺在床上，’她劝我说，‘你准是发热了。’倒也可能真是这样，因为，我的脉搏急促，两边太阳穴不住地跳动像是擂鼓，一阵阵只感到眼前青影乱晃，仿佛就要晕倒。可是，我竭力撑持着表示感谢，实际上每一句话都使我焦灼如焚，她的关心来得不是时候，我真想一脚踢开她。这位不速之客偏偏恋恋不舍，一再纠缠，她掏出古龙香水，还硬要亲手替我抹揉太阳穴：我却在计算着每一分钟，急切地挂念着那个人，盘算着找个什么借口，好摆脱这种叫人受罪的体贴。我越是焦急不宁，却越是使她担心：到后来她差不多想要将我拖进屋子逼上床去了。忽然——她还在左说右劝——我望了一眼前厅里的挂钟：只差两分钟就到七点半了，而七点三十五分火车就要开走。马上，我像是无意人世了，狠狠地用手一推，快而且猛地甩开了我的表姊：'再见，我非走不可！'我毫不理会她当时的惊愕，对那些大为诧异的旅馆侍役也不看一眼，一气冲出门外来到街上，径直赶往车站。脚夫还在车站外面守着行李等候，我远远里望见他慌张地向我打着手势，便知道时间已经到了。我不顾命地奔向栅栏口，守栅栏的却不放我过去：我忘了买票。我竭力婉言央告，请求破例通容，不料，火车蠕蠕开动了：我全身抖索，隔着栅栏张望，只盼着还能从一个车窗口再见他一面，得到他的一瞥一视、一次挥手。可是，火车渐渐加快，我再也无法认出那张脸来了。一节节车厢飞驰而逝，一分钟后已经不见踪影，只留下冉冉浓烟，在我的一片昏黑的眼前缓缓升腾。

"我站在那儿大概已经全身僵化了，天知道站了多久，脚夫准是叫了几遍不见我答应，才大胆地碰了一下我的胳臂。我猛然惊醒。他问我要不要将行李运回旅馆。我想了一分钟；不，那是不行的，我走得那么仓促、那么可笑，不能够再回去了，我也不愿意重回到那儿去，永远不再回去。我这时真是万般孤寂，满心烦乱，只好命令脚夫，叫他将行李送到保管处暂时寄存。后来，在车站的大厅里，在阵阵喧噪和往来不停的人群里，我才竭力思索，希望能清楚地考虑一番，找到一个解救的办法，脱出愤恨懊丧、苦痛失望的重压。因为——有什么不可承认的呢？——我那时自怨自艾，责怪自己失误了与他重聚的最后机会，这个想法像一柄灼热而锋利的尖刀，残酷地剜割着我的内心。我心上被剜割得那么凶猛炽烈，残酷的程度有增无已，令我伤痛至极，直要高声号叫。只有从来不曾有过激情的人，才会在一生中可能出现的唯一瞬间，表现出这般雪山突崩、这般狂风乍起似的激情：多少年废置无用的生命力忽然倾泻出来，奔腾澎湃，滚滚而下，一齐涌汇胸中。我从来，不论在这以前或以后，不曾像在这一秒钟里那样，感到万分骇愕，满腔怨愤，茫然不知所措。我原已心坚意决，不惜鲁莽从事，准备将长久积聚的全部生命一次抛掷出去，却突然发现迎面堵着一道令人顿失知觉的墙壁，我被激情带着一头撞在了上面。

“我下一步所做的事只能说是完全失去知觉以后的举动，不可能再有别的解释。那简直是发了痴，甚至是非常愚蠢，我几乎羞于叙述——可是，我对自己、对您曾经有过诺言，要做到无所隐瞒。我那时……重新开始寻找他……我寻索旧迹，想追回与他同处时的每一瞬间……我昨天与他一同逗留过的每一处所都在有力地吸引着我,我要去到临街的花园,看一看我将他从上面拖起来的那张长凳,我想去初次见他的赌馆,甚至也想上那个下等旅店去一次,只为了……只为了追怀往事。我还打算第二天早上雇一辆马车,沿着海岸再循旧路,重温一遍每一句话、他的每一个动作——我真是神智昏乱了,竟这么无聊、这么幼稚。可是,您试想想,那许多事在我全是突如其来,多么的疾如电闪——我来不及再有别的感觉,只能像是猛受重击昏迷不醒了。现在却又过于急遽地从昏迷中醒觉过来,我记忆犹新,还想一一重新追溯,再领略一遍正在消逝的新奇感受。我们称之为记忆的东西真是一种富有魔力的自我欺骗——的确:一切就是这么一回事,不管我们是否理解。要想懂得其中的奥妙,也许必须有着一颗燃烧的心吧。

"就这样,我首先去到赌馆,想看看他在那儿坐过的那张赌台,在许多只手里面想象出他的一双手来。我走了进去:我还记得,我第一次看到他,是在第二间屋子里靠左边的赌台旁。他的神态身影如在我的眼前,种种姿势历历可辨:我可以像个梦游人,闭着眼伸着手摸索到他所呆过的地方。我就这样走了进去,一径穿过大厅。正在这时……当我从门口朝着纷乱的人群投了一瞥……我眼前出现了一件奇事……恰在我梦想着他所在的位置上,忽然见到——简直是发热病时的幻影一般!——坐在那儿的真就是他……真是他……真是他……正是我刚才梦想着的模样……正是前一天的那般模样,两眼牢牢盯着转轮里的圆球,脸色亢奋苍白……是他……是他……明明是他……

“我惊骇无比,直要叫出声来。可是,眼前的景象太不可思议了,我竭力镇定,赶紧闭上眼睛。‘你神经错乱了……你做梦了……你发热了,’我对自己连连说道,‘这是不可能的,你见着了幻影……半小时以前他已经离开这儿了。’后来,我又睁开眼睛。可是,太可怕了:还像刚才一样,他坐在那儿,明明是他……在千百万只手里我也能认出来那是他的手……不,我没有做梦,确实是他。他并没有实践自己的誓言,还不曾离开这儿,这个疯狂了的人又坐上了赌台,他又有了钱,我拿给他叫他回家的钱,他又陷入这种激情完全忘掉自己了,又来大赌特赌了,而我还在痛苦绝望地整个心儿飞向着他。

“我猛地一下冲上前去:一阵愤恨使我两眼模糊。我愤恨得眼睛发赤了,这个背弃誓言的人这么无耻地欺骗了我,将我的信赖、我的情意、我的牺牲全都抛在脑后,我直想扼死他。然而,我还是克制着自己。我强迫自己放慢脚步(我费了多么大的劲啊!)走近赌台,站在他的对面,一位先生有礼貌地让给了我一个座位。我们两人之间隔着两米宽的绿呢台面,我像是坐在剧院楼厢里观剧一样,能够看清他的脸,正是这张脸,两小时前我曾见它光彩四射,满含感激之意,闪耀着欣蒙神恩的灵辉,现在却又因为地狱火焰一般的激情而抽搐改样了。他的两只手,正是那两只手,今天下午我还曾见它们抱着教堂里的经案,立下最神圣的誓愿,这时又弯曲如钩地四面攫钱,像是两只嗜血的蝙蝠。因为，他这时赢了钱，一定已经赢了很多很多钱：他面前亮晃晃地胡乱堆着许多赌筹、许多金路易、许多钞票，凌乱地杂在一处，他的手指，他的神经战栗的手指，大得其乐地在钱堆里往来抓搔扒弄。我看见他的手指紧捏着那些钞票，将它们一一抚平折叠起来，翻转着那些金币，喜滋滋地一再摩挲着，突然，他猛一下抓起了满满一把钱，扔到一处下注的方格里。立刻，他的鼻翅两侧又开始飞快地连连搐动，管台子的人的叫喊震开了他的两眼，使它们露出了贪婪的光芒，从钱堆上抬起来瞪望前面，盯着那个正在跳动的圆球，他仿佛被一股激流带着要向前冲，可是两肘却像是被牢牢地钉在了绿呢台面上。他那着了魔般的一副神情，比前一天晚上所表现的更为可怕，更为骇人，因为，他现在的一举一动使我心上原有的印象相形之下黯然减色了，恰像是镶嵌在金边像框里的照片，而这个金像框是我自己一时轻信给镶嵌上的。

“我们两人相隔两米，面对着面，各自喘息不宁；我盯着他，他却没有注意到我。他不曾看见我，他谁也不曾看见；他只瞧着钱堆，目光只在向后倒滚的圆球上溜转：他所有的知觉全被这个狂乱的绿色方圈囚禁住了，只在那里面来回奔突。在这个嗜赌如命的人眼里，整个世界、整个人类全都熔化了，被铸成了这片幂着绿呢的方围之地。我知道，我尽可以在那儿一连站上几小时，他决不会感觉出来有我在场。

“可是，我再也不能忍耐了。我突然下定决心，绕着赌台走到他的背后，使劲地用手抓住他的肩膀。他目光昏乱地抬头望了一眼——他瞪着玻璃球似的眼珠盯了我一秒钟，活像一个醉汉被人从沉睡中猛力推醒，眼里还是灰雾茫茫，烟幛重重。然后，他似乎认出了我，筋肉抽搐地张开着嘴，兴致勃勃地仰看着我，喃喃地说出一些不知所云的知心话来：

"'运气不坏……我走进来看见他在这儿，马上知道要交运了……我马上就知道了……'

"我不懂他说些什么。我只看出他已赌得如醉如痴了，我看出这个神经错乱了的人已经忘掉一切，忘了他的誓愿、他的诺言，忘了我，也忘了整个世界。可是，他这种疯魔状态中的狂喜神情令我大为着迷，我竟不由自主地应答着他，十分惊异地问他见到了什么人。

"'那边，那个只有一只手的俄国老将军，'他悄声告诉我说，完全凑近我的耳朵，不让这个秘密被别人偷听去，'就是那位生着雪白的颊须，背后站着一个侍从的人。他老是赢钱，我昨天就注意到他了，他准是有一套赌诀，我现在回回跟着他下注……昨天他也是始终都赢的……我昨天犯了个错误……不该在他走了以后还要赌下去……那是我的错……他昨天一定赢了两万法郎……今天他照旧是回回得彩……我现在老跟着他……现在……'

"正说着话，他突然停住了，因为那当儿，管台子的嘎着嗓子嚷了一声'Faites votre Jeu!'①一听到这声嚷叫，他立刻移开目光，贪婪地注视着那个生着一部大白胡子的俄国人。俄国人稳稳地坐在那儿不动声

① 法语："各位下注吧！"

色，意态从容地拿起了一个金币，迟疑了一下又拿起一个来，一齐押在第四门上。马上，我眼前这双急切的手慌忙插进钱堆里，抓起了满满一把金币，也押在了同一门上。一分钟后，管台子的喊了一声：'空门！'接着便将台子上所有的钱全部揽走了，这时，他望着被人席卷而去的钱，竟像是遇着了什么奇迹。您也许以为，他会要回过头来看我一眼吧：不，他整个儿忘掉我了；我早已从他的生活里坠落了、消逝了、隐没了，他全身紧张，眼睛只盯着那个俄国将军，望着那人毫不在意地又拿起了两个金币，还不曾决定押在哪一门上。

"我无法向您描述我的痛苦、我的绝望。可是，您试想想我那时的心情：为了这个人，我抛弃了自己的全部生活，现在我在他的眼里还不及一只苍蝇，不值得他懒懒地轻轻挥手赶开。那阵愤恨又在我的身上潮涌起来。我猛力地抓住了他的手，使他吃了一惊。

"'马上站起来！'我向他轻声而带命令口吻地说道，'想想今天在教堂里许下的誓愿吧，不守誓言的、没有心肝的人！'

"他瞪眼望着我，神情惶惑，脸色苍白。他的眼里突然露出颓丧的表情，像是一头挨了打的狗，他的嘴唇颤抖着。他仿佛猛然间记起了先前的一切，他仿佛有些醒觉了。

"'是的……是的……'他喃喃道，'噢，我的上帝，我的上帝啊……是的……我马上走，求您原谅……'

"他的手开始整理着那堆钱，最初动作敏捷，很是毅然决然的样子，可是后来，又慢慢儿变得少气乏力的了，像是逢着了一股逆流。他的目光重又落在那个俄国人身上，那人正在下注。

"'再等一小会儿……'他飞快地抓起五个金币，扔到俄国人下注的地方……'只赌这一注……我向您起誓，我马上就走……只赌这一注……只赌……'

"他的声音又低沉下去了。圆球已经开始滚动，将他也带着走了。这个着了魔的人又从我的手里，也从他自己的手里，滑脱了，平轮连连旋转，圆球滚跳不停，他也跟着跌进里面去了。管台子的又在喊叫，又揽走了他那五个金币；他输了。可是，他并不曾转过身来。他忘了我，忘了誓约，忘了一分钟以前向我说过的话。他那双贪婪的手又拘挛地攫取着渐渐消融的那堆钱，他的如醉如痴的两眼闪闪熠熠，只顾盯着吸引住了他的心意的那块磁石——他对面那位会给他带来幸福的人。

"我忍无可忍了。我再推了他一下，这一次却推得十分着力。'立刻站起身来！马上走！……您说过只赌一注的……'

"可是，竟发生了意想不到的事。他突然扭回头来瞪着我，脸上不再有卑顺惶惑的神色，简直是一张狂暴的脸，是一团怒火，两眼灼灼如焚，嘴唇忿忿战栗。'别搅扰我！'他向我吼道，'走开些！你给我带来晦气。你在这儿我老是输钱。昨天是你连累了我，今天又来了。你走远一点吧！'

"我顿时愣住了。可是，他这么疯狂，我也怒不可遏了。

"'我给你带来晦气？'我说，'你这个骗子，你这个贼，你向我发过誓……’我还不曾说完，这个着了魔的人从座位上猛跳起来，使劲将我推开，周围的人纷纷骚动，他却毫不在意。‘不用管我的事，’他不顾一切地高声嚷叫，‘你又不是我的监护人……哪……哪……拿去，这是你的钱，’他扔给我几张一百法郎的钞票，‘现在可该让我安静啦！’

“他嚷得那么凶，完全像是着了魔，毫不理会有上百的人围着我们。人人都在探头张望，都在窃窃议论、指指点点、暗暗嗤笑，连隔壁大厅里的许多人也纷纷好奇地挤了进来。我只觉得自己像被剥掉衣裳，赤身露体站在这许多人面前……

“‘Silence, Madame, sil vous plait!’[1]管台子的很无礼地大声叫道，一边用筢竿敲着桌子。他是在命令我，这个狠毒的家伙的这句话是说给我听的。我受了屈辱，我羞惭得无地自容，我站在许多交头接耳纷纷窃议的人面前，恰像一个被人将钱扔到脸上的妓女。两三百只肆无忌惮的眼睛盯在我的脸上，忽然……当我羞愧难当避开眼去……竟忽然遇着了两只眼睛，惊骇万状地瞪望着我，尖刀似的直刺向我——那是我的表姊，她丧魂失魄地瞧着我，张口结舌，高举着一只手，像是吓呆了。

“我顿时吓得魂不附体：不等她能够有所行动，趁她还没有从惊骇中恢复过来，我立刻冲出了大厅；我一口气逃出门外，奔向一张长凳——恰是那个着了魔的人昨晚倒在上面的那张长凳。我也同样力竭气尽、

① 法语：“太太，请安静一下！”

同样身疲心碎地倒在这条无情的木板上了。

“如今隔了二十五年，我只要回想起那一霎，回想起自己受了他的凌辱，低下头来站在千百个陌生人面前的情景，就会立刻遍体冰凉。我同时又还体验到，我们平日夸夸其谈称之为心灵、精神或情感的那点什么，我们称之为痛苦的那点什么，是多么软弱、浅陋而琐屑的东西啊！所有这些即使大量涌现，也无法使一个受苦的肉体完全毁灭，一个人在这样的时刻里也还是血脉不停、一息犹存的，不至于像一棵大树那样，受了雷击立刻拔根倒地，终结生命。我当时的痛苦仅仅只是那么一下，仅仅只在那一霎，刺入我的骨髓，使我呼吸闭塞，全身沉重，倒向那张长凳，领会到一阵与世长辞的愉快感觉。可是，我刚刚说过，一切痛苦毕竟是懦弱的表现，在坚强有力的生活感召下自会悄悄隐退，我们肉体里面留存着的生活感召似乎远比我们精神里面所有的求死之意更为强烈。我那么的哀痛欲绝，后来怎会重又站立起来，我自己也弄不明白，不过，我终于又站立起来了，当然，脑子里并没有想到要做什么。我突然记起，我的行李还在车站上存放着，我马上有了一个主意：离开，离开，离开，离开这儿，离开这个该诅咒的人间地狱。我对谁也不理睬，一气跑到车站，打听去巴黎的下一班火车什么时候开行；守门人告诉我十点钟有一班火车，我立刻办妥了托运行李的事。十点——从那场惊心动魄的遭遇开始时算起，正好是二十四小时，这二十四小时充满了种种荒谬透顶的情感变化，此起彼伏直如风雨交摧，我的内心世界从此永远被毁。可是那时，我脑子里别无他念，只有一个连连轰击、不断震荡着的音响：离开！离开！离开！我头上血脉急涌，直像是有个木楔不停地打进我的太阳穴里：离开！离开！离开！离开这个城市，离开我自己，回家去，回到家人身边，回到过去，回到自己的生活里去！那一夜我坐上火车来到巴黎，到了巴黎又再换车，一站接着一站，从巴黎到布隆，从布隆到多佛，从多佛到伦敦，从伦敦去到我的儿子那儿——路上完全呆在狂奔疾驰的火车里，整整四十八小时不思、不想，整整四十八小时不睡觉、不说话、不吃东西，车声隆隆只有一个音响：离开！离开！离开！离开！最后，我走进了我儿子的乡间住宅，人人感到意外，个个满心惊诧：我的举止和眼色里一定有点什么泄露出了我的隐秘。我的儿子想要拥抱我、亲吻我。我连忙避开了他：我实在忍受不了，我想到自己的嘴唇已被玷污，不能再跟他接触了。我什么话也不回答，只希望洗一次澡，我觉得必须洗净旅途所受的尘秽，也必须洗去一切别的污秽，那个着了魔的人、那个毫无价值的人的激情仿佛还粘在我的身上。然后，我踅进了自己的屋子，睡了十二、十四小时，睡得昏昏沉沉如同僵死一般，真是我的一次前所未有、以后也绝不会有的睡眠，这次睡眠使我现在已能体会躺在棺材里瞑目长逝的景味。我的许多亲戚对我温存关切，像是对待一个病人，可是，他们的柔情蜜意只能令我伤心，他们对我爱敬有加，我只感到满心羞惭，我必须时时刻刻处处留神，提防自己突然失声惨叫，为了一时疯狂而荒唐的激情，我背叛过他们，忘怀过他们，还曾经企图完全撇弃他们，我多么愧对他们啊。

“后来，我无所事事，又去到法国，住在一个谁也不认识我的小镇上，因为，老有一个幻觉跟随着我，使我感到无论谁只要看看我的眼神，便能识破我的终生耻辱，便能窥见我的心境变异，我竟是这么深深地感到自己不忠、不洁，连灵魂里最深处也不得安宁。常常，每当清晨醒来，我立刻惊惶恐惧，不敢睁开眼睛。我马上又记起了那一夜醒来时的感觉，唯恐突然发现身旁有个半裸的陌生人，我顿时像那次一样，心上只有一个愿望：赶快死掉。

“然而，时间终究是最有力量的，年龄对于一切情感自有一种奇异的磨蚀作用。人若想到死期将至，死神的黑影已经罩上了人生的旅途，一切事物就会显得模糊黯淡，不再那么敏锐地刺激感觉，它们那种摧伤心情的力量就会消减许多了。渐渐地，我已能心定神宁，无所惊悸了。又过了许多年，有一回我在一次宴会上遇着一位奥国公使馆的武官，一个年轻的波兰人，我向他问起了某个家族，他告诉我，这一家正是他的堂族，他们的儿子十年前在蒙特卡罗自杀死了——我听了这话不曾震栗一下。这事不再令我伤痛了——它也许——何必掩盖自私的心理呢？——还曾使我感到庆幸，因为，我一直担心会再遇到他，这点最后的恐惧现在完全消失了：我现在除了自己的回忆，再也没有什么不利于我的见证了。这以后我变得心神宁谧了。人上了年纪没有别的特征，只不过是对于过去不再感到不安罢了。

“您现在该可以了解，为什么我会突然要向您谈起自己的命运遭遇。您为亨丽哀太太辩护过，您热情地宣称，二十四小时的时间就足以决定一个女人的整个命运，我当时曾经这么想：我非常感激您，因为，我第一次觉着有人在替我申辩。我立刻暗暗忖量：将自己的内心倾吐一次，也许能解除心头的压抑，释免长日的忆想；如果这样，我明天也许能够去蒙特卡罗，再走进决定过我的命运的那间赌厅，对他对我都会不再有所怨尤了。如果这样，压住我的灵魂的一盘巨石就会坠落，深深沉下去，永远不再浮现。我能够将这些全部向您叙述，对我确有好处：我此刻心上轻松得多了，差不多感到快乐了……我谢谢您。”

说到这儿，她突然站起身来，我知道，她的话已经说完了。我十分窘迫，想要说点什么才好。可是，她准是觉察到了我的作难，连忙阻止我道：

“不，请您不必说什么……我不想让您回答我，也不需要您对我说什么……您听完了我的话，我非常感谢您，祝您一路平安。”

她站在我的面前，向我伸出手来握别。我不由得向她脸上看了一眼，我深深感动了：这位老太太的脸色令人惊异，她神态慈祥地站在我的面前，却又同时微露羞赧。不知是往昔的激情回光映照，还是由于心情惶乱，她的两颊上忽然泛起一层霞晕。她那么站着真像是一位少女，往事的回忆使她惶惑，自己的供述令她羞惭，她像新嫁娘一样有些腼腆局促了。我看出了这一点，更感到应该说一句话，表达我心上对她的崇敬。然而，我喉管哽塞，说不出什么来了。于是，我弯下腰，满怀敬意地吻了一下她的枯萎的、秋叶般微微颤抖的手。

论爱的激情

帕斯卡尔*

人生来为了思想，因而他无时不在思想；但是纯粹的思想却使人疲倦并大伤元气，尽管如果人总能坚持思想就会使他很幸福。这是一种他无法适应的单调生活。他需要骚动和行动，就是说他有时必须被他自己心中感受到的，其源泉如此活泼、如此深刻的激情所骚动。

最适合于人的激情，是爱和野心，它们包含着许多其他的激情。它们几乎不联结成一体，然而人们常把它们连接起来，但是即使不说它们互相毁灭，它们也是互相削弱的。

不管心灵多么广阔，人只能承受一种伟大的激

---

* 帕斯卡尔（1623—1662），法国思想家。主要著作有《外省通信》、《思想录》等。本文选自《帕斯卡尔文选》，莫里亚克编，桂林：广西师范大学出版社 2002 年版。

情，所以当爱和野心相遇时，它们的伟大只有它们各自单独出现时的一半。

年龄并不决定这两种激情的开始和结束，它们在人一出生时就产生了，而且一直延续到人进入坟墓。然而，由于它们要求许多火，对年轻人就合适，而且它们似乎随着年龄增长而减退，但这是非常少见的。

人的一生是短暂的，这是可悲的。有人把一进入世界起的时间都算成生活。至于我，我只想把从理性诞生起，从人们开始受制于理性的时间当成生活，这通常不发生在20岁以前。在这之前人是孩子，而孩子还不是人。

以爱情开始以野心结束的一生是幸福的！如果我必须选择一种生活，我就选择这一种。只要有火，人就是可爱的。但是这火是要熄灭、要消失的，那么，这位置对野心来说就是最妙最大的！喧腾的生活适宜于伟大的心灵，而平庸的心灵对此不感到任何快乐，他们永远是机器。所以如果生命以爱情开始和以野心结束，人就处于人的本性所能有的最幸福状态。

激情随着心灵的升华而增长，因为激情只是纯粹属于心灵的感情和思想，尽管它们是由身体引起的，但显然它们并不超出心灵本身，而且因为它们就是心灵之所能及。我只是说火的激情，因为别的激情，它们常常混在一起而且引起一种非常令人不舒服的混乱，但是这绝不发生在有灵气的人之中。

在伟大的灵魂中，一切都是伟大的。

有人问是否必须爱。这是不应该问的，应该感觉到必须爱；人们完全不考虑这个，人们被带到这里，而且当人们考虑它时总乐于欺骗自己。

心灵的清明也引起激情的清明，所以一个伟大而清明的心灵热烈地爱，而且他明白地看到他爱什么。

有两类心灵，一类是几何学的，而另一类可称之为细腻的。

第一类看问题迟钝、严谨而坚定；而后一类思想敏锐，同时注意到他之所爱者的各个可爱的部分，他看在眼里想在心里，并且通过外在的运动认识内部发生的事情。

当心灵互相间完全相通的时候，爱情给人多大的愉快！因为人们同时拥有了心灵的力量和柔顺，这对两个人互相理解是非常必要的。

我们生来心中就带有爱的特性，它随着心灵的完善而发展，而且让我们去爱对我们显得美的东西，而无需人们告诉我们这是什么。在说了这些之后，谁还怀疑我们活在世上是为了爱呢？事实上欺骗自己是无用的，人们总是在爱，即使在那些似乎人们使之与爱绝缘的事情上，爱也是隐秘地存在的，人一刻也不能离开它而生活。

人不喜欢总是孤独一人，而是要爱，因此他必须到别处找寻要爱的东西。他只能在美中找到这东西，但由于他自己就是上帝最美的创造物，他就必须在自身中找到他在外面寻找的美的样板。人人都能在自己身上注意到美的曙光：人们根据他觉察到的外部事物适合还是背离这曙光，而构成对一切事物美或丑的观念。然而，不管他找什么东西来填塞他走出自己造成的巨大空无，他都不会对任何一类对象感到满意。

他的心太宽阔，它至少必须是某种与他相像而且最接近他的东西。所以能使人满意的美不仅在于合适，而且在于相像，这相像把美限定和包含在异性中。

自然把这真理如此清晰地印在我们的灵魂中，以致我们感到这是完全安排好了的；既不需要技巧，也不需要学习；我们甚至觉得心中有一块地方需要填充，而它事实上正被填充着。但是感到这很好，却无法把它说出来。只有那些善于混淆和蔑视他们自己观念的人才看不到这一点。

尽管美的一般观念以不可磨灭的印记刻在我们的灵魂深处，它也只是要让人非常不同地具体应用，而且仅仅通过考察使人快乐的东西的方式。因为人们不直接希望一种美，而是渴望取决于人所处环境的千百种美的情势，正是在这个意义上，人人都在广大的世界中寻找美的摹本，而那个美的根源却在他自己那里。然而，女人常常决定着这种根源。由于她们对男人的心灵有一种绝对的支配权，她们以此搅乱或是她们拥有的或是她们看重的美的部分，并通过这种方式给这根本的美添上她们所喜欢的东西。所以有一个世纪是属于金发女郎的，另一个世纪是给褐发女郎的，并且女人中赞赏这一种或另一种美也引起男人在这一时间内赞赏这一种或另一种美。

时尚本身和乡土常常支配着所谓美的东西。习俗如此强烈地介入激情是件奇怪的事情。这并不妨碍人人都有他自己的美的观念，他根据这个观念评判别人，并把它们和美联系起来。就是因为这个原则，情人觉得他的情妇更美，并且认为她是典范。

美被分成千百种不同的方式。最适宜于保持美的主体，就是女人。如果她有灵气，她就给美注入了活力，并绝妙地使美升华。

如果一个女人想取悦于人，并且具有美的一切长处，或至少具有一部分，她就会成功。甚至，只要男人们多少有警惕，即使她不作什么努力，也会得到男人的爱。他们心中正虚位以待，而她则会占据他们的心。

人生来是为了快乐。他感到这一点，并不需要任何其他证明。因此他在献身于快乐中追随他的理性。但是他常常在心中感受到激情，却不知道这激情从何开始。

真的或假的快乐可以同等地充满心灵，因为不管这快乐是否虚假，只要人能相信它是真的！

人们因谈论爱情，就开始爱恋，再没有比这更容易的了，这是对人来说最自然的激情。

爱情没有年龄，它总是在诞生中。诗人们这样告诉过我们，他们正是据此向我们注明爱情是个孩子。但是全然无须向他们求教，我们就感到了。

爱情给人以灵性，并靠灵性维持。爱需要机智。人们每天都在穷尽取悦人的方法，然而必须取悦，而且正在取悦。

我们有一个自爱的源泉，它表明我们自己能填补外面的一些位置，这就是我们能够很容易被爱的原因。由于热烈地希望被爱，人们就很快地注意到被爱，并且在爱人者的眼睛里认出它。因为眼睛表达了心灵，但是只有关心被爱的人才懂得它们的语言。

一个单独的人是某种不完满的东西，为了幸福，他需要寻找第二者。他经常在同等地位者中寻找这个第二者，因为表现他自身的自由和机遇在这里更容易相遇。然而，人们有时大大超出了这一点，而且感到火更旺了，尽管并不敢对引起这火的她诉说。

当人们爱一个地位不相同的女士时，野心在最初可以伴随着爱情，但是在很短的时间内爱情就会变成主人。这是一个不容忍有陪伴者的暴君，它要独在，一切激情都必须屈从于它。

深厚的情谊比平庸的情谊更能填补人心；人心是大的，小事情只在其间掠过，只有大事才在其中停留。

人们常常写下一些只在迫使所有人反省自己，以及找到人们谈论的真理时才得到证明的东西。对我所说的东西的证明，其力量正在于此。

如果一个男人心灵中有什么地方是柔弱的，那他就是在爱情中。因为，由于他应该受到外在于他的某种东西的震动，如果有什么东西与他的观念相抵触，他就会觉察到，并且逃开，这种柔弱的准则取决于一种纯粹、高贵和卓越的理性。因此人们可以自以为是温情的而实际上又不是，则别人就有权谴责我们，但并不是人人可以有自己至高无上、独立于他人准则的美的准则。然而，在是柔弱的和完全不是的之间，应该承认，当人们希望是柔弱的时候，就离绝对是柔弱的不远了。女人喜欢在男人中发现一种柔弱，而且以我看来，这就是要赢得女人最容易攻破的地方。人们很容易认为千百个别人都是可蔑视的，而只有我们自己是可尊重的。

心灵的品质不得自习惯，人们只是使之完善。因此，很容易看到柔弱是一种自然禀赋，而不是得自技艺。

随着灵气的增多，人们就发现了更多的原始美，但是不要做有情人，因为当人们爱的时候，就只能找到一种美。

当一个女人离开自身到别人心中表现自己个性的时候，她也在自己心中为别人留下一个空位，事情不就像这样吗？然而我认识的一些人却说，这不对。人们敢说这不公正吗？付出与已得相等是自然的。

执著于同一个思想使人的心灵疲劳并毁灭。所以，为了爱的乐趣牢固而长久，有时候必须不知道在爱；这不是要引起一种不忠实，因为没有在爱别人，这是重获力量来更好地爱。事情就这样做，不需要想到；心灵听任自己这样做，自然希望人这样做；它决定人这样做。

然而必须承认，这是人本性的可悲的延续，如果人不曾被迫改变思想，就会更幸福，但这是无可奈何的。

不敢说出来的爱的快乐有它的痛苦，但也有它的甜蜜。人们不是那么激动地做出种种行动打算去取悦他所无限敬重的那个人吗？每天都在研究着，寻找各种方法表现自己，并且在与所爱的她交往时尽量地施展这些方法。眼睛在同一时刻燃亮又熄灭，尽管并不能明显地看到引起这一切忙乱的她是否注意到这些，人们仍然满意地感觉到为了配得上那个人而起的所有那些骚动。人们倒是想用语言来使自己被认识，因为，人们无法使用语言，就不得不退到以行动来说服。

至此人们总有些喜悦，而且在非常忙碌地做事，因此人们是幸福的。因为永葆激情的秘密，就是迫使自己不停地注意如此舒服地刺激激情的事情而不让心灵产生任何空虚。但是，当他处于我刚才描述的状态时，他不可能长时间地保持这样。因为当行动者独自一人处于必须有两个人的激情中时，他很难很快使激动他的所有激情消解。

尽管是同一个激情，也必须更新，心灵为此感到快乐；谁能做到这一点，谁就能使人爱自己。

在做完这全过程之后，这一切有时就要消退，如果不接受源泉方面的帮助，人们就可悲地衰竭着，而各种敌对的激情就会抓住一颗被它们撕成碎块的心。然而不管希望之光多么微弱，也会升到原先那么高。有时这就是女士们喜欢扮演的角色，但是有时在假装有同情心时，她们果真的有了同情心。这时候人们是多么幸福！

牢固坚定的爱情总是始于以行动来说明，眼睛是最能表示的。然而必须猜想，而且要仔细地猜想。

当两个人处于同一种感情中时，他们并不猜想，或至少有一个人听懂了另一个人想说的话而这另一个人没有听懂或不敢听懂他的。

当我们爱的时候，我们就显得与过去完全不同。因此我们就想象所有人都觉察到了这一点，然而没有什么比这更虚假了。但是理性的视野受激情的限制，因此，人们无法使自己放心，而总在猜疑。

爱的时候，人们相信自己发现了别人的激情，因此他们害怕。

爱的道路越长，柔弱的心灵越感到快乐。

某些心灵必须长时间给予它们希望，这样的心灵是柔弱的。另一些心灵无法长时间与困难抗争，它们是猛烈的。第一种人爱得更长久而且更有吸引力；另一种人爱得比前者要快，而且无拘无束，但结束得也快。

爱情的第一个结果，就是激起一种伟大的尊敬：人们崇敬他爱的东西。人们不承认在世界上还有比这更伟大的东西。这是很正常的。

作家们无法向我们完全说出他们的主人公的爱情激动，除非他们是主人公本人。

使爱迷失在许多地方像把不公正引入心灵一样可怕。

在爱情中，沉默比语言更有价值。不说话是合适的，沉默比语言的说服力更加深刻。当一个恋人说话被禁住而且他又有灵气时，他是怎么样去说服他的情人啊！不管人们多么热烈，他常会正好碰到她很消沉。这一切的发生都是无规则、非反思的，而且当心灵这样做时，并没有事先这样想过，这是迫不得已的。

人们常常爱慕不相信会被爱的人，而且人们总是对他保持着无限的忠诚，尽管他完全不知道这一点。爱情必须是非常纯洁的。

我们通过比较我们自己所做的和别人所做的来认识一些人的心灵，并且以此来认识他们的激情。

我同意有人说的，在爱情中人们忘记了他的财产、他的父母和朋友，伟大的情谊以至于此。使人们在爱情中走得那么远的，是人们不再想到他除了他之所爱之外还会需要什么。心灵是充实的，不再有细心和焦虑的位置。不这样过分，激情不会是美的。人们并不害怕别人说什么，人们已经知道不应该谴责自己的行为，既然它是来自理性的。激情是饱满充实的，它不可能始于反思。

人们主动接近女人以获取她们的友谊，并不是习惯的结果，而是本性的要求。

爱情引起的那种遗忘，以及对所爱者的那种眷恋，使人产生一些以前没有过的品质。人们变得从未有过的慷慨。甚至一个吝啬鬼在恋爱时也变得大方了，他不再记得他久而有之的相反的习惯。观察到有些激情压挤灵魂并使它僵化，还有些激情使灵魂升华并使之向外扩展，人们就可看到其中的理性。

人们从爱情中去掉了理性的名字是不恰当的，把它们对立起来也没有充分的根据，因为爱情和理性是一回事。思想的敏捷使人只看到一个方面而没有考虑全面，但是这总是一种理性，人们不应该也不可能希望这是别的，因为我们或许是些非常令人不舒服的机器。既然理性和爱情密不可分，我们就不要从爱情中排除理性。

诗人们向我们描绘爱情是盲目的是没有道理的。必须拿掉爱情的蒙眼罩，并使它从此享用眼睛。

适于爱情的灵魂要求一种行动的生活来引发一些新事件。由于其内在是运动的，外在也必须如此，因此这种生活方式绝妙地趋向激情。正是因为如此，宫廷里的人比城市里的人更宜于进入爱情，因为前者完全是火而后者过着一种没有任何刺激的一成不变的生活。风暴式的生活惊人，刺激人，沁人心脾。

人们在爱的时候和不爱的时候好像有完全不同的灵魂，人们因这种激情而升华并变得非常高尚；因此其余的必须与之相应，否则就是不合适的，是令人不惬意的。

惬意的和美的只是一回事，所有人都有它的观念；我想说的是一种道德的美，它在于言语和外部行动。人们都有一个变得惬意的标准，然而这必须受身体的支配，但这种支配是得不到的。

人从构成一个如此高贵，以至于任何人也达不到的舒服观念中获得了快乐。让我们好好判断它，并且说，这只是突然出现的心灵平顺和热烈的天性。在爱情中这两种品质都是必须的，不应该强求，也不应该迟疑。

尊敬与爱是如此匹配，以至于它们互相支持而非尊敬窒息爱情。

伟大的灵魂不是那些最经常爱着的灵魂，我说的是一种强烈的爱。需要有洪水般的激情来震动它们及填充它们。但是当人们开始爱时，他们爱得更加激烈。

有人说有些民族比另一些民族更多情。这种说法不好，或至少这并非在任何意义上都对。

爱只在于思想的眷恋，它当然应该在任何地方都是一样的。是的，如果不限定在思想中，气候可以增添某种东西，但只是在身体中。

爱情正如良知。由于人们相信有和别人一样的心灵，也就相信有和别人一样的爱。然而，当人们有更宽广的视野时，就爱甚至最细小的东西，这对别的一些人是不可能的(要注意到这种区别必须非常敏锐)。

不非常近似于是恋人,或至少在某个地方爱,就几乎不能做出爱的样子,因为要做出这个样子就必须有爱的心灵和思想。难道有办法不这样说这件事吗?激情的真理不像严肃的真理,不那么容易伪装自己。第一种真理需要火、活力和一副自然灵敏的心灵,后一种真理迂缓柔顺地隐藏起来,这是更容易做到的。

当人们离他所爱的人很远时,他决心做和说许多事情;但当他们很近时,就会犹豫不决。为什么是这样呢?因为当人们远离时,理性不那么受到震动,而面对着对象时那震动紧压着他。然而这决心缺少坚定性,它被震动所摧毁。

在爱情中人们不敢冒险,因为他们担心失去一切。然而必须前进,但谁能说出进到什么地步呢?人们总是一到他已发现了这一点的时候就害怕。当人们发现了这一点时,就谨慎地不做任何事以便保持原状。

没有什么比是恶人,而且在给他的爱情表示中看到了某种东西而又不敢相信更尴尬的了。人们同等地对抗着希望和担心,但最后后者渐渐战胜前者。

当人们强烈地爱时,看到他所爱的人总是一个新人。一刻不见之后,人们就发现他心里缺少她。而重新发现她时又是多么喜悦,人们马上感觉到焦虑终止了。

但这种爱情必定快完结了,因为当它产生,而人们还不曾做任何事使它发展时,人们感觉到焦虑的终止,但是别的一些焦虑会突如其来。

尽管痛苦这样接踵而至，人们仍然抱着少受痛苦的希望，盼望着他的情人来临。然而，当看到她时，他相信遭受的痛苦比以前更大。过去了的痛苦不再刺激，现在的接触到了，而人们正是对接触到的东西进行判断。在这种情况下的恋人难道不值得同情吗？

不懂得自己生命意义的人不可能有爱的表现

托尔斯泰*

每个人都知道爱的感情是一种特殊的、能解决一切生命矛盾的东西，它能把人的生命所追求的那种完全的幸福给予人。"但这种感情只是偶尔产生，持续的时间也不长，结果还常常是更大的痛苦。"不理解生命的人这样说。

对这种人来说，爱不是生命的唯一合理的表现（而对理性意识来说爱却是生命的唯一合理的表现），而只是生活中无数各种各样的偶然现象中的一种，只是人在自己的生活中会产生的无数各种各样的感情中的一种：人在出风头的时候会有某种感情，在迷恋

---

* 托尔斯泰（1828—1910），俄国作家。主要作品有《战争与和平》、《复活》、《安娜·卡列尼娜》等。本文选自其《人生论》，许海燕译，成都：四川人民出版社 1999 年版。

科学和艺术的时候会有某种感情，在追求职位和荣誉或是想获得某种东西的时候会有某种感情，在爱某个人的时候也会有某种感情。爱的情感对不理解生命的人来说不是人的生命的本质，而只是一种偶然的感情，它就像人在自己的生活中所感受到的其他感情一样，是与他的意志无关的。甚至能够常常读到和听到这样的理论：爱是一种不正常的、会破坏生活正常秩序的感情，一种给人带来痛苦的感情，就像太阳升起的时候猫头鹰所体验到的那种感情。

不错，这种人是感觉到了在爱的情感中有了某种特殊的、比其他的情感中的东西更重要的东西。但这种人因为不理解生命所以就不能理解爱，爱对他们来说，与其他的感情一样使人感到痛苦和虚幻。

> 爱……可是爱谁呢？
> 暂时相爱吧，不值得，
> 长久相爱吧，不可能……①

这几句诗准确地表达了这种人紊乱的意识，他们认为爱能拯救生命的苦难，唯有在爱中有与真正的幸福类似的东西，同时他们又认为爱不可能是最终的希望。爱某个人，爱就全部消失了。因此，只有当你能够永远爱一个人的时候，爱才可能是幸福。而这样的爱是没有的，所以，爱也不能拯救人，爱也同其他的东

---

① 这三句诗引自俄国著名诗人莱蒙托夫（1814—1841）的诗《又苦闷又烦忧》。莱蒙托夫为俄国天才诗人，因普希金（1799—1837）死于决斗，发表《诗人之死》，由彼得堡被放逐遣往乔治亚。代表作有《恶魔》、《忏悔》、《童僧》传世，和普希金一样，莱蒙托夫后来亦死于一场决斗中，年纪更轻，只有27岁。

西一样是欺骗和痛苦。

对这些教导别人的人来说,他们不能作别的理解,只能把生命理解为动物性的生存。

对这种人来说,爱甚至不能与这样的概念相一致,即我们平时常常不由自主地将爱这个词与之相联系的那些概念,爱不是能给自己所爱和爱自己的人以幸福的善良的行为。对把生命只看成是动物性生存的人来说,爱常常是这样一种感情:为了自己的孩子的幸福,一个母亲把另一个母亲的奶夺过来,而后者也有一个饥饿的孩子,前者却为奶妈的哺乳能否成功而不安和痛苦:为了使自己的孩子过得富足,一个父亲为如何从饥饿的人们手中夺走最后一块面包而伤透脑筋。那是这样一种感情,由于这种感情,爱着一个女人的男人感到痛苦,他敢使她痛苦,他引诱她,或者由于妒忌而杀死自己和她;那是这样一种感情,由于这种感情,甚至常常发生男人强暴女人的事;那是这样一种感情,由于这种感情,同伴中的一个为了坚持自己的某种东西而去伤害另一个;那是这样一种感情,由于这种感情,人为了自己迷恋的事情而折磨自己,也因为这种感情而使周围爱他的人痛苦和烦恼;那是这样一种感情,由于这种感情,人们不能忍受自己心爱的祖国被凌辱,因而导致亲人和敌人或伤或死,躺倒在战场上。

不仅如此,对把生命看成是动物性幸福的人来说,爱的行动显得那样困难,爱的表现不仅是痛苦的,而且常常是不可能的。"不应该去评论爱,"不理解生命的人说,"而只要去献身于这种对人的偏执的、热烈的感情就行了，你体验到了，它就是真正的爱。”

这是对的，爱是不能议论的，任何对爱的议论都会毁了爱。但问题在于，只有那些已经把自己的理性用于理解生命，并弃绝了个体生命的幸福的人才能不去议论爱；而那些还没有理解生命，并且只为了动物性的幸福而生活的人就不能不议论。为了献身于他们称之为爱的那种感情，他们就必须议论。对他们来说，不进行议论，不解决这个未解决的问题，这种感情的任何表现都是不可能的。

实际上，人们爱自己的女儿、自己的朋友、自己的妻子、自己的孩子、自己的祖国，超过爱别人的孩子、妻子、朋友和祖国，他们就把这种感情称之为爱。

一般地说，爱就意味着善良的行为。我们总是这样来理解爱的，也不能作别的理解。我爱自己的孩子、自己的妻子、自己的祖国，就是希望自己的孩子、妻子和祖国比别人的孩子、妻子和祖国获得更多的幸福。从来没有这样、也不可能是这样：即我只爱自己的孩子，或只爱自己的妻子，只爱自己的祖国，每个人都是既爱自己的孩子、妻子和祖国，也爱一般的人。而另一方面，因为爱，人们都希望自己所爱的人获得幸福，但这些幸福的条件却是相互关联的：一个人为了他所爱的人中的一个做出的爱的行为，不仅会妨碍他对其他人的行为，而且常常会毁灭其他的人。

于是问题就来了——为了什么样的爱而行动？怎么行动？为了什么样的爱就可以牺牲另一种爱？对谁应该爱得多一些？对谁的善良行为应该多一些？妻子还是孩子？妻子、孩子还是朋友？怎样才能在为祖国服务的同时而不破坏对妻子、孩子和朋友的爱？最后，怎样才能解决下面这些问题：为了为别人服务，我能牺牲多少我的个体的属性和需求？为了爱别人和为其他人服务，我还能对自己关心多少？所有这些问题对不想弄清楚他们称之为爱的东西是什么的人来说是很简单的；但是这些问题其实并不简单，它们还完全没有解决。

那个律法师不是白白地对耶稣提出这个问题的：谁是我的邻舍呢？[1] 只有那些忘记了人的生命的真正条件的人才会觉得这个问题很简单。

如果人是我们想象中的神，那他才可以只爱他选中的一部分人，才可以认为偏重一部分人也可以算真正的爱。但人不是神，而且一直处在人与人彼此对立，彼此都想把对方吞下去（在直接的意义和引申的意义上）的生存环境中。一个理性的人应该了解和看到这一点。他应该了解，一个人获得任何肉体的幸福都只会毁灭另一个人。

无论宗教的迷信和科学的迷信怎样要人相信，在

① 见《新约·路加福音》10:25—37：有一个律法师，起来试探耶稣说，夫子，我该做什么才可以承受永生。耶稣对他说，律法上写的是什么？你念的是怎样呢？他回答说："你要尽心、尽性、尽力、尽意，爱主——你的上帝，又要爱邻舍如同自己。"耶稣说，你回答的是。这样行，就必得永生。那人要显明自己有理，就对耶稣说，谁是我的邻舍呢？耶稣回答说，有一个人从耶路撒冷下耶利哥去，落在强盗手中，他们剥去他的衣裳，把他打个半死，就丢下他走了。偶然有一个祭司，从这条路下来，唯有一个撒玛利亚人，行路来到这里，看见他就起了慈心，上前用油和酒倒在他的伤处，包裹好了，扶他骑上自己的牲口，带到店里去照应他。第二天拿出二钱银子来，交给店主说，你且照应他，此外所费用的，我回来必还你。你想这三个人，哪一个是落在强盗手中的邻舍呢？他说，是怜悯他的。耶稣说，你照样行吧。

未来的黄金时代，人人都将生活得很富足，但理性的人却看到和知道，他在时空上有限的生存的就是一场斗争，所有的人对每一个人的斗争，每个人对每个人的斗争，每个人对所有人的斗争。

在那种拥挤状态中，在那种为了动物性的利益而进行的斗争中，人不可能像不理解生命的人所想象的那样，爱他所选择的人。即使他只爱他所选择的人，他也不可能只爱一个人。每个人都爱母亲、妻子、孩子、朋友、祖国，甚至爱所有的人。爱不只是一个词（大家都赞成这一点），爱是一种要带给别人幸福的行动。这种行动并不遵循某种确定的次序，不是先有最强烈的爱的要求，然后再有次强烈的爱的要求，等等。爱的要求常常是没有次序的，一起出现的。譬如现在有一个我有一点爱的饥饿的老人来向我讨饭，而我手上拿的正是我心爱的孩子们的晚饭，我该怎样权衡这两种要求呢？是满足眼前的不太强烈的爱的要求呢，还是满足未来的更强烈的爱的要求呢？

这正是律法师向耶稣所提出的问题："谁是我的邻舍呢？"怎么解决这个问题：该为谁服务？服务到什么程度？为别人呢还是为祖国？为祖国呢还是为自己的朋友？为自己的朋友呢还是为自己的妻子？为自己的妻子呢还是为自己的父亲？为自己的父亲呢还是为自己的孩子？为自己的孩子呢还是为自己？（如果当需要的时候能够为之服务的话）。

要知道所有这些爱的需求都是交织在一起的，满足了一些人的需求就可能满足不了另一些人的需求。假定有一个挨冻的孩子没衣服穿，有人向我要我的孩子在将来的某个时候可能要穿的衣服给那个孩子，我就有可能为了我的孩子未来的需求而拒绝给他。

在处理你与你所为之服务的祖国，以及我与其他人的关系时也是这样。如果一个人能为了最大的未来的爱的需要而拒绝眼前的最小的爱的需要，那么这样的人，即使他竭尽全力想做到，他也没有能力权衡他能在多大程度上为了将来的需要而拒绝眼前的需要，因此他就不能解决这个问题，他就总是在选择那些对他来说是愉快的爱的表现，也就是说，他实际上不是为了爱，而是为了自己在行动。如果一个人决定为了别人的、将来的更大的爱的需要而节制眼前的最小的爱的需要，那他或者是在欺骗自己，或者是在欺骗别人，他除了爱自己以外永远也不会爱别人。

未来的爱是不存在的。爱只能是一种现实的行为。不肯为了现实的东西而付出爱的人就没有爱。

没有真正的生命的人的生命概念也是这样。如果人只有动物性而没有理性，像动物一样生活着，那么，他们是不会议论生命的，他们的动物性的生活就是合理的，幸福的。爱也是这样：如果人是没有理性的动物，那么它们也会爱它们所喜欢的东西，它们的崽子，它们的族群，它们不知道它们是在爱，它们也不知道其他的狼也爱它们的崽子，其他的野兽也爱它们的兽群，它们的这种爱就是它们在其所具有的意识水平上所可能有的爱和生命。

但人是理性的，人不能不看到，其他的人对自己的家人也有同样的爱，因此这种爱的感情就会相互发生冲突，产生某种非善良的、与爱的概念完全对立的东西来。

如果人运用自己的理性为这种他们称之为爱的动物性的、非善良的感情辩护，去增强这种感情，就会使它扭曲变形，以至使这种感情不仅不再是善的，而且会把人变成最恶最可怕的动物（这是众所周知的真理）。那就像福音书中所说的："你里头的光若黑暗了，那黑暗是何等大呢。"[①]如果一个人的心中除了对自己和自己孩子的爱以外别无所有，那他也不会有那种现在存在于人与人之间的极度的恶。人与人之间的极度的恶，是由那种他们称之为爱、并极力赞扬的错误感情产生出来的，这种错误的感情真正的爱相似的程度，就同动物的生命与人的生命相似的程度一样。

不理解生命的人把这称之为爱，其实这只是对自己个体的幸福的某些条件比对别的个体的幸福的条件更偏重而已。当那些不理解生命的人说，他爱自己的妻子、孩子或朋友的时候，其实他说的只是他的妻子、孩子和朋友在他的生活中的存在增加了他的个体生命的幸福。

这种偏重之于爱的关系，就像生存之于生命的关系一样。正如不理解生命的人把生存称之为生命，这些人也同样把对个体生存的某些条件的偏重称之为爱。

这种感情，对某些东西的偏重，譬如对自己的孩子，甚至对某种事业，譬如对科学和艺术，我们也将其称之为爱。但这样的感情各种各样，多不胜数，它们

---

① 见《新约·马太福音》6:23。

组成了人的复杂而又可以感觉得到的动物性的生活，不能把它们称之为爱。因为它们缺乏爱的主要标志——以幸福为目的和结果的行动。

这种偏重所显示出的热情只是表现了动物性的能量而已。被不正确地称之为爱的那种对一些人的偏重所显示出的热情，就像一棵未嫁接过的野苹果树，它必须通过嫁接才能生出真正的爱，结出爱的果实。正如未嫁接过的野苹果树不是真正的苹果树，不能结出甜甜的苹果，而只能结出酸涩的果子，对某种东西的偏爱也不是真正的爱，它不能使人行善，甚至还可能使人行恶。那种被人赞美的对女人、对孩子、对朋友的爱（我们不谈对科学艺术和对祖国的爱，那是另外一回事），实际上是对动物性生活的某些条件的偏重，它们会给世界带来极大的恶。

爱情问题

史铁生[*]

1

有人说，世界上，每分每秒都有贝多芬的乐曲在奏响在回荡，如果真有外星人的话，他们会把这声音认作地球的标志（就像土星有一道美丽的环），据此来辨认我们居于其上的这颗星星。这是个浪漫的想象。何妨再浪漫些呢？若真有外星人，外星人爷爷必定会告诉外星人孙子，这声音不过是近二百年来才出现的，而比这声音古老得多的声音是“爱情”。爱情，几千年来人类以各种发音说着、唱着、赞美着和向往着它，缠绵激荡片刻不息。因此，外星人爷爷必定会纠正外星人孙子：爱情——这声音，才是银河系中那颗

---

* 史铁生（1951— ），当代作家。主要作品有《命若琴弦》、《病隙碎记》等。本文选自《史铁生作品集·散文卷》，北京：中国社会科学出版社 1995 年版。

美丽星星的标志呢。

2

但,爱情是什么?爱情,都是什么呢?

大约不会有人反对:美满的爱情必要包含美妙的性[1],而美满的性当然要以爱情为前提。因为世上还有一种叫作“友爱”的情感,以及一种叫作“嫖娼”和一种叫作“施暴”的行为。因而大约也就不会有人反对;爱情不等于性,性也不能代替爱情。如同红灯区里的男人或女人都不能代替爱人。

这差不多能算一种常识。

问题是:那个不等同于性的爱情是什么?那个性所不能代替的爱情,是什么?包含性并且大于性的那个爱情,到底是怎么一种事?

3

也许爱情,就是友爱加性吸引?

就算这机械的加法并不可笑,但是,为什么你的异性朋友不止十个,而爱人却只有一个(或同时只有一个)呢?因为只有一个对你产生性吸引?是吗?

也许有人是。可我不是。我不是而且我相信,像我这样不止从一个异性那儿感受到吸引的人很多,像我这样不止被一个美丽女人惊呆了眼睛和惊动了心

① 本文中的“性”意指性吸引、性行为、性快乐。

的男人很多,像我这样公开或暗自赞美过两个以上美妙异性的人肯定占着人类的多数。

证明其实简单:你还没有看见你的爱人之时你早已看见了异性的美妙,你被异性惊扰和吸引之后你才开始去寻找爱人。你在寻找一个事先并不确定的异性做你的爱人,这说明你在选择。你在选择,这说明对你有性吸引力的异性并不只有一个。那么,选择的根据是什么?

若仅仅是性,便没有什么爱情发生,因而那是动物界司空见惯的事件与本文无关。你的根据当然是爱情。

但是爱情是什么眼下还不知道。

现在只知道了一件事:性吸引从来不是一对一的,从来是多向的,否则物种便要在无竞争中衰亡。

4

我读过一篇小说,写一对恋人(或夫妻)出门去,走在街上、走进商店、坐上公共汽车和坐进餐厅里,女人发现男人的目光常常投向另外的女人(一些漂亮或性感的女人),于是她从扫兴到愤怒终至离开了那男人。这篇小说明显是嘲讽那个男人,相信他不懂得爱情和不忠于爱情。

但该小说作者的这一判断只有一半的可能是对的,只有一半的可能是,那个男人尚未走出一般动物的行列。另外一半的可能是那个女人不懂爱情。首先她没弄清性与爱的分别,性是多指向的,而性的多指向未必不可以与爱的专一共存。其次她把自己仅仅放在了性的位置上,因为只有在这个位置上她与另外那些女人才是可比的。第三,那男人没有因为众多的性吸引而离开她,她可想过这是为什么吗? 她显然没想过,因为倒是她仅仅为了性妒忌而离开了她的恋人或丈夫。

恋人们或夫妻们,应该承认性吸引的多向性,应该互相允许(公开或暗自)赞赏其他异性之魅力。但是,但是恋人们或夫妻们,可以承认和允许多向的性行为吗? 不,当然不,至少我不,至少当今绝对多数的人都——不! 这,是为什么? 这是一个最严重也最有价值的问题。

5

毫无疑问,是因为爱情,因为必须维护爱情的神圣与纯洁,因为专一的爱情才受到赞扬。但是,这就有点奇怪,这就必然引出两个不能含混过去的问题:一是,爱情既然是一种美好的情感,为什么要专一? 为什么只能对一个人? 为什么必须如此吝啬? 为什么这吝啬或自私倒要受到赞扬,和被誉为神圣与纯洁?

二是,性吸引既然是多向的,为什么性行为不应该也是多向的?

为什么性行为要受到限制,而且是以爱情(神圣与纯洁)的名义来限制? 为什么对性的态度,竟是对爱情忠贞与否的(一个很重要的)证明? 为什么多向的性吸引可与爱情共存,而多向的性行为便被视为对爱情的不忠？

6

先说第二个问题。

这不忠的观念，可能是源于早先的把爱情与婚姻、家庭混为一谈，源于婚姻、家庭所关涉的财产继承。所以这不忠，曾经主要是一个经济问题，现在则不过是旧观念的遗留问题。这不无道理。但，这么简单吗？那么在今天，爱情已不等同于婚姻、家庭，已常常与经济无涉，这不忠的观念是否就没有了基础就很快可以消逝了呢？或者这不忠的观念，仅仅是出于动物式的性争夺，在宽厚豁达和更为进步的人那儿已不存在？

我知道一位现代女性，她说只要她的丈夫是爱她的，她丈夫的性对象完全可以不限于她，她说她能理解，她说她自己并不喜欢这样但是她能理解她的丈夫，她说："只要他爱我，只要他仍然是爱我的，只要他对别人不是爱，他只爱我。"可是，当那男人真的有了另外的性对象而且这样的事情慢慢多起来时，这位现代女性还是陷入了痛苦。

不，她并不推翻原来的诺言，她的痛苦不是因为旧观念的遗留，更不是性忌妒，而是一个始料未及的问题："可我怎么能知道，他还是爱我的？"她说，虽然他对她一如既往，但是她忽然不知道为什么他还是爱她的。她不知道在他眼里和心中，她与另外那些女人有什么不同。

她不知道为什么她不是与另外那些女人一样，也仅仅是他的一个性对象？她问："什么能证明爱情？"一如既往的关心、体贴、爱护、帮助……这些就是爱情的证明吗？可这是母爱、父爱、友爱、兄弟姐妹之爱也可以做到的呀？但是爱情，需要证明，需要在诸多种爱的情感中独树一帜表明那不是别的那正是爱情！

什么，能证明爱情？

7

曾有某出版社的编辑，约我就爱情之题写一句话。我想了很久，写了：没有什么能够证明爱情，爱情是孤独的证明。

这句话很可能引出误解，以为就像一首旧民谣中所表达的愿望，爱情只是为了排遣寂寞。（那首旧民谣这样说：小小子儿，坐门墩儿，哭着喊着要媳妇儿。要媳妇儿干吗呀？点灯说话儿，吹灯就伴儿，早上起来梳小辫儿。）不，孤独并不是寂寞。无所事事你会感到寂寞，那么日理万机如何呢？你不再寂寞了但你仍可能孤独。孤独也不是孤单。门可罗雀你会感到孤单，那么门庭若市怎样呢？你不再孤单了但你依然可能感到孤独。孤独更不是空虚和百无聊赖。孤独的心必是充盈的心，充盈得要流溢出来要冲涌出去，便渴望有人呼应他、收留他、理解他。孤独不是经济问题也不是生理问题，孤独是心灵问题，是心灵间的隔膜与歧视甚或心灵间的战争与戕害所致。那么摆脱孤独的途径就显然不能是日理万机或门庭若市之类，必须是心灵间戕害的停止、战争的结束、屏障的拆除，是心灵间和平的到来。心灵间的呼唤与呼应、投奔与收留、坦露与理解，那便是心灵解放的号音，是和平的盛典是爱的狂欢。那才是孤独的摆脱，是心灵享有自由的时刻。

但是这谈何容易，谈何容易！

让我们记起人类社会是怎样开始的吧。那是从亚当和夏娃偷吃了禁果于是知道了善恶之日开始的，是从他们各自用树叶遮挡起生殖器官以示他们懂得了羞耻之时开始的。善恶观（对与错、好与坏、伟大与平庸与渺小，等等），意味着价值和价值差别的出现。羞耻感（荣与辱、扬与贬、歌颂与指责与唾骂，等等），则宣告了心灵间战争的酿成，这便是人类社会的独有标记，这便是原罪吧，从那时起，每个人的心灵都要走进千万种价值的审视、评判、褒贬、乃至误解中去（枪林弹雨一般），每个人便都不得不遮挡起肉体和灵魂的羞处，于是走进隔膜与防范，走进了孤独。但从那时起所有的人就都生出了一个渴望：走出孤独，回归乐园。

那乐园就是，爱情。

8

寻找爱情，所以不仅仅是寻找性对象，而根本是寻找乐园，寻找心灵的自由之地。这样看来，爱情是可以证明的了。自由可以证明爱情。自由或不自由，将证明那是爱情或者不是爱情。

自由的降临要有一种语言来宣告。文字已经不够，声音已经不够，自由的语言是自由本身。解铃还需系铃人。孤独是从遮掩开始的，自由就要从放弃遮掩开始。孤独是从防御开始的，自由就要从拆除防御开始。孤独是从羞耻开始的、自由就要从废除羞耻开始。孤独是从衣服开始，从规矩开始，从小心谨慎开始，从距离和秘密开始，那么自由就要从脱去衣服开始，从破坏规矩开始，从放浪不羁开始，从消灭距离和泄露秘密开始……（我想，相视如仇一定是爱的结束，相敬如宾呢，则可能还不曾有爱。）

性行为是一种语言。在爱人们那儿，袒露肉体已不仅仅是生理行为的揭幕，更是心灵自由的象征；炽烈地贴近已不单单是性欲的催动，更是心灵的相互渴望；狂浪的交合已不只是繁殖的手段，而是爱的仪式。爱的仪式不能是自娱，而必得是心灵间的呼唤与应答。爱的仪式，并不发生在一个与世隔绝的孤岛，爱的仪式是百年孤独中的一炬自由之火。在充满心灵战争的人间，唯这儿享有自由与和平。这儿施行与外界不同甚或相反的规则，这儿赞美赤身裸体，这儿尊敬神魂颠倒，这儿崇尚礼崩乐坏，这儿信奉敞开心扉。这就是爱的仪式。爱的表达。

爱的宣告。爱的倾诉。爱之祈祷或爱之祭祀。

9

君王与嫔妃、嫖客与娼妓、爱人与爱人，其性行为之方式的相同点想必很多，那是由于身体的限制。但其性行为之方式的不同点肯定更多，因为，就便是相同的行动也都流溢着不同的表达，那是源自心灵的创造。

譬如哭，是忧伤还是矫情，一望可知。譬如笑，是欢欣还是敷衍，一望可知。譬如西门庆和查泰莱夫人的情人，其境界的大不同一读可知。这很像是人们用着相同的文字，而说着不同的话语。相同的文字大家都认得，不同的话语甚至不能翻译。

顺便想到：什么是淫荡呢？在不赞成禁欲的人看来，并没有淫荡的肉身，只有淫荡的心计。只要是爱的表达（譬如查泰莱夫人与其情人），一切礼崩乐坏的作为都是真理，并无淫荡可言。而若有爱之外的指向（譬如西门庆），再规范再八股的行动也算流氓。

10

性是爱的仪式，爱情有多么珍重，性行为就要多么珍重。好比，总不能在婚礼上奏哀乐吧，总不能为了收取祭品就屡屡为亲娘老子行葬礼吧。仪式，大约有着图腾的意味，是要虔敬的。改变一种仪式，意味着改变一种信念，毁坏一种仪式就是放弃一种相应的信念。

性行为，可以是爱的仪式，当然也可以是不爱的告白。

这就是为什么，对性的态度，是对爱情忠贞与否的一个重要证明。

这就是为什么，性要受到限制，而且是以爱情的名义。

爱情，不是自然事件，不是荒野上交媾的季节。爱情是社会事件，在亚当夏娃走出伊甸园之后发生，爱情是在相互隔膜的人群里爆发的一种理想，并非一种生理的分泌。所以性不能代替爱情。所以爱情包含性又大于性。

11

再说第一个问题：爱情既然是美好的感情，为什么要专一为什么不该多向呢？为什么不该在三个以至一万个人之间实现这种感情呢？好东西难道不应该扩大倒应该缩小到只是一对一？多向的爱情，正可与多向的性吸引相和谐，多向的性行为何以不能仍然是爱的仪式呢？那岂不是在更大的范围里摆脱孤独么？岂不是在更大的范围里敞开心扉，实现心灵的自由与和平么？这难道不是更美好的局面？

不能说这不是一个美好的理想。这差不多与世界大同类似，而且不单是在物质享有上的大同。在我想来，这更具有理想的意味。至少，以抽象的逻辑而论，没有谁能说出这样的局面有什么不美和不好。若有不美和不好，则必是就具体的不能而言。问题就在这儿，不是不该，而是不能。不是理想的不该，不是逻辑的不通，也不是心性的不欲，而是现实的不能。

为什么不能？

非常奇妙：不能的原因，恰恰就是爱情的原因。简而言之：孤独创造了爱情，这孤独的背景，恰恰又是多向爱情之不能的原因。倘万众相爱可如情侣，孤独的背景就要消失，于是爱情的原因也将不在。

孤独的背景即是我们生存的背景；这与悲观和乐观无涉，这是闭上眼睛也能感受到的事实，所以爱情应当珍重，爱情神圣。

倘有三人之恋，我看应当赞美，应当感动，应当颂扬。这与所谓第三者绝无相同，与群婚、滥交、纳妾、封妃更是天壤之别。唯其可能性微乎其微。更别说四。

12

我知道有一位性解放人士，他公开宣称他爱着很多女人，不是友爱而是包含性且大于性的爱情，他的宣称不是清谈，他宣称并且实践。这实践很可能值得钦佩。但不幸，此公还有一个信条：诚实。

（这原不需特别指出，爱情嘛，没有诚实还算什么？）于是苦恼就来了，他发现他走进了一个二律背反的处境：要保住众多爱情就保不住诚实，要保住诚实就保不住众多爱情。因为在他众多地诚实了之后，众多的爱人都冲他嚷：要么你别爱我，要么你只爱我一个！于是他好辛苦：对 A 瞒着 B，对 B 瞒着 C，对 C 瞒着 A、B，对 B 瞒着 A、C……于是他好荒唐：本意是寻找自由与和平，结果却得到了束缚和战争，本意要诚实结果却欺瞒，本意要爱结果他好孤独。他说他好孤独，我想他已开始成人。他或者是从动物进化成人了，或者是从神仙下凡成人了，总之他看见了人的处境。这处境是：心与心的自由难得，肉与肉的自由易取。这可能是因为，心与心的差别远远大于肉与肉的差别，生理的人只分男女，心灵的人千差万别。这处境中自由的出路在哪儿？我想无非两路：放弃爱情，在欺瞒中去满足多向的性欲，麻醉掉孤独中的心灵，或，做爱情的信徒，知道他非常有限，因而祈祷因而虔敬，不恶其少恶其不存，唯其存在，心灵才注满希望。

13

不过真正的性解放人士，可能并不轻视爱，倒是轻视性。他们并不把性与爱联系在一起，不认为性有爱之仪式的意义，为什么吃不是爱的告白呢？性也不必是。性就是性如同吃就是吃，都只是生理的需要与满足，爱情嘛，是另一回事。这不失为一个聪明的主张。你可以有神圣的专注的爱情，同时也可以有随意的广泛的性行为，既然爱与性互不相等，何妨更明朗些，把二者彻底分割开来对待呢？真的，这不见得不是一个好主意，性不再有自身之外的意义，性就可以从爱情中解放出来，像吃饭一样随处可吃，不再引起其他纠葛了。但是，爱，还包含性吗？当然包含，爱人，为什么不能也在一块吃顿饭呢？

爱情的重要是敞开心扉不是吗，何须以敞开肉体作其宣布？敞开肉体不过是性行为一项难免的程序，在哪儿吃饭不得先有个碗呢？所以我看，这主张不是轻视了爱，而是轻视了性，倘其能够美满就真是人类的一次伟大转折。

但是这样，恐怕性又要失去光彩，被轻视的东西必会变得乏味，唾手可得的东西只能使人舒适不能令人激动，这道理相当简单，就像绝对的自由必会葬送自由的魅力。据说在性解放广泛开展的地方，同时广泛地出现着性冷漠，我信这是真的，这是必然。没有了心灵的相互渴望，再加上肉体的沉默（没有另外的表达），性行为肯定就像按时的服药了。假定这不重要，但是爱呢？爱情失去了什么没有？

爱情失去了一种最恰当的语言。这语言随处滥用，在爱的时候可还能表达什么呢？还怎么能表达这不同于吃饭和服药的爱情呢？正所谓“假作真时真亦假，无为有处有还无”了。爱情，必要有一种语言来表达，心灵靠它来认同，自由靠它来拓展，和平靠它来实现，没有它怎么行？而且它，必得是不同寻常的、为爱情所专用的。这样的语言总是要有的，不是性就得是其他。不管具体是什么，也一样要受到限制，不可滥用，滥用的结果不是自由而是葬送自由。

既然这样，作为爱的语言或者仪式，就没有什么别的东西能够优于性。因为，性行为的方式，天生酷似爱。其呼唤和应答，其渴求和允许，其拆除防御和解除武装，其放弃装饰和坦露真实，其互相敞开与贴近，其相互依靠与收留，其随心所欲及轻蔑规矩，其携力创造并共同享有，其极乐中忘记你我刹那间仿佛没有了差别，其一同赴死的感觉但又一起从死中回来，曾经分离但现在我们团聚，我们还要分离但我们还会重逢……这些形式都与爱同构。说到底，性之中原就埋着爱的种子，上帝把人分开成两半，原是为了让他们体会孤独并崇尚爱情吧，上帝把性和爱联系起来，那是为了，给爱一种语言或一个仪式，给性一个引导或一种理想。上帝让繁衍在这样的过程里面发生,不仅是为了让一个物种能够延续,更是为了让宇宙间保存住一个美丽的理想和美丽的行动。

14

可为什么,性,常常被认为是羞耻的呢?我想了好久好久,现在才有点明白:禁忌是自由的背景,如同分离是团聚的前提。

这是一个永恒的悖论。

这是一切"有"的性质,否则是"无"。

我们无法谈论"无",我们以"有"来谈论"无"。

我们无法谈论"死",我们以"生"来谈论"死"。

我们无法谈论"爱情",我们以"孤独"来谈论"爱情"。

一个永恒的悖论,就是一个永恒的距离,一个永恒孤独的现实。

永恒的距离,才能引导永恒的追寻。永恒孤独的现实,才能承载永恒爱情的理想。所以在爱的路途上,永恒的不是孤独也不是团聚,而是祈祷。

祈祷。

一切谈论都不免可笑,包括企图写一篇以"爱情问题"为题的文章。某一个企图写这样一篇文章的人,必会在其文章的结尾处发现:问题永远比答案多。除非他承认:爱情的问题即是爱情的答案。

一九九四年

爱眉小札(节选)

徐志摩*

八月九日起日记

“幸福还不是不可能的”,这是我最近的发现。

今天早上的时刻,过得甜极了。只要你;有你我就忘却一切,我什么都不想什么都不要了,因为我什么都有了。与你在一起没有第三人时,我最乐。坐着谈也好,走道也好,上街买东西也好。厂甸我何尝没有去过,但哪有今天那样的甜法;爱是甘草,这苦的世界有了它就好上口了。眉,你真玲珑,你真活泼,你真像一条小龙。

我爱你朴素,不爱你奢华,你穿上一件蓝袍,你的眉目间就有一种特异的光彩,我看了心里就觉着不可

---

* 徐志摩(1896—1931),现代诗人、散文家。主要作品有《志摩的诗》、《翡冷翠的一夜》、《猛虎集》等。本文选自其《浪漫人生》,广州:花城出版社1992年版。

名状的欢喜。朴素是真的高贵。你穿戴整齐的时候当然是好看,但那好看是寻常的,人人都认得的,素服时的眉,有我独到的领略。

“玩人丧德,玩物丧志”,这话确有道理。

我恨的是庸凡,平庸,琐细,俗;我爱个性的表现。

我的胸膛并不大,决计装不下整个或是甚至部分的宇宙。我的心河也不够深,常常有露底的忧愁。我即使小有才,决计不是天生的,我信是勉强来的;所以每回我写什么多少总是难产,我唯一的靠傍是霎那间的灵通。我不能没有心的平安,眉,只有你能给我心的平安。在你完全的甜蜜的高贵的爱里,我享受无上的心与灵的平安。

凡事开不得头,开了头便有重复,甚至成习惯的倾向。在恋中人也得提防小漏缝儿,小缝儿会变大窟窿,那就糟了。我见过两相爱的人因为小事情误会斗口,结果只有损失,没有利益。我们家乡俗谚有:“一天相骂十八头,夜夜睡在一横头”,意思说是好夫妻也免不了吵。我可不信,我信合理的生活,动机是爱,知识是南针;爱的生活也不能纯粹靠感情,彼此的了解是不可少的。爱是帮助了解的力,了解是爱的成熟,最高的了解是灵魂的化合,那是爱的圆满功德。

没有一个灵性不是深奥的,要懂得真认识一个灵性,是一辈子的工作。这工夫愈下愈有味,像逛山似的,唯恐进得不深。

眉,你今天说想到乡间去过活,我听了顶欢喜,可是你得准备吃苦。总有一天我引你到一个地方,使你完全转变你的思想与生活的习惯。你这孩子其实太娇养惯了！我今天想起丹农雪乌的《死的胜利》的结局；但中国人，那配！眉，你我从今起对爱的生活负有做到他十全的义务。我们应得努力。眉，你怕死吗？眉，你怕死吗？活比死难得多！眉，老实说，你的生活一天不改变，我一天不得放心。但北平就是阻碍你新生命的一个大原因，因此我不免发愁。

我从前的束缚是完全靠理性解开的，我不信你的就不能用同样的方法。万事只要自己决心；决心与成功间的是最短的距离。

往往一个人最不愿意听的话，是他最应得听的话。

八日二十四日

近来你真的很不听话，眉，你知道不？也许我不会说话，你不爱听，也许你心烦听不进，今晚在真光我问你记否去年第一次在剧场觉得你的发鬈擦着我的脸（我在海拉尔寄回一首诗，纪念那初度尖锐的官感，在我是不可忘的），你理都没有理会我，许是你看电影出了神，我不能过分怪你。

今晚北海真好，天上的双星那样的晶清，隔着一条天河含情的互睇着；满地的荷叶在微风里透着清馨；一弯黄玉似的初月在西天挂着，无数的小虫相应的叫着；我们的小舫在荷叶丛中划着，我就想你，要是你我俩坐着一只船在湖心里荡着，看星，听虫，嗅荷馨，忘却了一切，多幸福的事，我就怨你这一时心不静，思想不清，我要你到山里去也就为此。你一到山里心胸自然开豁的多，我敢说你多忘了一件杂事，你就多一分心思留给你的爱:你看看地上的草色,看看天上的星光,摸摸自己的胸膛,自问究竟你的灵魂得到了寄托没有,你的爱得到了代价没有,你的一生寻出了意义没有?你在北平城里是不会有清明思想的——大自然提醒我们内心的愿望。

我想我以后写下的不拿给你看了,眉,一则因为天天看烦得很,反正是这一路的话,这爱长爱短老听也是怪腻烦的;二则我有些不甘愿因为分明近来你并不怎样看重我的"心声"。我每天的写,有功夫就写,倒像是我唯一的功课很多是夜阑人静半夜三更写的,可是你看也就翻过算数,到今天你那本子还是白白的,我问你劝你的话你也从不提及,可见你并不曾看进去,我写当然还是写,但是我想近来不每天缴卷似的送过去了,我也得装马虎,等你自己想起时问起时真的要看时再给你不迟。我记得(你记得吗,眉?)才几个月前你最初与我秘密通讯时,你那时的诚恳,焦急,——需要,怎样抱怨我不给你多写,你要看我的字就比掉在岸上的鱼想水似的急,咳,那时间我的肝肠都叫你摇动了,眉!难道这几个月来你已经看够了不成?我的话准没有先前的动听,所以你也再不着急要,虽则我自问我对你一往的深情真是一天深似一天,我想看你的字,想听你的话,想搂抱你的思想,正比你几个月前想要我的有增无减,眉,这是什么道理?我知道我如其尽说这一套带怨意的话,你一定看得更不耐烦,我真是愈来愈蠢了,什么新鲜的念头,讨人欢喜招人乐的俏皮话一句也想不着——本子一页又一页只是板着脸子说的郑重话,哪能怪你不爱看——我自个儿活该不是?下回我想来一个你给我的信的一个研究——我要重新接近你那时的真与挚,热烈与深切。眉,你知道你那时偶尔看一眼,那一眼里含着多少的深情呀!现在你快正眼都不爱觑我了,眉,这是什么道理?你说你心烦,所以连面都不愿见我——我懂得,我不怪你,假如我再跑了一次看看——我不在跟前时也许你的思想倒会分给我一些?许你说人在身边,何必再想,真是!这样来我愿意我立即死了,那时我倒可以希望占有你一部分纯洁的思想的快乐。眉,你几时才能不心烦?你一天心烦,我也一天不心安,因为我们俩的思想镶不到一起,随我怎样的用力用心……

眉,假如我逼你跟我走,那是说到和平办法真没有希望时,你将怎样发付我?不,我情愿收回这问句,因为你也许忍心拿一把刀插在爱你的志摩的心里!

咳,"以不了了之",什么话!我倒不信,志摩不是懦夫,到相当时候我有我的颜色,无耻的社会你们看着吧!

眉,只要你有一个日本女子一半的痴情与侠气——你早就跟我飞了,什么事都解决了,乱丝总得快刀斩,眉,你怎的想不通呀!

上海有时症,天又热,我也有些怕去。

眉,你快乐时就比花儿开,我见了直乐!

八月二十七日

两天不亲近爱眉小札了,真觉得抱歉。

香山去只增添,加深我的懊丧与惆怅,眉,没有一分钟过去不带着想你的痴情,眉,上山,听泉,折花,望远,看星,独步,嗅草,捕虫,寻梦,——哪一处没有你,眉，哪一处不惦着你，眉，哪一个心跳不是为着你，眉！

我一定得造成你，眉；旁人的闲话我愈听愈恼，愈愤愈自信，眉，交给我你的手，我引你到更高处去，我要你放胆的完全信任的把你的手交给我。

我没有别的方法，我就是爱；没有别的天才，就是爱；没有别的能耐，只是爱；没有别的动力，只是爱。

我是极空洞的一个穷人，我也是一个极充实的富人——我有的只是爱。

眉，这一潭清冽的泉水；你不来洗濯谁来；你不来解渴谁来；你不来照形谁来！

我白天想望的，晚间祕祷的，梦中缠绵的，平旦时神往的——只是爱的成功，那就是生命的成功。

我真爱不能没有力量：是真爱不能没有悲剧的倾向。

眉，“先生”说你意志不坚强，所以目前逢着有阻力的环境倒是好的，因为有阻力的环境是激发意志最强的一个力量，假如阻力再不能激发意志时，那事情也就不易了。这时候各界的看法各各不同，眉，你觉出了没有？有绝对怀疑的；有相对怀疑的；有部分同情的；有完全同情的（那很少，除是老K）；有嫉妒的有阴谋破坏的（那最危险）；有肯积极助成的；有愿消极帮忙的。但是，眉；听着，一切都跟着你我自己走；只要你我有意志，有气，有勇，加在一个真的情爱上，什么事不成功真的！

有你在我的怀中，虽则不过几秒钟，我的心头便没有忧愁的踪迹；你不在我的当前，我的心就像挂灯似的悬着。

你为什么不抽空给我写一点？不论多少，抱着你的思想与抱着你的温柔的肉体，同样是我这辈子无上的快乐。

往高处走，眉，往高处走！

我不愿意你过分“爱物”，不愿意你随便花钱，无形中养成“想什么非要到什么不可”的习惯；我将来决不会怎样赚钱的，即使有机会我也不来，因为我认定奢侈的生活不是高尚的生活。

爱，在俭朴的生活中，是有真生命的，像一朵朝露浸着的小草花；在奢华的生活中，即使有爱，不能纯粹，不能自然，像是热屋子里烘出来的花，一半天就衰萎的忧愁。

论精神我主张贵族主义；谈物质我主张平民主义。

眉，你闲着时候想一想，你会不会有一天厌弃你的摩。

不要怕想，想是领到“通”的路上去的。

爱朋友怜惜与照顾也得有个限度，否则就有界限不分明的危险。

小的地方要防，正因为小的地方容易忽略。

八月三十一日

眉，今晚我只是“爽然”！“如此星辰非昨夜，为谁风露立终宵”，多凄凉的情调呀！北海月色荷香，再会了！

织女与牛郎，清浅一水隔，相对两无言，盈盈复脉脉。

心　祭

——献给 G. W.

张守仁*

你又去了。用洗干净的手，从阳台上剪了刚开的君子兰，捧着它，经过那棵古银杏树，走向松柏常青的公墓。

有一种感情使人韧于等待，善于坚持，那就是爱。他去世十二年了。为了不让他在那个世界感到寂寞，你每月都要持花到郊外祭奠、陪伴你的心上人。

人们不理解你对他的爱为什么如此执著。

历史曲折。他的命运也就曲折。一生坎坷。受审查、被怀疑、遭歧视，甚至在十年大灾难中被专政。每一个日子在炎阳下曝晒，严寒中冰冻，屈辱中煎熬。

---

* 张守仁（1933—　），中国当代作家。本文选自《中国当代散文检阅》（名家卷），西安：陕西人民出版社 1997 年版。

罚他打扫厕所，烧锅炉，命他跪在地上请罪。一个在解放前的大学里就研究科学社会主义、从事党的地下工作的热血青年，且曾身入虎穴，以秘书身份打入敌军司令部，在最关键的时刻，冒着生命危险，晓以大义，逼迫敌酋向人民投降的功臣，何罪之有，竟遭如此坎坷的命运！悒郁酿成沉疴。于是当新时期开始的时候，他在万众欢庆声中猝然倒下，挥手西去。

你曾到亡夫的家乡去。沿着他童年时常去的河岸徘徊，到他捉过鸟雀的林子里蹀躞，入夜躺在婆婆诞生他的那张大床上，回忆他风风雨雨的一生。一夜未眠。觉得枕头都湿了，一看，竟没有泪痕。那种没有眼泪的痛苦，欲哭无泪的痛苦，才是人生的大痛苦。你想，如果你的郎君早知迈入这个"门槛"之后，将会遭到怀疑、嘲笑、蔑视、屈辱、折磨、监禁、疾病甚至死亡，那么，他该怎样想？啊，生活……

年年月月，临去公墓祭奠之前，你总是理发、洗澡、更衣，对镜梳妆。到了你爱人的墓地，把鲜花放在他照片前，对着他的遗像久久地凝视，默默地倾诉。你回想起你们一起度过的那些难忘的岁月。你后悔没有为他留下儿女。你有一块心病，如果你死了，在这个世上，谁还记着他，对他怀有血缘的思念？于是你坚持锻炼身体。你练太极拳，做气功，跳老年迪斯科。持续多年，你原有的心脏病、风湿性关节炎消失了，变得年轻了，甚至面颊上有了发亮的光泽。你想，只要你活着，他就存在。

看到好的风景，欣赏好的电影，听到美妙的音乐，吃到美味的菜肴，——遇到一切美好的东西，你就情不自禁地想起他，希望与他分享。爱情调动你的一切潜力去克服独身女人必然遇到的困难。你的房子临街,喧闹嘈杂。有人想用一套比之更安静、更宽敞的房子和你调换,以便和自己的女儿挨住在一起,亲人间互相照应。但你舍不得换。你喜欢住在这套窄小的房子里,住在这套曾经洋溢着你们共同的欢笑,也体验过你们共同的苦恼的房子里。你和它相依为命。即使节假日朋友们邀请你去做客,你也不愿离开一天半日。这里留下了他的音容笑貌,他的足迹,他的手印,他的气息。不论你白天、黑夜东思西想些什么,归根到底想的还是他。你的心被他占领着,因此你一个人在这里并不空虚,并不寂寞。你在这间向阳的,充满阳光的斗室里,养了许多花草。每当娇艳的花朵绽开之时,你就迫不及待地想把芳香和美丽收集起来送给他。有时候,你坐在阳台上,沐浴在月光里,时间慢慢流逝变成过去,在如梦如幻的沉思中会蓦然听到他在你身后呼唤你。哦,G. W.,这是他的、更是你的心灵在呼唤呵。

和你一样,我也是文学编辑。我一生看过那么多中外爱情小说,但是哪部作品里的人物,能像你这样对逝者的思念如此铭心刻骨。你使无数爱情作品中的主人公们黯然失色。崇高的爱,真是地久天长,——不,是比天地更久长的感情。

中秋节,你净身换衣,又捧着家中刚剪下来的玫瑰花,迈着轻盈的步子,经过那棵闪烁着万千小金扇的古银杏树下,走向郊外永恒的墓地。瞥见你快消失了的身影,我脑子里突然闪出这样的语句:你就是爱,爱就是美,美丽的爱情能创造奇迹……

爱

张爱玲*

这是真的。

有个村庄的小康之家的女孩子，生得美，有许多人来做媒，但都没有说成。那年她不过十五六岁吧，是春天的晚上，她立在后门口，手扶着桃树。她记得她穿的是一件月白的衫子。对门住的年轻人同她见过面，可是从来没有打过招呼的，他走了过来，离得不远，站定了，轻轻的说了一声："噢，你也在这里吗？"她没有说什么，他也没有再说什么，站了一会，各自走开了。

就这样就完了。

后来这女子被亲眷拐子卖到他乡外县去作妾，又

---

* 张爱玲（1920—1995），现代作家，主要作品有小说集《传奇》、散文集《流言》和长篇小说《半生缘》等。本文选自其《都市的人生》，长沙：湖南文艺出版社1993年版。

几次三番地被转卖，经过无数的惊险的风波，老了的时候她还记得从前那一回事，常常说起，在那春天的晚上，在后门口的桃树下，那年轻人。

于千万人之中遇见你所遇见的人，于千万年之中，时间的无涯的荒野里，没有早一步，也没有晚一步，刚巧赶上了，那也没有别的话可说，唯有轻轻的问一声："噢，你也在这里吗？"

广岛之恋

杜拉斯*

第一部

[影片开始时，比基尼①遐迩闻名的“蘑菇云”正冉冉升起。

必须使观众产生又一次看见，同时又是初次看见这朵“蘑菇云”的感觉。

必须给这“蘑菇云”大特写，慢镜头，它的翻腾膨胀伴随着G.费斯科音乐的最初几小节。

随着“蘑菇云”在银幕上升起，在“蘑菇云”下②]渐渐叠映出两个赤裸的肩膀。

---

* 杜拉斯(1914—1996)，法国作家。主要作品有《情人》、《琴声如诉》等。本文选自《杜拉斯文集·广岛之恋》，边芹等译，沈阳：春风文艺出版社2000年版。

① 比基尼：西太平洋马绍尔群岛中的比基尼环礁，位于夏威夷西南3200公里。美国从1946年开始在那里进行核武器试验。——译注

② 方括号内的内容在拍摄影片时被删去。——原注

我们只能看见这两个肩膀，既不见头部，亦不见腰部以下的躯体。

两个肩膀紧紧搂在一起，它们看上去忽而洒满灰烬，忽而是雨水，忽而是露珠或者汗滴，观众可以随意想象。

关键是要让人感到无论是露珠还是汗滴，都是从逐渐远去、消散的[比基尼“蘑菇云”]上落下来的。

应使人从中产生新鲜而充满情欲的感觉，这种感觉十分强烈，也十分矛盾。

两个紧紧搂在一起的肩膀肤色截然不同：一个深色，另一个白皙。

费斯科的音乐伴随着这几乎是骇人的搂抱。

两只肤色不同的手也格外分明。

费斯科的音乐声渐渐消退。一只女性的手[特大的大特写]搁在黄皮肤的肩膀上，说“搁”似乎用词不当。

说“攫住”更合适。

一个男子用低沉平静的嗓音，朗诵般地开始说话：

他

你在广岛什么也没有看见，没有看见。

这句话可随意一再重复。

一个女人用低哑的、同样沉浊的嗓音，背诵般不分句读地回答。

她

我都看见了，一切都看见了。

费斯科的音乐声起，就在音乐声中，女人的手重新紧紧地攫住男人的肩膀，然后又松开，轻轻抚摩着。

雪白的手指在黄皮肤的肩膀上留下了一道深深的指甲痕。

指甲痕似乎让人觉得是对男人前面说的那句“你在广岛什么也没有看见，没有看见”的话的惩罚。

女人又用平静、同样的背诵般声调继续说：

她

就这样，我看到了医院。我确信无疑。广岛有医院，我怎么能避而不见呢？

在完全俯视的摄影机下，医院，医院的走廊，楼梯，病人①。（但我们始终看不见她在那儿观看）

接着又出现了那只紧紧攫着黄皮肤肩膀的手。

他

你没有看到广岛的医院。你在广岛什么也没有看见。

此后，女人的声音变得愈加缺乏个性，强调（抽象地）每一个字。

银幕上出现一座博物馆②。同医院一样，到处闪耀着炫目、令人厌恶的光。

我们看见一块块解说牌。

一件件原子弹爆炸后残留下来的物证。

一座座模型。

一堆堆废铁。

还有无数用蜡复制成的被烧焦的皮肤和头发。

---

① 根据非常简略的原始剧本，本片导演雷奈从日本带来了大量的素材。从这一事实出发，原始剧本不仅被突破，而且在影片最后剪辑时进行了修改，增加了大量镜头。——原注

② 时不时地重复出现两个叠在一起的身体。——原注

等等。

她

我到博物馆去了四次……

他

广岛的哪座博物馆?

她

我到广岛的博物馆去了四次。我看见人们在那里漫步。人们沉思着,徘徊在一组组照片、一件件复制品面前,因为没有别的东西,只好徘徊在一组组照片和复制品面前;因为没有别的东西,只好徘徊在一些说明面前,因为没有别的东西。

我到广岛的博物馆去了四次。

我观察参观的人们。我自己也思绪万千地凝视着一块铁。一块烧焦的铁。一块破碎的铁,一块变得像肉体般脆弱的铁。我还看见一簇簇的疱囊,以前谁会想到这一切呢?飘动着的人皮,仿佛还活着,正在生生地遭受苦难。还有石头。烧焦的石头。爆裂的石头。还有不知是谁脱落的头发,广岛的女人清晨醒来,发现满头秀发全都脱落了。

在和平广场,我感到浑身燥热。和平广场的温度曾达到上万度。我知道。和平广场曾有太阳一般的高温。对此怎么能茫然无知呢?……显而易见,草也……

他

你在广岛什么也没有看见,没有看见。

博物馆的镜头在继续。

接着,从一张有一个烧焦的头颅的照片,重又转

向和平广场。（广场从头颅中叠映出来）

博物馆的玻璃框里展出一具具烧伤的人体的模型。

一组日本人拍的广岛原子弹爆炸的[复原]镜头。

一个蓬头垢面的男人。

一个女人从废墟瓦砾里爬出来，等等。

她

人们极为认真严肃地复原了当时的情景。

人们极为认真严肃地拍摄了一部部影片。

显而易见，这一切造成的幻觉是如此的完美，使参观的人们潸然泪下。

人们也许会对此加以嘲笑，可是，一个参观者除了落泪之外，还能做些什么呢？

她

[……哭泣是为了承受这无比可憎的景象。并由此而能够在悲哀之余走出博物馆而不至于失去理智。]

她

[人们逗留在那里，沉思着。人们应该可以毫无讽刺意味地说，能够使人们陷入沉思的机会总是卓越的。而有时会遭到人们嘲笑的纪念碑却是这些机会的最佳托词……]

她

[这些沉思的……机会。确实，通常当沉思的机会大量地摆在您面前时……人们就什么也不再思索了。不过这并不能阻止认定他人正在沉思的景象是鼓舞人心的。]

她

我总为广岛的厄运而哭泣，总为它哭泣。

原子弹爆炸后拍摄下来的广岛全景：广岛成了“新的荒漠”，与世界上任何别的不毛之地都不同的荒漠。

他

不要哭。

你为了什么而哭泣呢？

和平广场在耀眼的阳光下空荡荡的，使人想起原子弹爆炸时的那个令人炫目的原子太阳。在这空旷之中，再一次响起男人的声音：

有人在空旷的广场上徘徊。（大约是午后一点钟光景吧）

出现一九四五年八月六日以后拍摄的纪录影片。

蚂蚁、小虫爬出地面。

又出现了那两个赤裸的肩膀。那个女人的嗓音也随着一幕幕疯狂的画面的展现而变得疯狂起来。

她

我看了那些纪录片。

第二天，历史告诉我们，我一点没有杜撰，就是从第二天开始，各种各样被确认的动物就又从地层深处和灰烬里重新钻了出来。

一些狗被拍了下来。

永远保存了下来。

我看见了这些照片。

我看了纪录片。

我看见过纪录片。

第一天的情景。

第二天的情景。

第三天的情景。

他（打断她的话）

你什么也没有看见，什么也没有看见。

一只断了腿的狗。

大人和孩子。

累累伤疤。

被烧伤的孩子在哭叫。

她

……还有第十五天的情景。

广岛再度变得繁花似锦，到处都是矢菊花、菖兰花、牵牛花和三色旋花，它们以前所未有的惊人的生命力，从灰烬中重新诞生①。

她

我丝毫没有编造。

他

这全部都是你编造的。

她

丝毫没有。

就像爱情中也存在这种幻觉一样，这种幻觉能使人永远不会忘记，我在广岛面前也有这种令我永远难忘的幻觉。

就像爱情中也存在这种幻觉一样。

---

① 这句句子几乎逐字照抄赫尔歇那篇关于广岛的出色报道中的一句话。我只是将它转用在殉难的孩子们身上。——原注

外科手术镊子伸向一只眼睛，要将眼球摘除。

纪录片还在继续。

她

我目睹了那些死里逃生的人，以及当时尚在广岛妇女腹中的胎儿。

一个漂亮的男孩转向我们。他只有一只眼睛。

一位烧伤的少女正在照镜子。

另一位双目失明的姑娘，正用一双扭曲的手在弹齐特拉琴。

一位母亲在她奄奄一息的孩子们身旁祈祷。

一个男人由于长年失眠，已生命垂危。（每星期一次，人们把他的几个孩子带到他的身边）

她

我亲眼看到广岛那些暂时幸存下来的人们，以忍耐、淳朴和显而易见的温顺承受起不公平的命运，这命运是如此不公平，就是平时最丰富的想象力，在他们面前，也关上了想象的大门。

镜头不停地转回那两个紧紧拥抱着的躯体。

她（轻声地）

听……

我知道……

我知道一切……

这一切仍在继续。

他

你一无所知，一无所知。

原子弹蘑菇云。

弥漫的原子尘埃。

街道上，行人在大雨中走着。

渔民们受到放射性物质的伤害。

一条不能食用的鱼。

成千上万条不能食用的鱼被埋掉。

她

妇女们有可能生出畸形婴儿，甚至生出怪物，但是，这一切仍在继续。

男人们有可能丧失生育能力，然而，这一切仍在继续。

雨水令人恐惧。

原子灰烬落入太平洋。

太平洋的海水能致人死命。

一些在太平洋上捕鱼的渔民死于非命。

食品也令人心悸。

人们扔掉整座城市的食品。

人们埋掉一座又一座城市的食品。

整座城市都愤怒了。

许多城市都愤怒了。

纪录片：游行示威的场面。

她

那么多的城市悲愤填膺，是反对谁呢？

那么多的城市悲愤填膺，都是——不管人们是否意识到——反对一些民族对另一些民族原则上的不平等，反对一些种族对另一些种族原则上的不平等，反对一些阶级对另一些阶级原则上的不平等。

示威游行的队伍走过来。

高音喇叭发出“听不见声音的”演讲。

她(低声地)

……听我说。

和你一样,我知道什么是忘却。

他

不,你不知道什么是忘却。

她

我和你一样,有记忆的天赋。我知道什么叫做忘却。

他

不,你没有记忆的天赋。

她

我和你一样,竭尽全力与忘却作斗争。但也和你一样,我总是忘却。我渴望能有一段无法慰藉的记忆,一段影子和石头一般的记忆。

一个死去的广岛人的影子被永远地"印"在石头上。

她

为了不让自己陷入完全不再理解为什么不要忘却的那种可怕境况中,我每天都在竭尽全力地斗争。可我和你一样,忘却了……

店铺里陈列着百来个缩小的工业大厦的模型。这是原子弹爆炸后唯一的遗迹,它那弯弯扭扭的屋架至今仍矗立着——从那时起,它就一直被原样保存着。

一个被荒弃的店铺。

一辆满载日本游客的汽车。

和平广场上旅游者络绎不绝。

一只猫穿过广场。

她

为什么要否认记忆显而易见的必要性呢？……

这句话响起时，银幕上连续出现工业大厦残存的屋架的画面。

她

……你听我说，我还知道，这一切还会重演。

二十万人遇难。

八万人受伤。

仅仅发生在九秒钟之内。这些都是官方统计的数字。这个悲剧还会重演。

一棵棵树。

教堂。

马场。

重建的广岛，一幅幅日常生活的画面。

她

地面温度将达到一万度，就好像一万个太阳。沥青也会烧起来。

教堂。

日语广告牌。

她

一切都将陷入混乱。整座城市从地面上被掀起，落下来化为灰烬……

一片沙漠。一包“和平牌”香烟。一棵多肉类植物伸展开来，就像一只蜘蛛匍匐在沙漠上。

她

新生的植物从沙漠里冒了出来……

河边四个“死去的”大学生在聊天。

河水。

海潮。

重建的单调平常的广岛码头。

她

……四个大学生等待着共同的传奇式的死亡。

大田川三角洲的七条支流，在惯常的时刻非常准时地退潮和涨潮。河水清澈，鱼虾丰富。河水随着季节和时间的变化，时而灰色，时而碧蓝。人们不再沿着陡峭泥泞的河岸，观看大田川三角洲七条支流缓缓上涨的潮汐。

背诵般的画外音停了下来。

广岛纵横的街道，许多街道。还有一座座桥。

遮顶的过道。

街道。

郊区。铁路。

郊区。

日常普通的事物。

她

……我遇见了你。

我记着你。

你是谁？

你让我欲仙欲死。

你使我很舒服。

我怎么想得到这座城市如此适合于恋爱。

我怎么想得到你如此适合于我的肉体。

你使我倾心。你真了不起。你使我倾心。

突然间，你的动作变得多慢呀。

多么温柔。

你是无法体会到的。

你让我欲仙欲死。

你使我很舒服。

你让我欲仙欲死。

你使我很舒服。

我有时间。

我求你。

毁灭我吧。

扭曲我，一直扭曲到我变丑吧。

为什么不是你呢？

为什么不是你呢？在这座城市里，在这样一个与其他任何夜晚难以区别的良宵。

我求你……

蓦地，女人那充满柔情的脸出现了，朝男人的脸伸过去。

她

你的皮肤美得不可思议。

男人幸福地呻吟。

她

你……

日本人的脸也随着女人的脸之后出现了。他露出令人醉心（放声）的一笑，这一笑与他的话并不吻合。他翻过身来。

他

是的，是我，你早该看见我了。

两个赤裸的身体出现了。女人仍然用低沉的嗓音说话，不过这一次，不再是朗诵般的了。

她

你是纯粹的日本血统，还是不纯粹的日本血统？

他

我是个地地道道的日本人。

他

你有一对绿色的眼睛，对吗？

她

噢，我想……是的……我想我的眼睛是绿色的。

他端详着她，然后温柔地说。

他

你像是由一千个女人合成的……

她

因为你还不了解我，所以会说这样的话。

他

也许不仅仅是这个原因。

她

我在你的眼中像是一千个女人合成的，对此我不会不高兴的。

她吻他的肩膀，并把头靠在他的肩窝里。她的头向着敞开的窗户，窗外是广岛的茫茫夜色。一个男人从街上走过，传来一阵咳嗽声。（我们看不见这个人，只听见他的声音）。她抬起身子

她

听……已经四点钟了。

他

为什么说是四点了？

她

我不知道这人是谁，他每天早晨四点钟从这里经过，而且老是咳嗽。

沉默，他们互相对视。

她

当时你在广岛，你……

他笑了，似乎是在笑她的孩子气。

他

不在……当然不在。

她再次抚摩他赤裸的肩膀，这个肩膀确实很美，毫无瑕疵。

她

噢，真的……我真笨。

她几乎带着微笑。

他突然定睛看着她，严肃而迟疑。随后他终于告诉了她。

他

我的家当时在广岛。我外出打仗了。

她抚摩肩膀的动作停了下来。

她这回有点腼腆地问他，脸上带着微笑。

她

你运气不错，对吗？

他把目光从她身上挪开，对肯定还是否定的答复斟酌再三然后说。

他

是的。

她又非常亲切地用肯定的口吻加了一句。

她

这也是我的运气。

稍停片刻。

他

为什么你到广岛来？

她

为了拍一部电影。

他

什么？为了拍一部电影？

她

我在电影中扮演一个角色。

他

在到广岛来之前，你在哪里？

她

在巴黎。

再次停顿片刻，这一次时间稍长些。

他

那在巴黎之前呢？

她

在巴黎之前？……我在纳韦尔。纳——韦——尔。

他

纳韦尔？

她

在涅夫勒省。你不知道。

稍停片刻。他问，就好像他刚刚发现广岛和纳韦尔之间的某种关系似的。

他

为什么你想看看广岛的一切？

她竭力做出真诚的样子说。

她

我感兴趣。我有自己的想法。比方说，好好看一看，我认为是可以了解到东西的。

第 二 部

大街上一大群自行车蜂拥而过，掀起一阵喧闹声，瞬息间又渐渐远去。

她披着晨衣，站在旅馆房间的阳台上，手里端着一杯咖啡，凝眸望着他。

他仍在睡梦中。他俯卧着，两臂伸展，成一个十字。他的身体一直裸露到腰部。

一缕阳光从窗帘射进来，在他的背上投下一个小小的十字，像两个交叉的线条。（或是椭圆形斑点）

她异常专注地盯着他的手。这双手微微地颤抖着，就像孩子有时在睡梦中微微颤抖的手一样。这双手很美，十足男子汉的手。

当她凝视着这双手的时候，这个日本人的位置上蓦地出现了一个青年的身体。同样的姿势，但已处于垂死的状态。他躺在烈日当头的河岸边。（旅馆的房间却光线昏暗）这个年轻人已奄奄一息。他的一双手也同样很美，和日本人的手惊人地相似。这双手在弥留状态中抽搐着。[我们已看不清这个男子所穿的衣服,因为一个女子俯在他的身上,嘴吻着他的嘴。她眼里流下的泪水,与他嘴里流出的鲜血混在一起。]

[女子——即此女子——双目紧闭。而她身下的男子的双眼已呈弥留时的呆滞。]

这个画面很短。

她纹丝不动,背靠着窗子。他醒来了。他向她微笑。她却没有立刻回报他以同样的微笑。她继续凝视着他,一动不动。然后,她给他送上了咖啡。

她

你想喝咖啡吗?

他点点头,接过了杯子。沉默。

她

你梦到什么啦?

他

我记不清了……你问这干什么?

她恢复了常态,非常亲切可爱。

她

我刚才在观察你的手。你睡觉的时候,双手在颤抖。

轮到他惊讶地看了看自己的手。他像做游戏似的动了动手指。

他

大概人在做梦时手就会不知不觉地动吧。

她冷静地、可爱地做了个怀疑的手势。

她

嗯,嗯。

旅馆房间的浴室里，他们一起兴高采烈地在淋浴。

他将手摁在她的额头上，使她仰起头。

他

你是一个漂亮的女人，你知道吗？

她

你这样认为吗？

他

我这样认为。

她

但有点倦容，不是吗？

他将手按在她的面颊上，使她的脸走了样，然后笑了。

他

有点丑。

她在他的爱抚下莞尔一笑。

她

你不在乎吗？

他

我昨天晚上在咖啡馆里就注意到了你不好看时的样子。而且……

她（毫无拘束地）

而且什么？

他

而且注意到你是如何悒悒不乐的。

她向他做了个好奇的动作。

她

说给我听听呀……

他

你那副悒悒不乐的模样使男人产生要结识你这个女人的欲望。

她嫣然一笑，垂下眼睑。

她

你法语讲得很好。

用高兴的语调。

他

是吗？你终于注意到我的法语讲得不错，我真高兴。

沉默了一会儿。

他

而我，我倒一直没有注意你不会讲日语……

你是否注意到，人们总是循着同样的感觉去留心事物？

她

我没注意，我只注意到你，你本人，仅此而已。

两人都笑了。

洗完澡，她披着湿漉漉的头发，穿着浴衣，悠然地啃起苹果来。

她在阳台上，伸个懒腰，望着他。然后慢慢地、“字斟句酌地”开了口，似乎要“认清”一下他们的处境。

她

在——广岛——邂逅相遇，这可不是每天都能够碰上的事。

他也来到阳台上，在她对面坐下。他已穿上了衣服（衬衫，敞着领口）。

他犹豫了片刻，问道：

他

对于在法国的你来说，广岛意味着什么？

她

意味着战争结束了。我想说，战争完全结束了。还有惊愕……一想到人们竟然敢于……一想到人们竟然成功了，我惊呆了。此后，对于我们来说，一种莫名的恐惧开始了。随之而来的是麻木，同时还有对这种麻木的恐惧……

他

你当时在哪儿？

她

我刚离开纳韦尔。我在巴黎。在大街上。

他

纳韦尔，这是个很美的法国词。

她没有马上回答。

她

这个词和其他词一样，没有什么稀奇，就像那个城市一样。

她走开了。

他坐在床上，点燃了一枝烟，目不转睛地盯着她。

[她正在穿衣服，她的影子不时地映射在他身上。这时她的影子正好投在他身上。]他问：

他

你在广岛结识了很多日本人吧？

她

啊，是的。我结识了不少……不过，像你这样的……(强调地)还没有过……

他微笑了。欣喜。

他

我是你生平第一个日本人?

她

是的。

她的笑声一阵阵传来。她重新出现。她正在梳妆。

她(一字一顿地)

广——岛。(我必须闭上眼睛才能回忆起来……我想说的是,回忆起到这里来之前我在法国是如何记住广岛的。说到回忆,总是这么回事。)

他垂下眼睑,十分平静。

他

当时全世界都兴高采烈,你也像他们一样兴高采烈。

他用同样的声调继续说。

他

听说那天巴黎晴空万里,是一个美丽的夏日,是吗?

她

是的,那天天气很好。

他

那时你几岁?

她

二十岁,你呢?

他

二十二岁。

她

我们是同龄人，不是吗？

他

可以说是。

她穿戴得整整齐齐地出现了。就在她正了正头上的护士帽的时候，（因为她身上穿的是一套国际红十字会的护士服）她霍地在他身边蹲下，或者靠着他躺了下来。

她抚弄着他的手。她吻他赤裸的臂膀。

开始了一段日常的谈话。

她

你在生活中是做什么工作的？

他

搞建筑，也搞政治。

她

所以你的法语讲得那么好，是吗？

他

是啊，是为了读法兰西大革命。

他们都笑了。

她并不感到惊讶。他到底搞的什么样的政治，绝不能明确说出来，因为一说出来就会被贴上党派的标签。而且这样的话，她也就显得太幼稚了。别忘了，他刚才说过的话只有一个左派才可能说得出来。

这一点将立即为观众所理解。尤其是他说出对广岛的看法之后。

他

你演的那部电影是部什么片子?

她

是部有关和平的片子。

在广岛除了有关和平的影片,你想还有什么别的片子好拍?

一大群自行车熙熙攘攘地飞驰而过。(欲望又回到他们俩的体内。)

他

我想和你再见一面。

她做了个否定的手势。

她

明晚这个时候,我已经动身回法国了。

他

真的吗?你没有跟我说过。

她

真的。(她停顿了片刻)我觉得没有必要跟你说这个。

他在惊愕中变得严肃起来。

他

就因为这,昨天晚上你让我进了你的卧室?……就因为这是你在广岛的最后一天?

她

完全不是这么回事。我甚至想都没有这么想。

他

在你说话的时候,我问自己,你是在说真话,还是在说谎。

她

我说谎。但我也说真话。不过对你我没有理由说谎。为什么要对你撒谎？

他

告诉我……这种事……你经常做吗？

她

不，不太经常。但有时会做。我喜欢男人……

稍停片刻。

她

我是一个道德观值得怀疑的女人，你知道吗？

她微微笑了。

他

你如何解释道德观值得怀疑？

她语气很轻薄。

她

就是怀疑别人的道德观。

他大笑起来。

他

我想和你再见一面，哪怕飞机是明天清早就起飞，哪怕你是个道德观值得怀疑的女人。

稍停片刻。就在这片刻之间，性爱的欲念又回来了。

她

不。

他

为什么？

她

不为什么。(恼火地)

他不再说话了。

她

你不愿和我说话了吗?

他(沉吟了一会儿)

我想和你再见一面。

他们出现在旅馆的走廊上。

他

你去法国什么地方?纳韦尔?

她

不,去巴黎。(稍停片刻)不,我永远也不会再去纳韦尔了。

他

永远不会再去?

她说话的时候稍微皱起了眉头。

她

永远不会再去。

随口说出。

[纳韦尔是一座使我痛苦的城市。]

[纳韦尔是一座我不再挚爱的城市。]

[纳韦尔是一座使我恐惧的城市。]

她说得激动,又加了一句。

她

我在纳韦尔度过了我一生中最青春焕发的时光……

他

青春焕发——在纳韦尔。

她

是的，在纳韦尔我很年轻。随后有一天也是在纳韦尔，我疯了。

他们在旅馆门前漫步。她等汽车来接她到和平广场。大街上行人稀稀落落，但汽车却不停地飞驰而过。这是一条林阴大道。

由于车声喧嚣，他们几乎不得不喊叫着说话。

她

纳韦尔，你瞧，在世界上所有的城市中，甚至可以说在所有的事物中，我晚上梦见最多的就是它。但同时我在世界上想得最少的也是它。

他

你在纳韦尔是怎么发疯的？

她

疯狂，你知道，就跟智慧一样。这是无法解释的，完全与智慧一样。疯狂降临到你的头上，占据了你的全身心，于是你就明白了。但是，当疯狂离开你以后，你又会茫然不解了。

他

当时你很恶吗？

她

是的，那就是我发疯的原因。我是因为恶而疯的。我觉得一个人可以真的以恶为营生。我感兴趣的只是恶。你明白吗？

他

我明白。

她

这是真的，你应该理解这一点。

他

后来你再也没有疯过？

她

没有，一切都已了结了。（她的声音很低）

他

这件事发生在战争期间吗？

她

在战争刚刚结束的时候。

稍停片刻。

他

这是战后法国艰苦生活的一部分吧？

她

是的，也可以这么说。

他

你的疯狂是什么时候治愈的？

她的声音很轻，好像说这种话就应该这样似的。

她

慢慢地我就不疯了。后来，我有了……孩子以后，更不能疯了。

汽车声随着他们谈话的严肃性成反比地加强或减弱。

他

你说什么？

大声叫了起来，“声调”也变了，仿佛这种话就不该说出来。

她

我说慢慢地我就不疯了。后来，我有了孩子……更不能疯了……

他

我很想和你一起到什么地方去呆几天，就一次。

她

我也是。

他

今天再见你一次不能算是重新相会。时间太短，不能算是重逢。我很想再见你。

她

不。

她在他面前停了下来，固执地一动不动地站着，也不说话。

他几乎接受了。

他

好吧。

她笑了，多多少少有点勉强。

她还有点恼恨，不多，但却真真切切。

出租汽车来了。

她

这是因为你知道我明天就要动身。

他和她一起笑了，但他笑得更勉强。片刻之后。

他

可能也是为了这个缘故吧。但这个理由和别的理由不也一样吗？一想到再过几小时就再也见不到你了……永远见不到了……

汽车来了，在十字路口停下。她向汽车司机做了一个马上就过去的手势，然后不慌不忙地看着日本人，说：

她

是的。

他目送她上车远去。也许他在微笑。

第 三 部

下午四点，广岛和平广场。远处，一小群电影技术人员正在离去，他们扛着摄影机、聚光灯和反光板。日本工人们忙着把刚刚在这部影片最后一组镜头里用过的一座官方讲台拆下来。

一个重要的提示：我们总是看见远处有一些技术人员，却不知道他们究竟在广岛拍一部什么影片。我们只看见他们在拆布景。[也许顶多知道影片的名字。]

置景工人们举着“永远不要再发生广岛悲剧”的标语牌来来往往；标语牌是多种语言的：日语、法语、德语……

工人们忙着拆除那些讲台，拆下横幅。就在布景里，我们又看到了那个法国女人。她正在酣睡。她那顶护士帽已掉下一半了。她躺在那里，脑袋（靠在一个巨大的标语牌的柱子上，标语牌在电影中曾使用过。）[她躺在什么东西下面，或者就在讲台的阴影下。]

我们看出，人们刚刚在广岛拍摄了一部有关和平的影片。这不一定就是一部可笑的电影，它只是一部有教益的影片而已。人群从刚刚拍完电影的广场旁边走过，他们对此无动于衷。除了几个孩子，没有人向这边张望。广岛居民对人们在这里拍摄有关广岛的电影早已司空见惯。

然而，有一个人走了过来。他停下脚步，观望着。他就是我们在法国女人的卧室里见过的那个日本人。

他走近那位护士，看着她睡，日本人的目光久久地落在法国女人身上，他目光的压力，使她最后醒来了。

在这幕场景中我们可能看到一些细节，如远处有一座工业大厦的模型[一个被日本游客围住的导游，][一对身穿白色衣服的战争残疾人倾着身体在那里乞讨，][街角有一家人在聊天]……

她醒了，疲劳消失了。我们一下子又回到他们个人的故事中去。他们个人的故事总是压倒那个必然更有说服力的广岛的故事。

她站起来，向他走去。他们都笑了，但都很克制。接着他们又严肃起来。

他

在广岛要找到你倒也容易。

她幸福地笑了。

沉默片刻。他又凝视着她。

他们中间走过两个或四个工人，抬着一幅放得很大的照片，照片里是浓烟滚滚的广岛废墟，一位死去的母亲，身旁一个婴孩在号哭。这是影片《广岛儿童》中的一个镜头。他们并没有瞧那张照片。紧接着又一张照片抬过去了，照片上是爱因斯坦在伸舌头。这张照片紧随着儿童和母亲的照片而去。

他

这是部法国片吗？

她

不，是国际影片。有关和平的。

他

拍完了。

她

我的部分拍完了。他们要拍群众场面……还要拍许多肥皂广告片。因此……他们竭尽全力……也许……

他对自己在这方面的想法很自信。

他

是，他们竭尽全力。在这儿，在广岛，谁也不会嘲笑有关和平的片子。

他转过来对着她。照片已完全抬过去了。他们本能地互相靠拢。她整理一下在睡梦中弄乱的帽子。

他

你累了吧？

她用挑逗而温柔的目光望着他，苦笑着说：

她

跟你一样。

他真挚地凝视着她。

他

我想到了法国的纳韦尔城。

她微微一笑。他又接下去说：

他

我也想到了你。

他又加了一句：

他

你的飞机仍然是明天起飞吗？

她

仍然是。

他

非明天不可吗？

她

是的。片子已经延时了。人家在巴黎已等我一个月了。

她面对面地看着他。

他慢慢揭去了她的护士帽子。（她或者浓脂重粉，嘴唇涂得那么深，以至于看起来像是黑色的。或者只是淡施脂粉，在太阳底下根本看不出来。）

男子的动作很随便，也很审慎。应该能使人感到影片开始时色情刺激的效果。她出现在镜头中，头发凌乱，与昨天在床上的样子一般。她任由他脱下帽子，她任他摆布，就像昨天她大概也纵情于性爱。（这里由他担负了挑起性欲的角色）

她低垂眼睛，莫名其妙地噘起嘴。她在地上玩弄着什么。

她又抬眼望着他。他用非常缓慢的声音说话。

他

你引起我强烈的爱欲。

她没有马上回答，这句话打乱了她的心境。她又低垂眼睛。也许和平广场的那只猫在她的脚下蹭来蹭去？她低垂眼睛，同样用非常缓慢的声调说话。

她

总是……露水……姻缘……我也一样……

在他们之间穿过一件性质很不明确的特殊物件。我看见一个木框，（原子尘埃？）形状明确，但用途不明。他们连看也没有看一眼。

他

不，并不是总是这么强烈。你也知道。

远处传来喊声，然后是儿童的歌声。但他们并未因此而分散了注意力。

她做了一个费解的怪模样。（可以说是下流的）她又抬起眼睛，这一次是望着天空。她一边抹去额上的汗珠，一边令人费解地说：

她

看来在天黑以前会有一场暴风雨。

我们看见她所望的天空。云在翻滚……歌声逐渐清晰，出现了游行队伍（队尾）。

他们往后退，她站在他面前，（就像杂志上的妇女一样）将一只手搁在他的肩膀上。他的脸贴着她的头发，她抬起眼睛，便能看见他。他想把她拉到远离游行队伍的地方，她不肯，抗拒着。可是几乎在不知不觉间跟着他走开了。然而走近孩子时。（她着迷地，完全站定了）

年轻人拿着标语牌游行。

第一排标语牌

第一块牌子

如果一颗原子弹等于两万枚普通炸弹

第二块牌子

如果氢弹的威力等于原子弹的一千五百倍

第三块牌子

目前在世界上制造的四万颗原子弹和氢弹的威力有多大?

第四块牌子

如果十颗氢弹落在地球上,人类就将回到史前时期。

第五块牌子

四万颗氢弹和原子弹意味着什么?

第二排标语牌

Ⅰ 这种惊人的成就应归功于人类的科学才知①。

Ⅱ 遗憾的是人类的政治才智比他们的科学才智差一百倍。

Ⅲ 使我们失去对人类的敬仰到了如此的程度。

第二排

第一块牌子:

(一张蚂蚁的照片。"我们,我们不怕氢弹。")

第二块牌子:

("这是欧洲一亿六千万工会会员的呐喊。")

---

① 才知:这是雷奈故意犯下的错误。——原注(原文是法文 Inteligence,法文正确拼写应为 Intelligence。——译注)

第三块牌子：

（"这是广岛十万罹难者的呐喊。"）

男男女女跟在唱着歌的儿童后面。

一群狗也跟随着孩子们。

猫都趴在窗口。（和平广场的那只猫已经看惯了这种景象，它在呼呼大睡）

一组标语牌过去了。又一组标语牌过来了。

所有的人都感到很热。

游行队伍的上空一片昏暗，乌云已遮没了太阳。

儿童人数极多，都很漂亮。他们很热，然而却带着儿童才有的真心诚意在唱歌。日本人似乎不可抗拒地也是不自觉地推着法国女人[顺着][或逆着]游行队伍的方向走去。

法国女人（看到游行中的儿童队伍）便闭上眼睛，发出一声呻吟。在这呻吟中，日本人像窃贼一样迅速地说：

他

我不愿意去想你要走了。我不愿意去想明天。我相信我爱上了你。

法国女人仍然不断地呻吟，以至于这呻吟可能变成了情爱中难以忍受的呻吟。日本人把嘴贴着她的头发，偷偷地咬她的头发。她按在他肩膀上的手攥紧了。她慢慢睁开眼睛。

游行在继续。

孩子们脸上抹了白粉。汗水从白粉中淌下。有两个儿童争吃一只橙子，他们都怒气冲冲的。

她

[为什么把孩子们化妆成这个样子？

他

为了使广岛的孩子们看上去都彼此相像。]

[这些话随着孩子们的画面而说出。]

[(或者将日本人的声音打成字幕。)呐喊声。]

她

[为什么？

他

因为广岛被烧伤的孩子们都很相像。]

一个化装成烧伤的人走过，他大概是片子里的演员。他脸上的蜡融化了，流到脖子上，样子非常可怕，叫人恶心。

他们转过头去互相注视着。

他

你再跟我走吧。

她没有回答。

一个动人的日本女人坐着马车过来了。从她的黑色上衣里(就在乳房隆起部分①)飞出一群鸽子。

他

回答我。

她没有回答。他俯下身子，对她咬耳朵说：

他

你害怕了？

她微微一笑，摇了摇头。

---

① 雷奈选择了一个花球。——原注

她

不。

[一群猫看见从女人的胸衣里飞出鸽子,便躁动起来。]

儿童们继续唱着走调的歌,但声音渐弱。

一个女辅导员正在责骂那两个争橙子的孩子。大孩子拿了橙子,开始吃起来。小的一个在哭。

这一组镜头拖得比应花的时间更长一些。

在哭泣的儿童背后,五百个日本大学生组成的队伍到来了。游行的人太多了,真有点叫人厌烦。他趁这混乱机会把她紧贴在自己身上。他们的眼光里都有一种忧伤的表情。他注视着他,她注视着游行队伍。观众应该觉得游行把他们剩下的时间抢走了。他们没再说什么。他拉起她的手,逆着游行队伍走去。她随着他。他们离开了我们的视线[①]。

他们重又出现时是在一间日本式住宅的大房间里。窗帘放了下来,光线很柔和。经过游行时的酷热以后,这里给人一种凉快的感觉。这是一座现代式的房子,有沙发等设备。

法国女人像客人似的站在房间里,似乎有点胆怯。他从房间深处向她走来。(他大概在里面关了一扇门,或关了停车房的门,这并不重要。)

他

请坐。

她并没有坐下来。他们两个都站着。我们感觉

① 雷奈使他们一起消失在人丛中。——原注

到在他们身上，爱情似乎一时战胜了肉欲。他站在她面前。他一直这个姿势，有点局促不安地站在她面前。他的表现与一个得到天赐良机的男子正相反。

她无话找话地问道：

她

你独自一个人在广岛吗？……夫人呢？她在哪儿？

他

她在云仙，在山上。我一个人在这儿。

她

她什么时候回来？

他

就在最近几天。

她低声继续问，仿佛在旁白。

她

尊夫人，她长得怎么样？

他在回答时紧盯着她，带有某种意图。（他的口吻似乎在说：问题并不在此。）

他

她很漂亮。我是一个婚姻美满的幸福男人。

沉默。

她

我也一样，我也是一个婚姻美满的幸福女人。

说这话时带着真正的激动，不过这激动在一刹那间就被掩盖下去了。

他

……那就再简单不过了。

(这时,电话铃响了。)

他走近她的身边,仿佛要扑到她身上。她盯着他。

她

你下午不工作吗?

他

是的。经常如此,尤其是下午。

她

这是件傻事……

她说这句话时,仿佛在说“我爱你”。

他们拥抱接吻。电话铃一直在响。

他没有去接。

她

是为了我,你浪费整个下午?

他始终不去接电话。

她

说呀,那又能怎么样?

广岛。[他们一起躺在床上,赤裸裸地一丝不挂。]光线已经改变。他们已做完爱。一段时间已经过去。

他

你在战争期间爱上的那个男人,他是法国人吗?

纳韦尔,一个德国人在黄昏时分穿过一个广场。

她

不……他不是法国人。

广岛,她躺在床上,疲劳至极,但得到了性爱的满足。日光渐渐减弱,照在他们身体上。

她

是的，那是在纳韦尔。

纳韦尔，一幕幕谈情说爱的景象：两人骑自行车出游。在森林，在废墟，等等。

她

起初我们在谷仓里幽会，后来在废墟里，最后在房间里。到处都一样。

广岛，房间里，光线更暗了。他们静静地拥抱着。

她

后来，他死了。

纳韦尔。纳韦尔的景象。河流。堤岸。风中杨柳，等等。

河堤上阒无一人。

花园。

广岛。现在他们[几乎处在黑暗中]。

她

我那时十八岁，他二十三岁。

纳韦尔。夜间，在一个窝棚里举行纳韦尔的"婚礼"。

（有关纳韦尔的镜头出现时，她只是在答复。而他提的问题则是"显而易见"、"不言而喻"的。）

一直是同样的模式。有关纳韦尔的镜头均用于她的答话。最后，她平静地说：

她

为什么谈他，而不是谈别人？

他

为什么不谈他呢？

她

不。为什么要谈他？

他

由于纳韦尔，我才得以仅仅开始认识你。因此，在你一生千千万万件事物中，我选择了纳韦尔。

她

像选择别的事物一样？

他

是的。

人们是否看出他在说谎？人们有所怀疑。而她，她几乎变得粗暴起来，拼命思索应该怎样说才好。（有点疯狂的瞬间）

她

不，这不是偶然的。（沉默了一会儿。）你应该告诉我为什么。

他可以这样回答（对于这部电影，这非常重要）：

他

因为在那里，我觉得我明白了，你是那么的年轻……年轻得还不属于任何男人。这一点使我很喜欢。

也可以这样回答：

她

不，不是这样。

他

因为在那里，我觉得我明白了，我差点儿……失去你……我差一点永远也没有机会认识你。

也可以这样回答：

他

因为在那里，我觉得我明白了，你大概开始成为现今的你。

（这三种回答选择一种，或者三种都要[1]，一口气依次说出；或者分开说出，按照床上性爱的动作而定。如果不会使这一幕过长的话，我喜欢后面这种处理方式。）

[最后一次，纳韦尔景象一幕幕闪过。画面一个接一个，有意显得平淡无奇，但同时又让人惊骇。]

镜头最后一次落在他们身上。（天黑了。）她大声说：

她说："我要离开这里。"

她同时近乎狂野地紧紧抱住他。

他们在刚才的房间里，穿好了衣服。房间里现在灯光明亮。两人站着。他说话了，很平静，很平静……

他

离你飞机起飞还剩十六个小时，我们唯有消磨掉你动身前的这一段时间。

她说话了，慌乱而忧伤：

她

真长啊……

他温柔地回答：

他

不。你不必害怕。

---

① 雷奈没有在三种说法中挑一个，而是选择了三种都要的方式。——原注

第 四 部

广岛，暮色降临，河面上映射出粼粼波光。

河水随着潮汐按时涨落。不时有人沿着陡峭、泥泞的河岸观赏缓缓上涨的海潮。

河对面有一家咖啡馆。这是一家现代化的咖啡馆，完全美国式，有一个宽敞的院子。当人们坐在咖啡馆深处时，只能看见河流本身，看不见河岸。河口本身的轮廓也是同样模糊。广岛就到此为止，外面就是太平洋。咖啡馆有一半位子空着。他们坐在大厅深处的一张桌旁，或者脸贴着脸，或者额头顶着额头。我们刚才离开他们的时候，他们还为再过十六个小时就要永别而愁苦，现在再见到他们，他们几乎沉浸在幸福中。他们没有察觉时间的流逝。因为一个奇迹出现了。什么奇迹？纳韦尔重新出现了。他在这个热恋姿势中的第一句话就是：

他

纳韦尔在法语里还有别的意思吗？

她

没有，没有任何别的意思。

他

要是那时候我们相爱，你在纳韦尔的地窖里会觉得冷吧？

她

我会觉得冷。在纳韦尔，不论冬夏，地窖里总是冷的。城市沿着一条名叫卢瓦尔的河一层层建上去。

他

我无法想象纳韦尔的样子。

纳韦尔城。卢瓦尔河。

她

纳韦尔城有四万居民。建得像个首都——不过，一个孩子都能环城走一圈。（她从他那里挪开身子。）我生在纳韦尔（她喝酒。）我在那里长大。我在那儿念书，我在那儿长到二十岁。

他

还有卢瓦尔河呢？

纳韦尔城。他用双手捧住她的头。

她

这是一条不能通航的河流，总是空荡荡的，原因是水流曲折，而且有许多沙洲。在法国，卢瓦尔河一向被认为是一条十分美丽的河流，尤其是它的波光……那么柔和，你知道吗？

她的声音令人着迷。他放开了她的头，非常专注地倾听。

他

你被关进地窖的时候，我死了吗？

她

你已经死了……而且……

纳韦尔：德国人正在河岸上慢慢地咽气。

她

……怎么能忍受这样的痛苦呢？

她

地窖很小。

为了用手比划地窖的大小，她把脸颊从他的脸颊上缩回来。她继续说下去，很靠近他的脸颊，但并没有紧贴着。没有任何迷惑人的语言。她满怀激情地向他倾诉。

她

……非常小。

她

在我的头顶上，人们高唱《马赛曲》……真是……震耳欲聋……

她捂住双耳，在这间（广岛的）咖啡馆里。突然间咖啡馆里变得十分寂静。

纳韦尔的地窖里。丽娃[1]的双手鲜血淋漓。

她

在地窖里手变得无用。它们抠墙。把皮都磨破了……弄出血来……

她的手搁在桌子上，毫无损伤。在纳韦尔的某个地方，血淋淋的手。

在纳韦尔，丽娃舔着自己的血。

她

……我为了使心里好过一点，只能做这样的事……

她

同时也是为了把它牢牢记住……

她

自从我尝过你的血以后，我就爱上了血的味道。

---

① 丽娃：饰演女主角的女演员的名字。——译注

她说话的时候，他们几乎都不看对方。他们在看纳韦尔。他们俩似乎都有点为纳韦尔着魔。桌上有两个杯子。她拿起杯子贪婪地喝着，他却慢条斯理地呷着。他们的手都搁在桌子上。

纳韦尔。

她

整个社会就在我的头上滚动，而不是天空……这是必然的……我眼睁睁地看着这个社会在来来回回。平时他们走得很快，星期天节奏就慢了下来。这个社会不知道我在地窖里。人们把我当成已死的人，死在远离纳韦尔的地方。我父亲宁愿这样。因为我给家庭丢了脸，我父亲宁愿这样。

纳韦尔：她父亲，一位纳韦尔的药剂师，正站在他的药店的玻璃橱窗后面。

他

你叫喊吗？

纳韦尔的卧室。

她

开头，没有，我没有叫喊，我只轻轻地唤你的名字。

他

可是我已经死了呀。

她

我还是呼唤你的名字。尽管你已经死了。后来有一天，我突然间叫喊起来．叫得非常响，像聋子一样。于是他们就把我关进地窖。以此来惩罚我。

他

你叫喊些什么？

她

我叫你的德国名字。只叫你的名字。我唯一记得的,就是你的名字。

纳韦尔的卧室里,她在叫喊,但我们听不到喊声。

她

我答应不再叫喊,于是他们把我领回我的卧房里。

纳韦尔的卧房。她躺着,腿抬得很高,心里充满情欲。

她

我想要你,我再也受不了了。

他

你害怕吗?

她

我害怕。我到哪儿都害怕,在地窖里也好,在卧房里也好,我都害怕。

他

害怕什么?

纳韦尔卧房天花板上的斑斑点点,纳韦尔令人恐怖的东西。

她

我害怕永远、永远不能再见到你。

他们又像这一幕开头时那样,互相靠拢。

她

有一天,我满了二十岁。我在地窖里,母亲来跟我说,我已经二十岁了。(她沉默了一会儿,仿佛在回忆。)我的母亲哭了。

他

你朝你母亲的脸上吐唾沫了吗？

她

是的。

（仿佛他们是一起知道这些事情的。）他离开了她一点儿。

他

喝吧。

她

好。

他拿着杯子，喂她喝。她由于一直在回忆而惶恐不安。突然地：

她

后来，我什么也不记得了，什么也不记得了……

他鼓励她，提醒她。

他

那是些很古老的地窖，十分潮湿，纳韦尔的地窖……你说过……

她不知不觉中了圈套。

她

是的，里面到处都是墙硝。[我变成了一个白痴。]

她把嘴贴着纳韦尔地窖的墙壁，啃着墙。

她

有时一只猫走进来注视着我。倒没什么恶意。后来我就什么也不记得了。

一只猫走进纳韦尔的一个地窖，注视着这个女人。

她又加了一句：

她

后来我就什么也不记得了。

他

这样有多长时间？

她仍然像着了魔似的。

她

永无尽期。（肯定无疑地）

一个孤单单的男人在自动电唱机上放了一张法国风笛舞曲的唱片。为了使忘记纳韦尔的这个奇迹继续下去，为了使一切都"停止不动"，日本人把自己杯子里的饮料倒到法国女人的杯子里。

在纳韦尔的一个地窖里，闪耀着一只猫的眼睛，和丽娃的眼睛。

她听到风笛舞曲的乐声以后，（她醉了或者疯了）她微微一笑，接着就叫喊起来。

她

啊！那时候我多么年轻！

她又回到了纳韦尔，尽管她其实刚刚离开那里。纳韦尔纠缠着（随便选择任何字眼都行）她。

她

夜晚……我母亲把我带到花园里。她瞧了瞧我的头。每天晚上她都仔细瞧我的头。她还不敢走近我……只在夜里我才敢看看广场，因此我就看了。它真是很大！（用手比划）它的中间凹下去[像个湖泊。]

纳韦尔地窖里的气窗。从气窗望出去，可以看见在纳韦尔的晨曦中驶过的自行车轮恍若彩虹。

她

总是在黎明时分，睡意才袭来。

他

有时天下雨吗？

她

……顺着墙壁流下来。

她寻找，她寻找，她寻找。

她

我在想你，不过我不再说出来了。（几乎是狡黠地）

他们又偎依在一起。

他

疯了。

她

我爱你爱得发疯了。（稍停片刻）我的头发又长出来了。每天我用手就能感觉出来。我已经不在乎。但是，我的头发毕竟是长出来了……

纳韦尔，丽娃躺在床上，一只手插在头发里。她用双手理了理头发。

他

被关进地窖以前，你叫喊吗？

她

没有。我已经人事不知了……

他们脸贴着脸，眼睛半闭着。他们在广岛。

她

[他们很年轻，是些没有想象力的英雄。]他们一丝不苟地把我的头发剃光了。他们认为剃光这些女

人的头发是他们的责任。

他

你为他们感到羞耻，亲爱的？（非常明确）

剪头发的场面。

她

不。你死了，我心里痛苦万分，别的什么也顾不上了。天黑了，我只听到头上剪刀的咔嚓声（她说这话时，完全无动于衷）。这样可以稍减我为你的死所感到的悲哀……好像……

……好像，啊！别的我没有什么更多的可以告诉你了，比方关于指甲、墙壁、愤怒等等。

在广岛，她继续说下去，发狂地靠在他身上。

她

啊！多么痛苦！我心中多么痛苦，简直不可思议……全城都在唱《马赛曲》。天黑了。我死去的恋人是法兰西的敌人。有人说必须拉我去游街示众。由于丢了面子，我父亲的药店关了门。我孤独一人。有人在耻笑我。当天夜里我回到家。

纳韦尔的广场上，她应发出一声含含糊糊的喊声，不过，可以听出来，那是世界任何“语言”都相同的孩子呼唤母亲的声音：妈妈。而他，一直挨着她，并且握住她的手。

他

然后，亲爱的，有一天你从永恒的黑暗中脱身出来了。

纳韦尔的卧房。

丽娃在屋里转来转去，撞翻了家具，野性大发，十分粗暴。

她

是的，时间很长。

人们告诉我那段时间很长。

每晚六点，圣艾蒂安大教堂的钟声响了，不论冬夏，都是如此。有一天，的的确确，我听见了钟声。我记得——以前——在我们相爱的时候，在我们幸福的时刻，曾听到这钟声。

我开始看得见东西了。

我想起来，以前——以前在我们相爱的时候，在我们幸福的时刻，我已经看见过。

我记起来了。

我看见墨水了。

我看见亮光了。

我看见我的生命，你的死亡。

我的生命在继续。你的死亡也在继续。

纳韦尔的卧室和地窖。

现在阴影遮住卧房墙角的时间已经晚了。大约要到六点半钟左右。

冬天已经结束了。

沉默。在广岛。

她在颤抖。

她把脸从他的脸上挪开。

她

啊！真可怕。我对你的记忆开始模糊了。

他拿起酒杯让她喝酒。她对自己感到震惊。

她

……我开始忘掉你了。我为忘记了这海一般深的爱情而颤抖。

……再来一点。(酒)

她开始胡言乱语,这一次,她是自言自语,他跟不上她了。

她

我们约好中午在卢瓦尔河岸边见面。我要跟他一起走。

中午我来到卢瓦尔河岸时,他还没有断气。

有人从花园里朝他开枪。

纳韦尔河岸上的花园。

她有点迷狂,不再看他。

她

我在他的尸体旁呆了一整天,接下来又呆了一整夜。第二天早上人们来收尸,把他抬进一辆卡车里。就在那天夜里纳韦尔解放了。圣艾蒂安大教堂的钟声响啊……响啊……他在我的身体下面慢慢地变冷了。啊!他弥留的时间可真长啊!到底什么时候死的?我不知道确切的时间。我趴在他的身上……是的……我真的不知道他死亡的时间……因为即使在那时,即使在事后,对的,即使在事后,我也不能说我在死尸和我的躯体之间发现任何区别……我只能在死尸和我的躯体之间发现……惊人的相似,你明白吗?他是我的初恋……(叫喊)

日本人打了她一记耳光(或者,他用劲捏她的手,可随意决定)。她的反应是仿佛她不知道痛楚从何而来。但她清醒过来,明白他这样做完全是必要的。

她

后来有一天……我又叫喊了。因此人们把我关进地窖。

她的声音恢复了正常的节奏。

（这时候出现了弹子的一幕。弹子滚进地窖，她把它捡了起来，弹子还是热的，她把它握在手中，等等，后来她又将弹子还给地窖外面的孩子们，等等。）

她

……弹子还是热的……

他不明白她在说什么，但随她说下去。

她（沉吟片刻）

我相信就是从那时候起我摆脱了恶。

（稍停片刻）

我不再叫喊了。

（稍停片刻）

我变得理智了。他们说："她恢复理智了。"

（稍停片刻）

一天夜里，是个节日，他们把我放了出来。

黎明时分，在纳韦尔的一条河边。

那是在卢瓦尔河畔，黎明时分，人们在过桥，有时熙熙攘攘，有时三三两两。远处一个人也没有。

纳韦尔，夜里，共和国广场。

她

没过多久，我母亲对我说，我必须到巴黎去，夜里动身。她给了我一点钱。我趁着夜色骑上自行车到巴黎去了。

那是夏天，夜间天气极好。

我到巴黎后的第三天，广岛这个名字出现在所有的报纸上。我的头发已经够长了。

我跟着人群走到大街上。

有人又把那张风笛舞会的唱片放进自动电唱机。

她仿佛刚刚醒过来，又加了一句：

她

十四年过去了。

他给她倒酒。她喝了。看上去她已经平静下来。他们从纳韦尔的黑暗时期脱身出来。

她

连他的那双手我也记不清了……至于痛苦，我还记得一点。

他

是在今天晚上吗？

她

是的，是在今天晚上我才记得的。不过终有一天，我一点也记不起来，全都忘掉，一点也不剩。

这时候她抬起头看他。

她

明天这时候，我已经离你几千公里了。

他

你的丈夫知道这段经历吗？

她（有点犹豫）

不知道。

他

那么只有我一个人知道吗？

她

是的。

他站了起来，抓住她，强迫她也站起来，紧紧地搂住她，也不顾忌他们是在公共场所。旁人注视着他们，弄不懂是怎么回事。他欣喜欲狂，笑了。

他

只有我知道。只有我一个人知道。

她说，同时闭上眼睛：

她

别说了。

她再向他靠近一点，用手轻轻抚摸他的嘴唇，沉浸在突如其来的幸福中。

她

啊！有时同一个人在一起是多么美好啊。

他们缓缓地分开了。

他

是啊。（她的手指留在他的嘴上）

[唱片在自动电唱机上，机器突然降低了音量。]什么地方的一盏灯熄灭了，或许是在河岸上，或许是在酒吧间里。

她吓了一跳，把手从他的嘴上缩回来。他并没有忘记时间。

他

再说下去吧。

她

好的。

她思索着说什么，可是没有想出来。

他

说呀。

她(筋疲力尽地)

[我很荣幸曾经蒙受耻辱。当剃刀在头上的时候,人们就会从愚蠢中获得超常的智慧……]

我真想再经历一次那个时刻,那个无与伦比的时刻。

他(仿佛脱离了现实)

再过几年,等我忘记了你,等习惯的力量使我又有了其他的相同经历,我会想起你,就像想起遗忘的爱情一样。我会回忆这段经历,如同回忆可怕的遗忘一样。我现在就知道我会那样做的。

一些顾客走进咖啡馆。她朝他们看。她(抱着重新燃起的希望)问:

她

广岛的夜,难道没有尽头吗?

他们进入最后一场戏。她故意受骗,他的回答是在撒谎。

他

广岛的夜永远没有尽头。

她莞尔一笑,温情脉脉,微笑中含着忧伤。她(娇媚地)说:

她

我喜欢这样……喜欢无论白天黑夜都有人醒着的城市……

酒吧间的老板娘熄了一盏灯。唱片也唱完了。他们几乎处在幽暗中。广岛咖啡馆关门虽然很晚,但不可避免的关门时间快到了。

他们俩都垂下眼睛,仿佛突然感到非常害羞。他们被有着正常秩序的社会拒之门外，在那里他们的故事是不被接受的。抗争是不可能的。

她仿佛一下子全明白了。

他们再度抬起眼睛时，他们微笑了，目的是“不要哭起来”。

她站起身，他没有做任何动作阻止她。

他们出了门，站在咖啡馆前，被茫茫的夜色包围了。

她站在他前面。

她

有时要避免去想世上的种种困难，否则，人就会感到窒息。

（最后这句话是在“叹息”中说出来的。）

咖啡馆的最后一盏灯，离他们很近，也熄灭了。他们低垂眼皮。［一艘汽艇溯流而上，驶向大海，它发出飞机轰鸣的声音。］

她

离开我吧。

他走开了，眺望着远处的天空。

他

天还没有亮呢……

她

没有亮。（沉默片刻）也许我们到死也不会再见面了。

他

大概是这样。（沉默片刻）除非，有那么一天，战争爆发……

沉默片刻。

她带着明显的讥讽回答。

她

是的，战争爆发……

第　五　部

又一段时间过去了。

我们看见她出现在街上，急匆匆地走着。

然后我们看见她走进旅馆大厅，拿了钥匙。

随后我们又看见她上了楼梯。

接着我们看见她打开自己房间的房门，走了进去。她猛然间停了下来，仿佛面临深渊或者房间里已经有人似的。然后她倒退着走出了房间。我们看见她轻轻关上门。

她上楼梯，下楼梯，再上楼梯，等等。

她又往回走，在一条走廊里来来去去，绞扭着双手，想找一条出路，找不到，又突然回到自己的房间里。这一次她忍受了房间里的景象。

她走到盥洗室，用水浸了浸脸。这时我们听见了她的第一句内心独白。

她

自以为知道了，其实并不知道。永远不知道……

她

[确切地了解时间的短长。知道时间有时是怎样匆匆而去，随后又是怎样毫无益处地缓缓而落，而且还要知道必须忍受这一点。这也就是了解了智慧（断

断续续、来回重复且结结巴巴地)。

她

她在纳韦尔曾经同一个德国青年相爱……

亲爱的，我们一起到巴伐利亚去，我们到那里结婚。

她从没去到巴伐利亚。(她照镜子)

让那些从来没有去过巴伐利亚的人，大胆去同她谈论爱情吧。

你并没有完全死亡。

我把我们的故事告诉了他。

昨天晚上我同这个陌生人做了对你不忠实的事。

我把我们的故事告诉了他。

你瞧，我们的故事是值得告诉别人的。

我已经十四年没有再尝过……无望的爱情的滋味。

自从纳韦尔以后就是如此。

你瞧我把你忘记得干干净净……

——你瞧我把你忘记得干干净净。

你瞧瞧我。

[从敞开的窗口望出去，重建的广岛正在安静地沉睡。]

她猛然抬起头，在镜子里看见自己的容貌，衰老，憔悴，湿漉漉的。(仿佛被泪水润湿了)这一次，她闭上眼睛，感到十分厌恶。

她揩拭了面孔，很快出了房间，走过旅馆大厅。

她再度出现时，或者坐在一张长凳上，或者坐在一堆石子上，或者坐在离开他们刚才聚会的咖啡馆只有二十来公尺远的地方。

她的眼睛里反射出饭店的亮光。饭店很一般,几乎空无一人。他就是从那儿离开的。

她躺(或坐)在那堆石子上,继续凝视着咖啡馆(只有酒吧间里还有一丝灯光亮着。刚才他们坐过的那间大厅已经关闭。灯光透过酒吧间的门给大厅送去微弱的光线,这光线随着里面桌椅的布局,投下轮廓分明或虚幻的暗影)。

[酒吧里最后一批客人在光线和坐在石堆上的她之间形成一道屏障。这样,随着酒吧客人的来往穿梭,一会儿在阴影里,一会儿又显现到光线下。而她继续呆在黑暗里,注视着他离开的那个地方。]

她闭上眼睛。然后马上又睁开。看上去她似乎睡着了。不,她没有睡。她猛然睁开眼睛,像只猫那样,我们听到她内心独白的声音:

她

我要留在广岛。每天晚上跟他在一起。留在广岛。

她睁开眼睛。

她

我要留在这儿。就在这儿。

她把眼睛从咖啡馆挪开,茫然四顾。突然十分孩子气地紧紧地蜷缩起来。她把脸藏在臂弯里,屈起双腿。

日本人走到她身边。她看见了,但一动不动,毫无反应。他们彼此的分离已经开始。没有什么可奇怪的,他点着一根香烟。

他

留在广岛吧。

她“不声不响地”望着他。

她

我当然要留在广岛，和你在一起。

说话的时候，她（像个孩子似的）又把头埋了下去。

她

我真不幸……

他走近她。

她

我完全没有料到会这样，你懂吗？

她

你走吧。

他一边走开一边说：

他

我离不开你。

他们出现在一条林阴道上。每隔若干距离，便有一间灯火辉煌的夜总会。道路笔直延伸下去。

她在前面走，他跟在后面。我们先看见一个，然后看见另一个，他们的面孔都带着绝望的表情。他追上她，温柔地对她说：

他

留在广岛，跟我在一起吧。

她没有回答。我们听见她几乎是在叫喊的声音（内心独白）。

她

[“我希望再也没有自己的祖国。我要教育我的孩子们什么是恶毒和冷漠，什么是智慧和爱情，爱他人的祖国，爱到死时方休。”]

她

他就要朝我走过来，就要抓住我的肩膀，他要——吻——我了……

她

他会吻我……我将不知所措。

（“不知所措”这个词是在心醉神迷中说的。）

镜头又转向他，我们发现他走得越来越慢，和她拉开了距离。他不仅没有回到她身边，相反，离她越来越远。她也没有回头。

接连出现广岛的街道和纳韦尔的街道。丽娃的内心独白。

她

我遇见了你。

我记着你。

这座城市原本就适合于爱情。

你生来就适合于我的肉体。

你是谁？

你让我欲仙欲死。

我渴望，渴望不忠，渴望通奸，渴望说谎和死亡。

历来如此。

我早就料到终有一天你会来到我的身边。

我在一种冷静但极度的不耐中等着你。

毁灭我。按你的意象扭曲我，让你之后的任何人再也不明白为什么有如许的欲望。

亲爱的,我们将单独在一起。

长夜漫漫永无尽头。

太阳再也不会升起。

永远不,永远不。总之,永远。

你让我欲仙欲死。

你使我很舒服。

我们真心诚意地痛哭逝去的日子。

我们别无他事,只能痛哭消逝的白昼。

时光流逝。消逝的只有时光。

时光又会到来。

时光会到来。到那时候,我们再也不会知道是什么把我们结合在一起。这个字眼慢慢地将从我们的记忆中抹去。

最后,它会完全消失。

这一次,他从正面走近她。这是最后一次。可是,他没有靠近她。从今以后她是不可亲近的了。天在下雨。这是在一家商店的披檐下。

他

你也许还能留下来。

她

你知道得很清楚。不分手不可能。

他

留一个星期吧。

她

不。

他

三天吧。

她

三天做什么呢？为了活下去？还是为了死？

他

为了知道究竟是死还是活。

她

不可能，我们既没有时间活下去，也没有时间去死。所以，我不在乎。

他

我真恨不得你死在纳韦尔。

她

我也这样想，可惜我在纳韦尔并没有死。

我们发现她坐在广岛火车站候车室的一条长椅上。又过了一段时间。在她身边，一个日本老太太在那里候车。我们听到了法国女人的声音（内心独白）：

她

纳韦尔，我早已把你遗忘，我今晚真想再见你。好几个月来，每天夜里，当我思念他的时候，我的身体就燃烧起来，在烈火中，我已将你烧毁。

日本人像影子般走进来，坐在老大太的另一边，和她隔座相对。他并没有瞧法国女人。他的脸上沾满雨水，他的嘴唇微微颤动着。

她

而想起你我浑身已经燃烧起来。我真想再看一看纳韦尔……看看卢瓦尔河。

纳韦尔的景色。

涅夫勒迷人的白杨树，我要把你们遗忘。

说“迷人的”字样时，要同说爱情这个字眼一样。

没有价值的经历，我要把你遗忘。

纳韦尔的废墟。

一夜不在你身边，我就像等待拯救一样等待天明。

纳韦尔“结婚”的场面。

一天不见他的眼睛，她就痛不欲生。

纳韦尔的小女孩。

纳韦尔的轻佻的小女孩。

一天没有他的手，她就相信爱是不幸的。

微不足道的小女孩。

在纳韦尔为爱而肝肠寸断。

纳韦尔被剃光头的女孩哟，我今晚要把你遗忘。

毫无价值的故事。

就像对他一样，我要从你的眼睛开始，把你遗忘。

一模一样。

然后，就像对他一样，逐渐遗忘，直至你的嗓音。

一模一样。

然后，就像对他一样，逐渐把你整个遗忘。

你将变成一首歌。

她

［夏季，将近晚上七时，在共和国大道，两股人流静静地交错而过，为购物而操心。留着长发的年轻少女们不再做对不起祖国的事。我想再见纳韦尔。纳韦尔，你这让人哭泣的野兽。］

她

［就是在纳韦尔的地窖里，我产生了对这个男人的爱。我产生了对你的爱。

在波索莱区，人们记忆中的我一直是一个不可效仿的榜样，我就是在那里，产生了对你的爱。]

[正是因为在波索莱区，人们记忆中的我是一个不可效仿的榜样，所有，我有一天能无拘无束地爱你。如果我没有将这个无法形容的记忆留在波索莱区的话，我可能永远不敢爱你。波索莱，我向你致敬，今天晚上我想再见到你，波索莱，你这让人哭泣的野兽。]

日本老太太把他和她隔开。

他拿了一根香烟，微微欠起身来，把那盒香烟递给法国女人。

"这是我能为你做的唯一的事，请你抽一根香烟，就像我请任何人抽烟一样，比如请这位老太太抽一根。"

她没有接受他的烟。

他请老太太抽，给她点着了烟。

黄昏中纳韦尔森林的景象一一展现。继而转为纳韦尔市区的景象。同时，广岛车站上的高音喇叭宣告："广岛站！广岛站！"画面上是纳韦尔。

法国女人仿佛睡着了。旁边两个日本人守着她，低声说话。

日本老太太以为她睡着了，便询问那个日本人。

老太太

她是谁？

他

一个法国女人。

老太太

她有什么事？

他

她待会儿就要离开日本。我们为离别而伤心[①]。

她已经走开了。我们发现她在火车站附近。她坐上一辆出租汽车。汽车停在卡萨布兰卡夜总会门前。他跟着也赶到了夜总会门前。

她单独占据一张桌子。他坐在她对面的一张桌子旁。

这就是结局。这个晚上一过，他们就永远分离了。

另一个在大厅里的日本人走到法国女人旁边，同她搭讪。(用英语)

日本人

您是单独一人吗？

她没有回答，只做了个手势：[或给他指了指她旁边的椅子，或给他指了指她旁边的酒吧高脚椅。]

日本人

您愿意和我谈谈话吗？

夜总会几乎空了，人们都感到无聊。

日本人

现在孤身一人是不是太晚了？

她让另一个男人来同她攀谈，目的是想让我们认识的那个人不知所措。可是这不仅不可能，也是徒劳的。他已经不知所措。

日本人

我可以坐下吗？

日本人

您刚参观了广岛吗？

---

① 日语。未翻译过来。——原注

他们不时互相望一眼，次数很少，情况糟透了。

日本人

您喜欢日本吗?

日本人

您住在巴黎吗?

黎明的曙光越来越明亮[从窗户外]。

内心独白也已停止。

那个陌生的日本人同她说话，而她看着另一个。陌生的日本人停下不说了。

这时，透过玻璃窗，那可怕的“死囚的曙光”照射进来。

她出现在房门背后，手按着胸口。

有人敲门。

她开了门。

是他。

他

我不能不来。

他们在房间里站着。

他们紧挨着，面对面站着，两臂下垂，彼此不接触。

房间里没人动过。

烟灰缸里没有烟灰。

黎明已经完全降临。一抹阳光透进来。

他们甚至没有抽烟。

床上也没人动过。

他们彼此不说话。

他们互相注视。

清晨的静寂笼罩着全城。他走进房间。远处，广岛还在沉睡。

突然间，她坐下来。

她用两手掩面，呻吟起来。那是凄切的呻吟。

她的眼睛里反射出城市的亮光，这几乎令她不自在，她突然喊了起来：

她

我要忘记你！我已经忘记了你！看，我真的忘记你了！看着我！

他抓住她的手臂[手腕]，她面对他站着，头向后仰。她十分粗暴地挣脱他。

他失魂落魄地望着她，仿佛她遇到了危险。

他凝视着她，而她像远眺城市那样望着他，并忽然轻轻地呼唤他。

她"向远方"呼唤他，在陶醉中呼唤他。她成功地把他淹没在普遍的遗忘中，她为此而陶醉。

她

广——岛。

她

广——岛，这就是你的名字。

他们互相注视，却视而不见。直到永远。

他

是的，广岛就是我的名字。

[我们只到了这一步。而我们将永远停留在这一步。]你的名字是纳韦尔。法—国—的—纳—韦—尔。

—完—

编辑手记

2005年6月,北京大学出版社推出了由夏中义先生主编的《大学新语文》,虽然目前我们已经收到众多专家学者和普通读者对这本书的好评和建议,但《大学新语文》的价值和意义在更大范围内的显现,却有待更多的朋友们在阅读中去评判。

《未名·新青年读本》的编选和出版则是《大学新语文》的策划者和编选者们一次“意犹未尽”的补偿。像《大学新语文》的编选理念一样,《未名·新青年读本》依然将思想的力量和美的魅力并重,不仅为读者提供美文的鉴赏,更希望带领朋友们穿越时空的阻隔,与更多深具思想魅力的先哲们对话。配合《大学新语文》16章的内容和主题,这套丛书在大学、青春、仁爱、情恋、自由、良知、敬畏、乡愁、记忆、英雄、坚忍、希望、自我、幽默、诗意、自然等16个主题词之下,在古今中外的优秀典籍中展开范围广泛的挖掘工作,努力将曾给予历代知识阶层和社会精英心灵安慰和精神滋养的文字精华和思想经典呈现给今天的年轻一代。

在这个喧嚣嘈杂的时代，在那些倏忽来去转瞬即逝的日子里，年轻的朋友们如何静心体味生命的美好而不令光阴虚度，是让很多人焦虑的事情。曾经有位长者说，如果在每一个平凡的日子里你都能体会到一点感动，那你的生命质量就在不断提高。感动，不仅来自现实的人世，更来自人类在不断前行的途中保留在文字中真切而生动的体验。人生固然短暂，但如果我们能有效地利用数代先贤们用时光和热情换回的沉思与感悟，是否也可以藉此令自己的生命更具质感？

整日困于文字的海洋，恍然间意识到2005年恰是20世纪之初的《新青年》杂志创刊(1915年9月15日)90周年的日子。《新青年》杂志对于现代民族国家概念体系中的“中国”的意义，自然有思想史、文学史、文化史的研究者们去论证，但回头遥望那个有太多东西值得纪念的时代，不觉心中一动：《未名·新青年读本》本无意于特地为前辈们的《新青年》实施庆典，却又灵犀相通般在一个不可知的时间点上不期而遇，岂非机缘巧合？

我们自然还不至将《未名·新青年读本》和90年前的《新青年》杂志做任何不自量力的比较，但人世的时序总是轮回，今日的青年们想必和90年前的青年们一样有着年轻的梦想和激情，如若这套丛书能给行走在青春征程上的青年朋友们提供一点点的滋养和帮助，那也是付出过真诚和智慧的作者和编选者们最大的安慰了。

北京大学出版社综合编辑室

2005年12月